SPORTS ON TELEVISION

The How and Why Behind What You See

体 育 新 闻 传 播 译 丛

电视体育节目制作与转播

〔美〕丹尼斯·德尼格尔（Dennis Deninger）/ 著
陈岐岳　郭唯格　姚治兰 / 译

中国传媒大学 出版社
·北京·

序 言

美国冰球队的冰上传奇人物、纽约巨人队的大卫·泰里在超级碗中神奇的头盔接球，兰登·多诺文在2010年世界杯加时赛中的制胜进球，生活里鲜有能与此类体育赛事媲美的令人激动的时刻。

不像其他娱乐项目，这些独特的体育赛事以另一种方式感染人们的情绪。大多数体育迷无法在现场亲眼见证体育赛事，他们主要是通过观看电视转播来释放自己的运动激情。

基于“现场的魅力”，体育赛事往往更能扣人心弦，因为可以实时为你支持的球队欢呼，或者通过ABC电视台《世界体育秀》制作的“挫败的愤懑”感受球队失败后的落寞。实时观看与赛后观看体育赛事转播，完全是不一样的体验。

1979年美国娱乐与体育节目电视网开播时，有人质疑是否有足够内容撑起24小时播出的体育电视网，更不用说还有如《世界体育中心》这种时长达一小时且专做体育新闻的节目。现在，美国娱乐与体育节目电视网在美国国内有八家广播网，在全球范围内还有15个本土版的《世界体育中心》节目。除了美国娱乐与体育节目电视网，还有很多其他专做体育的广播网和广播节目。

近三十年体育电视的飞速发展，得益于体育迷以及他们对体育运动高涨的热情。我们相信体育电视发展程度并未饱和。

虽然数字媒体发展迅猛，在体育传媒方面电视仍是主力，因为它可以直达大众。高清电视改变了视听体验，3D技术很有可能也会如此。除了电视，伴随着新技术和新平台的出现，体育产业也在不断发展。

体育视频可以在多种数字平台观看，包括电脑、手机、平板电脑等。之前体育迷无法享受这些东西；体育电视的课程学习也没有比现在更让人着迷。

这本书不仅传达了体育迷们对体育的热情，而且还可以满足体育迷们对这个行业的好奇心。

丹尼斯·德尼格尔在美国娱乐与体育节目电视网工作了25年。他了解这个行业的独特之处，也明晰它的发展变化。我相信你们会喜欢他在这本书里所带来的观点和独到之处。

美国娱乐与体育节目电视网执行主席

乔治·博登海默

前 言

我们很难评估21世纪初美国体育电视转播的影响。1939年5月17日下午电视转播了在哥伦比亚大学的贝克尔运动场举行的高校棒球赛。从此体育赛事电视转播开始深刻影响着美国人民的消遣方式、衣着、话语和价值观，甚至是对不同国家、种族背景的人的理解。

《电视体育节目制作与转播》一书探究的是美国体育赛事电视转播的渊源、影响、范围和现状。为此我们会系统地探讨体育电视相关的决策及过程，涉及节目编排、内容、制作以及观众在各个产业层扮演的角色等。审视报道国际体育赛事的决策和过程是如何运作的，以及随着体育电视的多平台传播，电视转播是如何应对的。

此书带你深入透析“体育比赛以外”的层面，帮助你理解为什么收看这些电视转播的赛事以及节目的原因、电视体育作为产业是如何运营的、体育是如何改变电视以及电视是如何改变体育的。

每周数百万美国人收看各种电视体育转播。我们要通过这些数字探明人们收看它们的原因、人们的消费方式、广告商和赞助商如何决策购买，还有电视体育是如何影响人们的行为方式的。

体育运动已成为美国人民的有机组成部分。我们的团队忠诚度，运动队、学校、城市、洲际的对抗，对明星运动员和其运动特质的热衷都把我们联系在一起。体育运动使我们与亲人、朋友、同事乃至陌生人建立起了共同的话题。通过电视转播大家共同见证了明星运动员的卓越表现，这都为社会互动确立了共同的背景。电视体育是基于人们情感的娱乐，它扣动我们内心共通的心弦；观看直播赛事时，比赛的决策、成就、结果无不使我们的心弦紧绷至终场哨声响起。

目　录

第一章　电视的重要性

你为什么在电视上收看体育节目？绝大多数人的答案都会包含以下的原因：

- 看自己喜欢的球队。
- 追随仰慕的运动员。
- 观看比赛、冲突、对抗。
- 欣赏不同领域中全世界最优秀的人的表现。
- 观赏没有剧本的戏剧。
- 了解故事的结局，输赢如何（如果你对比赛或者结果下了赌注，或者你玩模拟体育游戏，想看看你将会赢还是输）。

如果把“运动员”一词替换为“演员”，把“运动”替换为“表演”，那么在电视上看比赛的前四项原因就很容易解释了。与“你为什么在电视上看按照剧本表演的娱乐节目？”这一问题最大的不同在于体育比赛没有事先写好的剧本，比赛过程和结果都是真实的。

在电视上收看任何虚构的娱乐或“真人秀”节目，你总会发现，每个故事会在你看完一集或播出季结束的时候才知道结果。但是这个结果对你重要吗？你会把一个角色身上所发生的事带进你的生活中吗？或者，谁被票选为最佳舞者、谁会和一名单身女子或单身男子从此幸福地生活下去，对你很重要吗？或许并不重要。

这些事情带给你的感受，与你支持的球队赢得了超级碗、世界联赛、美国大学生体育联赛冠军，美职篮总冠军，斯坦利杯，甚至是经过很长一段时间竞争和激战赢得常规赛时的感受相比，也许后者更加深刻。当一个深受喜爱的人面临失败的时候，虚构故事的情节发展可能显而易见，但在没有剧本的戏剧故事中，结局是未知的悬念。

在结果未卜的故事中，总有层层叠加的结构、复杂多样的情节线索，直播的体育赛事也是如此。比赛开始前，赛事解说员可能会告诉你哪位明星球员有怎样的看点，但并没有人能保证他可以在这场比赛中发挥出最佳水平，不能保证他不会遇到一个难以突破的防守，不能保证他不会在比赛开始的几分钟后就受伤了，然后一天都坐在板凳上。此时，事先未预料到的替补队员便会上场，并可能成为这场比赛的主角。一个已过了运动生涯顶峰的老将也可能对此应付自如，并且暂时又重新获得过去的状态和名声。

每一场体育比赛都充满运动员的艰辛、忍耐与承诺，以及他的家庭或教练的奉献。这些故事与我们产生了联系，激发了我们的兴趣，吸引了更多的观众。我们每周收看的体育赛事都有真正的实实在在的结果：顺利或失利的开局，被交易或被转让的运动员，一个赛季结果出来后将会被解雇或者续约的教练。比赛结果会决定哪位运动员登顶价值榜单，谁会得到最有利可图的代言，哪支球队或联盟会成功，又有哪支球队会被迫离开或失败，以及下次的电视转播交易范围应定得多大。

体育比赛的电视转播带来的利润使一系列企业从中获利，从电视网络、分销商到高清电视、立体电视的销售，运动鞋和运动衣的制造及销售等。巨额资金以及庞大的观众队伍可以创造强劲的力量，而强劲的力量总是吸引着各种各样的政客。

体育比赛是极其重要的电视内容，没有任何一项娱乐节目可以像体育比赛那样影响人。

观众的重要性

21世纪第一个十年中，美国排名前十的电视节目全部被超级碗占领。尼尔森公司称，在美国电视历史上收视率最高的单项节目是2011年2月6日的第45届超级碗。有1.11亿名观众在哥伦比亚广播公司的电视转播中收看了绿湾包装工队（Green Bay Packere）对阵匹兹堡钢人队（Pittsburgh Steelers）的比赛。46%的收视率意味着近一半有电视的家庭收看了比赛，当天通过福克斯电视台收看超级碗比赛的份额占到了68%。数据报告称，以后的超级碗很可能超越第 45 届，成为全天候的收视第一名。

第 45 届超级碗在得克萨斯州牛仔体育场举行，在绿湾包装工队以31∶17获胜的比赛中，美国所有绿湾包装工队的粉丝和匹兹堡钢人队的粉丝只是破纪录收视率中的一小部分。显然，除 32 支队伍的球迷以外，在整个橄榄球联盟的赛季里有很多原因促使观众收看超级碗的比赛。正如锦标赛、奥运会等重大赛事对美国人的吸引力一样，很多观众是因为关心比赛的结果、希望通过现场直播看到结果而收看电视节目的。

超过 1.11 亿名收看电视节目的观众，会看到赞助商花了大价钱的许多商业广告。福克斯公司转播的第 45 届超级碗中一共插播了 115 条广告，用时 48 分钟，卖出的价格大约是每 30 秒 300 万美元。这个价格意味着第 45 届超级碗的千人费用约 27.27 美元。电视广告的价值是以每千人价格计算的。第 45 届超级碗之后不久，全国广播公司宣布将以每 30 秒 350 万美元的价格开售第 46 届超级碗的商业广告。这是美国电视上最贵的 30 秒广告。

图 1.1　每年，超级碗都是美国收视率最高的电视节目，这项赛事已经通过 30 种不同语言传播到 180 多个国家和地区

在福克斯电视台转播比赛前后四小时的时间段播出广告时，你会发现，有超级碗比赛的周日是非常重要的广告播出时间之一。福克斯和全美橄榄球联盟签订的协议赋予了福克斯广播网在全国广播公司和哥伦比亚广播公司每三年轮流转播超级碗比赛的特权。但是，福克斯广播网绝对不是唯一从超级碗广告中捞金的广播网。例如，娱乐与体育节目电视网每年都会播出为超级碗制作的为期一周的花絮节目；全美橄榄球电视网会空出一百多个小时的档期来播出即将开赛的超级碗的相关节目；全国广播公司在超级碗比赛场地主办“今日秀”，并在不同的广播网上制作与球迷或主办城市有关的节目；体育版面、迎合公众兴趣的出版物和网站会报道赛前准备和超级碗赛事；同样的，广播网和无线电台也会做相应的报道。

所有这些销售广告的平台和巨大利润共同体现了超级碗通过电视转播全美橄榄球联盟的比赛在经济上的重大影响。剧情节目或娱乐节目并没有因体育节目而被电视排除掉，这些节目在黄金时段或是其他时段播出，无论昼夜，总能吸引上百万的观众，带来数十亿美元的广告收益。但是，每年稳居收视率冠军的节目，一定是超级碗比赛。

既然获得的收益如此之大，那么参与电视节目制作、策划和推广的人员以及赞助商的压力就会成倍增加。我们会在接下来的章节中一一了解其中每一项职能和个人所需具备的技能和特质。

经济的重要性

体育在美国是一个很大的产业，凭借动辄数百万美元的合同和代言协议给体育明星和几十万人提供了生计。根据普华永道和运动器材产业协会给《体育商业期刊》做的调查显示，2009 年，体育支出金额总值达到了 2 350 亿美元。如果再加上美国在 2009 年投入到娱乐性运动项目如自行车、雪地摩托车、摩托车、游船和旅行房车的 273.3 亿美元，那么总计将达到 2623.3 亿美元，超过四分之一万亿美元。

表 1.1　美国收视率前十的电视体育节目 2000—2011

序号	节　目	平均每分钟观众数量	收视率	份额	日期	电视网
1	第 45 届超级碗（绿湾包装工队对阵匹兹堡钢人队）	111 041 000	46.0	69%	2011 年 2 月 6 日	FOX
2	第 44 届超级碗（新奥尔良圣徒队对阵印第安纳小马队）	106 480 000	46.4	68%	2010 年 2 月 7 日	CBS
3	第 43 届超级碗（匹兹堡钢人队对阵亚利桑那红雀队）	98 700 000	42.1	65%	2009 年 2 月 1 日	NBC
4	第 42 届超级碗（纽约巨人队对阵新英格兰爱国者队）	97 500 000	43.3	65%	2008 年 2 月 3 日	FOX
5	第 41 届超级碗（印第安纳小马队对阵芝加哥熊队）	93 200 000	42.6	64%	2007 年 2 月 4 日	CBS
6	第 40 届超级碗（匹兹堡钢人队对阵西雅图海鹰队）	90 700 000	41.6	62%	2006 年 2 月 5 日	ABC
7	第 39 届超级碗（新英格兰爱国者队对阵费城老鹰队）	86 100 000	41.1	62%	2005 年 2 月 6 日	FOX
8	第 38 届超级碗（新英格兰爱国者队对阵卡罗莱纳黑豹队）	88 400 000	41.4	63%	2004 年 2 月 1 日	CBS
9	第 37 届超级碗（坦帕湾海盗队对阵奥克兰突击者队）	88 600 000	40.7	61%	2003 年 1 月 26 日	ABC
10	第 34 届超级碗（圣路易斯公羊队对阵田纳西巨神队）	88 500 000	43.3	63%	2000 年 1 月 30 日	ABC

来源：引自尼尔森公司授权引用

要想推测在这一年里 2623.3 亿美元中有多少份额投入到体育节目不可能的。电视体育节目让数百万人争相购买与运动员同款的鞋、帽、运动衫，购买佳得乐和运动员购买的其他食品饮料，缴纳提供电视直播的有线、数字或卫星信号的每月账单，购买他们支持球队的现场比赛门票和旅行包等。在电视转播的早些年，许多联盟和球队担心电视直播比赛会使现场上座率降低，因为人们也许更愿意坐在家里看电视，还不用掏钱买票。然而事实却恰恰相反：缺少电视曝光率会使一个联盟或球队成为无名之辈甚至出现收入赤字。

表 1.2　2009 年美国体育经济

广告	274.3 亿美元
观众消费	261.7 亿美元
营业开支	229.8 亿美元
彩票	189.0 亿美元
专业服务	152.5 亿美元
出差	160.6 亿美元
医药开销	126.0 亿美元
特许商品	105.0 亿美元
媒体转播权	69.9 亿美元
赞助费	64.0 亿美元
设施建设	24.8 亿美元
多媒体	21.2 亿美元
代言	8.97 亿美元
网络广告和用户	2.39 亿美元
体育商品	
运动服装	281.7 亿美元
体育用品	202.0 亿美元
运动鞋	123.0 亿美元
运动器械	42.0 亿美元
队服	11.3 亿美元
总计	2350 亿美元

来源:体育经济周刊媒体资料包

经济、广告和电视体育是本书接下来要深入讨论的问题。无论如何,数十亿美元的交易很显然比最后的"比分和集锦"更加利害攸关。

自我介绍案例

每年我都会让学生写一篇简短的自我描述,来说明电视体育节目是如何影响他们的自我认知、穿着、日常的表达方式、对比赛的看法和时间分配的。这些自我介绍对于我和那些花时间思考个人价值的学生来说是非常具有启迪作用的。"如果没有电视体育节目,我的人生会有非常大的不同。"一个 21 岁的男生写道,"说实话,我根本无法想象没有电视体育节目的生活。

我经常问我爸爸他年轻时的生活状态。”那时电视上还没有这么多的体育节目。这个年轻人的父亲回答说：“实在是不知道了。”这就像让我们回忆从前没有手机时如何生活的一样。

一个年轻的女生写到了她印象深刻的1996年夏季奥运会。在此届奥运会上，美国体操运动员克里·斯特鲁格在第一次撑杆跳时扭伤了脚踝，但仍然忍着剧痛完成了第二次撑杆跳，帮助美国女队在亚特兰大奥运会上夺得了金牌。她说，“这些女运动员在亚特兰大奥运会上表现出的坚定决心和勇气是我对体育运动、领导能力和努力实现愿望的鼓舞和保障。”还有很多人写到在电视上看到的比赛影响了他们后来对大学的选择。

来自新罕布什尔、特拉华州和纽约州北部小城镇的年轻男女生都描写到，电视体育节目向他们提供了第一个了解非裔美国人、西班牙裔美国人和其他国家运动员精彩表现的机会。他们说，这有助于拓宽他们对人类这个概念的理解，也帮助他们做好了面对校园里和家乡外不同族裔美国人的准备。

一位来自西雅图的年纪较长的人回忆道，“电视体育节目赋予了我与他人，甚至是完全不认识的陌生人联络和分享经历的能力。”他说，“我相信任何一种形式的体育，尤其是大学和专业水平的，都是一种社会的财富。”

体育比赛的电视转播对年轻人的影响是一代胜过一代的。研究不断增加播出量和覆盖面的电视体育转播对人们的影响和改变，要追溯到第二次世界大战以前那个和现在不一样的美国。

◆话题讨论/课后作业

1.请写一篇自我描述，介绍电视体育是如何影响你的认知、穿着、说话方式和时间分配的。

2.选取你最喜欢的一个运动队或体育项目，调查研究它目前的经济状况和电视转播权在本地和全国的分布。这个运动队或体育项目的电视观众在过去五年是增加了还是减少了？最大的赞助商是谁？比赛的上座率和票价的趋势如何？

3.如果你是一名投资人，你现在会投资哪项体育项目？在你做决定之前你需要知道哪些要素？

4.你最初收看电视体育节目有什么记忆？它为什么让你难忘？当时你身边还有谁？它对你运动的偏好或者对一个运动队的忠诚度有影响吗？

第二章　开始:数十年的实验和实践

这一刻,我怀着谦卑的心情宣布,在这个国家诞生了一个新的艺术,这项艺术的影响是如此的重要,以至它必将会影响到整个社会。它闪耀着,像是乱世中希望的火炬。它是一种为了我们人类的利益而必须学会去利用的原创力。

(戴维·沙诺夫,美国无线电公司总裁,1939 年 4 月 30 日)

1939 年,在美国无线电公司展览会的开幕式上,戴维·沙诺夫通过上述讲话把电视介绍给美国大众。当年 4 月,美国无线电公司的电台 W2XBS(XBS 是“实验广播电台”)与总统富兰克林·德兰诺·罗斯福的讲话一起开始了第一个有固定时间表的电视节目。

“现在我们为声音加上了图像”,沙诺夫说,他的美国无线电公司拥有全国广播公司红色和蓝色的无线网。每天有成千上万的人参加这种娱乐和新的项目,这些在无线网上的新项目是用无线电信号来建立联系的或者是被美国无线电公司销售的。美国全国广播公司能够创造和开发的产品项目越吸引人,就越为他们制造无线电信号赢取更多的需求。美国无线电公司中,电视台和有固定时间的广播的发展遵循着相同的准则:给美国人一个理由去购买一台美国无线电公司在世界博览会上一直宣传的电视机。

据估计,在纽约能够收看开播典礼的电视机不到 400 台。但是在世界博览会展示馆美国无线电公司展出的新电视机上,参观者能够走在电视摄像机的前面并且在电视机小小的黑白屏幕上看到他们自己。

第一场电视播放的比赛

在世界博览会展出不到三周的时间,现场直播技术在美国电视上初次登台。1939 年 5 月 17 日,W2XBS 带着一台摄像机到哥伦比亚大学球场上将它放在三垒旁十二英寸高的平台上。这场比赛是哥伦比亚普林斯顿大学棒球联赛的第二场比赛。W2XBS 播出的时间安排在电视诞生初期是灵活的:没有办法预测联赛第一场比赛会持续多长时间,所以第二场比赛的开始时间或早或晚。

当比尔・斯特恩出现在这个节目中的时候,他成为了美国第一个电视体育广播员,他说:“女士们,先生们,下午好。欢迎收看第一个体育比赛的电视广播报道。我不确定我在这儿做的是什么事情,但我真的希望它对于观看节目的你们来说是有益的。”比尔・斯特恩是美国全国广播公司的《比尔・斯特恩体育篇》的主持人,《比尔・斯特恩体育篇》节目开始于 1937 年,一直播出到 1956 年。

图 2.1　在美国播放的第一场电视体育比赛。摆在哥伦比亚大学球场上的美国全国广播公司摄像机,1939 年 5 月 17 日

来源:纽约城哥伦比亚大学档案馆

图 2.2　比尔・斯特恩
来源:美国体育广播员协会

斯特恩熟悉广播节目,他对电视直播的不确定心里是很清楚的:在美国还没有人曾经做过电视体育直播,并且没办法看到在纽约市区为数不多的电视机上的播放实况。他没有监视器,只有摆在他面前的麦克风,他通过这个麦克风对这场比赛进行评论。普林斯顿在十局中以2:1获胜。他们曾以8:6的比分赢得第一场比赛。

美国全国广播公司的电视播出导演伯克・克罗蒂,当他听到比尔・斯特恩说他们"不确定我们在这儿干什么"的时候,感动得流泪了,但那对于 1939 年 5 月那个下午的每个人来说,确实是一个正在打破的新境界。据说,克罗蒂广播的薪金为3 000美元,这比美国家庭年平均收入还要多(美国人口普查局报道说,1939 年每个家庭年平均工资收入的中位数是 2 700 美元)。伯克・克罗蒂后来离开了舒适的电视台,在第二次世界大战中服役,这场战争 1939 年 9 月在欧洲开始。当克罗蒂从军队退伍后,他成为了美国全国广播公司《每周棒球》节目的第一个导演。

在电视报道的第一场比赛中,锡德・卢克曼在体育场为哥伦比亚打游击手,之后他继续就职于橄榄球名人堂。卢克曼在哥伦比亚球队打攻方后卫,是 1939 年橄榄球芝加哥熊队的第一个选秀状元。卢克曼是专业球队第一个优秀的橄榄球四分卫,五次被选为"全明星"球员。1943 年 11 月 14 日,在一场对抗纽约巨人队的比赛中,他投掷了七次触地得分球。锡德・卢克曼在 1943 年的全国橄榄球联盟冠军赛中完成了五次触地得分球后,他被誉为 1943 年全国橄榄球联盟最有价值球员。

哥伦比亚的赫克托耳・多德在对抗普林斯顿时打满了十局。当问起第一次电视比赛是怎样的感受时,他说他感觉他出名了,但他并不确定。多德告诉美国家庭影院"1991 年纪实现场报道:体育电视历史"的采访者,说他的几个队友在比赛场上经常出现在不适当的位置上,因为他们想在电视上能出镜。

图 2.3　早期电视机的屏幕比玩的纸牌大不了多少

来源:早期电视博物馆

第二天早上,路易斯·伊弗拉特在《纽约时报》上刊登了他对比赛的解释。“出现在七局中的这种遭遇被全国广播公司电视报道了,第一个有特定时间的体育比赛通过无线电波转化成画面。”有抱怨说看不到比赛场外的动作,并且也几乎看不到球。考虑到 1939 年电视机屏幕非常小,几乎比玩的纸牌大不了多少,并且只有一台摄像机报道整个比赛,观看第一个有纹理的黑白电视播报比赛实属不容易。

在那天早上此报纸的商业版块有一则报道说,许多家用电器经销商放弃了向那些“缺乏兴趣的大众”兜售电视机的打算。他们计划集中精力售卖更多精心制作的收音机。在 1939 年第一次电视直播引起骚动之后,这些计划就大大地改变了。

十年尝试

虽然最初的评价并不是很好,但是美国全国广播公司受到了他们第一次体育现场报道结果的鼓舞。所以在接下来的几个月里,他们将一个远距离的电视卡车和几台摄像机带到了纽约市区的许多比赛中。他们必须保证向以帝国大厦楼顶为中心方圆 20 英里的范围内发射信号,所有的电视接收器分布在纽约市区居民的家中或在纽约皇后区法拉盛草地公园的世界博览会广播网站里。

首次用电视直播任何一项体育赛事都是一种尝试。美国全国广播公司必须优先决定哪项运动在电视上运行得好,哪项运动可以吸引观众扩大美国无线电公司电视机的销量。在 1939 年 6 月洋基体育场举行的马克斯·贝尔对战卢·诺瓦拳击赛的电视报道显然是完美的。所有的动作都囿于有限的场地，拳击场上有自己的灯光，以及拥有世界重量级冠军贝尔和乔·路易斯，他们在当时都是数一数二的体育名将，乔·路易斯曾在洋基体育场用他压倒性的第一局打败了德国的马科斯·施梅林，由此在 1938 年 6 月赢得了"英雄"的地位。

表 2.1　美国全国广播公司的 W2XB 上的体育电视第一次直播

日　期	事　件
1939 年 5 月 17 日	第一次体育电视直播：哥伦比亚大学普林斯顿棒球比赛
1939 年 6 月 1 日	第一个电视直播的奖项之争：在洋基体育场马克斯·贝尔对战卢·诺瓦，重量级拳击手
1939 年 8 月 9 日	第一次网球电视直播：韦斯特切斯特乡村俱乐部的草地网球场东部冠军赛
1939 年 8 月 26 日	第一次美国职业棒球大联盟电视广播：在埃比茨棒球场辛辛那提红人队对战布鲁克林道奇队
1939 年 9 月 30 日	第一次电视直播的大学橄榄球比赛：在兰德尔的岛上三角体育场韦恩斯堡州对抗福特汉姆
1939 年 10 月 22 日	第一次职业橄榄球电视直播：在费城老鹰队对战布鲁克林道奇队
1940 年 2 月 25 日	第一次全国曲棍球联合会电视直播：在蒙特利尔纽约游骑兵麦迪逊广场花园
1940 年 2 月 28 日	第一次电视直播的篮球比赛：在麦迪逊广场花园皮特对战福特汉姆
1940 年 3 月 2 日	第一次电视直播的田径赛：麦迪逊广场花园校际 AAAA 级

20 世纪 30 年代和 40 年代，美国棒球拥有数量巨大的球迷，棒球运动在那个时代成为了"美国的休闲方式"。其次是大学橄榄球赛，远远超过美国橄榄球联盟赛，美国橄榄球联盟直到 1958 年联盟冠军赛之后才在全美国凸显了出来（到了 20 世纪 50 年代，我们逐渐知道哪些体育项目是"曾经玩过的最重大的体育运动"）。棒球运动在电视上的流行成为诸多广播网站和商业广告吸引球迷，达到创收的重要途径。

1939 年 8 月 26 日，当美国职业棒球联盟在 W2XBS 上初次亮相的时候，著名的体育广播员雷德·巴伯站在麦克风前，唯一拥有棒球经验的电视导演伯克·克罗蒂在后方的转播车内。巴伯 31 岁，这是他第一年作为布鲁克林道奇队的解说员。他离开辛辛那提后，从 1934 年开始他一直在广播上为红人队解说，找不到比他更有资格为布鲁克林道奇队和红人队之间的历史性比赛做解说的评论员了。就像哥伦比亚对战普林斯顿比赛中的比尔·斯特恩一样,巴伯当时没有监视器可以观察正在播放的内容。他辨别哪台摄像机正在拍摄的唯一方法是看摄像机上面的红色计时器的灯亮了没有。相比在电视上观看红人队对战布鲁克林道奇队比赛的人数,站在球场的看台上观看比赛的更多一些。直到8年后,才又有一场世界大赛的电视直播:1947年的洋基队和道奇队比赛。

历史观点

1940年开始拥有“电视”新技术的美国完全不同于今天我们看到的有3亿多人被数字化联系起来的国家。美国人口普查局1940年公布的人口数为1.32亿人,纽约目前是美国最大的州,拥有13 479 149人。加利福尼亚州,在21世纪拥有美国总人口的10%,排在纽约、宾夕法尼亚州、伊利诺斯州和俄亥俄州的后面。

欧洲发生了战争,但美国的和平及其独有的孤立主义精神让美国避免了与外国发生冲突。繁荣在大萧条之后到来了,大部分选举人对罗斯福总统所做的工作十分满意,所以1940年11月罗斯福在白宫获得了他史无前例的三连任。

1940年美国86.6%的家庭至少有一台收音机。在东北部收音机的拥有率是96.2%。并且每天有1 878种日报拥有41 132 000份的发行量。美国人从报纸上或者收音机上获得新闻,这就是他们基本的娱乐媒体。

在美国职业棒球大赛中,有八个队在美国联盟,八个队在国际联盟。他们打了154场常规赛,并且在赛季的最后各自联盟的第一名,在世界系列赛上见面了。1940年,辛辛那提红人队以四比三打败了布鲁克林道奇队。圣路易斯以西没有季后赛,也没有球队。全国橄榄球联盟只有十个队,其中有西部特许的绿湾包装工队。全国橄榄球联盟十个队中的两个队是在芝加哥:芝加哥熊队和红雀乐队。全国曲棍球联盟有七个队,没有芝加哥以西的,也没有纽约以南的。当全国橄榄球联盟在中西部城市进行专业比赛的时候,全美篮球协会还没有成立。

1940年,电视处于试播阶段时,美国无线公司的W2XBS已经是纽约体育运动的引路人了。1941年6月1日,W2XBS成为了WNBT电视,全国第一家商业电视台,在1948年呼号变成了WNBC,当年与WNBC调频广播合并运营。

美国全国广播公司在电视初期唯一的挑战者是艾伦·B.杜蒙特于1938年在美国新泽西州帕塞伊克成立的W2XVT。之后它变成了WENW电视频道5,并且仍旧在播放WNYW电视节目。在他建立艾伦·B.杜蒙特实验室之前,1931年杜蒙特和李·德·弗雷斯特一起做过工程师,李·德·弗雷斯特与其他300位电子创新专利人是录音机和三极管的发明人。杜蒙特的公司是美国第一个在电视屏幕上使用阴极射线管的公司,以W2XVT为开端,建成杜蒙特广播网站,成为美国全国广播公司和哥伦比亚广播公司的主要竞争者,一直持续到20世纪50年代中期。

1941年的《广播年鉴》列出了1940年运行的总共25个实验电视台,18个其他的有建设许可的电视台。它们中的每一个的呼号上都用一个"X"来表示"实验"。除了W2XBS和W2XVT,在广播的电视台还有:

- W2XAB,得到哥伦比亚广播系统许可,WCBS电视台的前身。
- 在费城的两个得到飞歌广播电视公司许可的电视台。
- 五个通用电气公司电视台,其中两个在斯克内克塔迪和纽约的通用电气总部,两个在新苏格兰和纽约附近,还有一个在波士顿。
- 经圣弗朗西斯科和洛杉矶的唐·李广播系统许可的电视台,唐·李广播系统是一个在这两个城市都有广播电台的凯迪拉克经销商建立的公司。
- 两个经美国新泽西州卡姆登的RCA制造有限公司许可的电视台。
- 芝加哥尼斯无线电公司的一个电视台。
- 经堪萨斯州的堪萨斯州立大学和印第安纳州拉斐特的普渡大学许可的两家电视台。
- 一个维斯肯新州密尔沃基新闻报经营的电视台。

在那些有建设许可的电视台中,20世纪40年代开始建设的是霍华德·休斯,他的休斯工具公司的休斯生产部门准备在洛杉矶和圣弗朗西斯科建立电视台。

体育支配了电视时间表

1945年,当二战快结束的时候,电视是一个非常年轻的媒体,只有很少的人见过它。那年秋天,美国全国广播公司开始播放周六下午定期举行的大学橄榄球赛,但是它们被限制在东海岸少数允许被报道的大学。除了1945年的体育,事实上没有"黄金时间"表。只需用几架摄像机,样式很容易制作,它没有任何手稿,不支付任何稿酬,演员没有报酬,也没有任何要求支付的权利。

美国全国广播公司在1944年11月的吉列运动中初次登台,在周一和周五晚上播出节目。这个节目主要是顶级拳手在每个重量级别的"拳击"系列。第一个重量级冠军拳击赛在美国电视播放是1946年6月19日系列的一部分,那时乔·路易斯打败了比利·康恩卫冕成功。吉列运动在美国电视上固定报道了16年,在1960年结束了它的运行,它最后一次的比赛直播是争夺世界中量级冠军赛,雷·罗宾逊输给了保罗·潘德。

1946年秋季电视节目时间表发布了杜蒙广播网周一晚上"牙买加竞技场"的拳击赛,以及周五晚上同一地点的摔跤比赛,还有和美国全国广播公司系列的"面对面"节目。哥伦比亚广播公司有一周两次的"麦迪逊广场花园体育运动"被安排在周四和周六晚上。1948年,美国广播公司才开始有了一个黄金时间表,每周两晚的体育节目,分别是星期二的"明日冠军"和星期三晚上的"华盛顿摔跤"。

1948年,在从东部时间晚上7点到11点的黄金回顾时间中,四个广播电视网合起来有27个半小时的体育节目时间。美国广播公司在1949年的黄金时间表上又增加了两个晚上的"旱地滑冰比赛",但是,随着电视台的节目播出以及电视机越卖越多,美国电视上的晚间体育栏目逐渐被具有广大观众的娱乐节目、脚本化的喜剧和戏剧节目所取代。相比之下,仅仅十年之后,1958年的黄金时间表只剩下了两个半小时的体育节目:吉列运动仍旧在美国全国广播电视台周五晚上播出,另外,美国广播公司增加了一个固定的"周三晚比赛"系列。

十年实行

大卫·沙诺夫 1939 年曾预言电视将成为美国最大的“创造力”。这一预言在 20 世纪 50 年代的十年间实现了，也许不是他所预想的“对人类有好处”，但它是一种同时告知、娱乐和联系百万人的方式。那个时候美国人把他们的日历挂在厨房和办公室的墙上，美国电视台的数量由 1940 年的两个增长到 117 个。48 个州中有 34 个州都有电视台(阿拉斯加州和夏威夷直到 1959 年才加入这个行列)，意味着 1950 年在阿肯色州、科罗拉多州、爱达荷州、堪萨斯州、缅因州、密西西比、蒙大拿、内华达、新罕布什尔州、北达科他、南卡罗莱纳、南达科塔州、佛蒙特州、怀俄明州还建立了地方电视台。

商业电视台的数量是不会呈几何数级增长的，因为这个新的媒体还没有被证实是能挣钱的。在 1950 年，只有 9%的美国家庭安装上了电视机，但是随着几种因素和力量聚集到了一起，电视繁荣的开始已经准备好了。战后数百万的新婚家庭引发了一波生育高峰，住房开工率创下新高，平均每周工作时间缩短，人们有更多的时间可以和家庭成员在新房里共享休闲时光。并且这些新的电视台的电视信号给更多的地区带去了更多的节目，所以一个典型家庭“最想买的东西”是电视机。

1950 年，美国拥有 1.5 亿人口，但是家庭拥有电视的数量只有 388 万台，拥有率为 9%。到了 1955 年，仅仅五年，这个数字已经猛增了到 3 070 万台，意味着 64.5%的美国家庭拥有电视机。作为一个球迷，如果 20 世纪 50 年代你家里还没有电视机，那么激情四射的比赛将迫使你冲进电器商场去购买。

电视全国直播

1951 年 9 月以前，有电视机的美国家庭中只有 45%的家庭可以同时收看同一节目。电视网络工作者通过微波中继系统提供他们的节目到 30 英里以内的附属的电视台。任何处在这些微波中继系统范围之外的电视台不得不去制作他们当地的节目，并且用从纽约广播网传送给他们的电影和电视节目录像(电视节目的电影录像)填充播放时间。

20 世纪 40 年代末,美国电话电报公司一直承接一些同轴电缆连接扩张横贯大陆微波中继器的业务。每一个中继站在一小块地皮上,由一个建筑物和一个天线的铁架组成,如果附近没有高山,这个中继站就是一个 125 英尺高的天线架桥。这个被 AT&T 戏称为"TD2"横贯大陆系统最初的连线联系着纽约和芝加哥。同时,一条将芝加哥与圣弗朗西斯科联系起来的连线正在修建中,一条西部海岸连线把圣弗朗西斯科和洛杉矶联系了起来。

1951 年 9 月 4 日,哈利 · S. 杜鲁门总统在旧金山日本和平条约会议的开幕式上致辞,成为第一个全国现场直播。从 20 世纪 20 年代以来,全国电台广播直播节目为每个州的美国人提供了大众交流的体验。而全国观众同时观看同一条新闻或体育比赛以及娱乐节目的愿望直到 1950 年才变成现实。

杜蒙为美国橄榄球联盟赛常规赛和美国职业篮球联赛开路

几个月之后,第一个美国橄榄球联盟赛在全国直播。1951 年 12 月 23 日,杜蒙广播网播放了洛杉矶大学体育馆的美国橄榄球联盟冠军赛,全国观众看到了洛杉矶公羊队以24:17击败了克利夫兰布朗队。杜蒙为这场比赛支付给美国橄榄球联盟 75 000 美元播出费。

杜蒙在 1951 年秋天电视直播了周日美国橄榄球联盟比赛,但不是全国播放,且大部分是纽约巨人队的比赛。杜蒙在纽约、华盛顿和匹兹堡都拥有电视台,他们从 1952 年到 1954 年播放的美国橄榄球联盟比赛都是巨人队、印第安队或者钢人队的主场比赛。广播网与每个团队直接签订了合同并在晚上黄金时间第一个播放美国橄榄球联盟比赛。1953 年和 1954 年赛季的杜蒙系列周六晚间美国橄榄球联盟比赛比黄金时间播出的美国广播公司的"周一晚间足球"早了十七年。

杜蒙也在 1953—1954 赛季 NBA 的 13 场比赛中打头阵,为取得播放权付出了 39 000 美元。这个联赛是在 1949 年由 1935 年作为中西部篮球协会演变成的国家篮球联盟(NBL)和 1946 年成立的美国篮球协会合并而成。国家篮球联盟在五大湖所在城市均有球队,比如希博伊根、威斯康星、沃特卢、艾奥瓦。湖人队曾在明尼阿波利斯、洛克岛、Moline、伊利诺斯的三联市、达文波特和艾奥瓦共享一个团队。印第安纳的韦恩 · 松奈活塞队和美国橄榄球联盟在纽约州有两个球队：罗切斯特皇家队和锡拉丘兹公民队。韦恩·松奈活塞队后来转到了底特律。

美国篮球协会有多个大城市球队，起初是和波士顿凯尔特人队、芝加哥鹿队、克利夫兰队、底特律猎鹰队、纽约灯笼裤队、费城勇士队、匹兹堡钢铁队、普罗维登斯压路机队、印第安纳波利斯飞机队、圣路易斯轰炸机队、华盛顿首都队一起的东海岸联盟。那时，美国篮球协会 1953 年至 1954 年赛季在全国电视上播出，它与来自两个联盟的九个最强大的团队合并：波士顿、纽约、费城、巴尔的摩、锡拉丘兹、罗彻斯特、印第安纳、韦恩、密尔沃基，以及那年美国职业篮球赛的冠军明尼阿波利斯湖人队，1961 年之后它转到了洛杉矶。

几个专业体育和大学电视节目的团队对电视给他们带来的利益和影响不确定。许多人都有这样的担心：如果球迷都能在家里的电视上免费观看比赛，那么，去现场观看比赛的人就会减少。一些人利用部分赛季的电视报道做试验，把电视播出的与不能播出的赛场观看人数做比较，结论是电视曝光拓宽了他们的球迷基数，使更多的人对他们的节目感兴趣并追随他们的明星。更多的粉丝意味着更高的利益和增加电视网的版权费，它标志着大联盟中小城镇团队的结束。如果你具备在底特律这样的大城市挖掘潜在粉丝的优势，就没有必要继续留在印第安纳。

电视直播体育历史

20 世纪 50 年代有两次体育历史事件帮助电视稳固了它在美国体育传播中作为主要媒介的地位，两件事都发生在洋基体育场。第一件发生在 1956 年 10 月 8 日，即世界职业棒球大赛的洋基队对布鲁克林道奇队的第五场比赛。洋基队的投手唐·拉森在职业棒球大联盟历史上投掷了唯一的世界职业棒球大赛的完美球。此前没有人完成过，从那以后直到现在也没有人完成过。最终的比分是洋基队 2 分，布鲁克林道奇队 0 分。布鲁克林道奇队的投手萨尔·马利埃赢得了世界职业棒球大赛的第一场比赛，在常规赛的最后一个星期对战费城队的时候投掷了一个无安打比赛（整场比赛里不让对手击出任何一支安打）。他在第五场比赛的整个九局都处于投手高峰，只放弃了五次安打，但是拉森允许没有安打、没有跑、没有走，并且洋基队没有犯一个错。

图 2.4　唐・拉森的完美比赛

这场比赛是美国全国广播公司用电视播放报道的，由洋基之声梅尔・艾伦和布鲁克林道奇队的实况比赛解说员文・斯科林一起在麦克风前报道。那个周一下午晚些时候，64 519 名观众与洋基和道奇两个球队聚集到了一起。布鲁克林道奇队是卫冕冠军，曾经在 1955 年争夺他们唯一的世界职业棒球大赛冠军的时候打败了纽约洋基队。

27 岁的拉森此前从未遇到过无安打比赛，那时他都不确定自己能否进入第五场比赛，在第二场比赛的第二局中，当他没能用他的球棒击打到他的棒球的时候，他被洋基队的球员拉了一把。在那场比赛中，道奇队以13:8击败了洋基队，这让他们提前两场比赛进入到最有利的七系列比赛中。但第五场比赛时，拉森成为发球者的投手(第三垒教练弗兰克·克罗斯提在洋基队衣帽间将球扔到拉森的脚上来表示那天他是开始发球的投手)，他连续投出27个出局。《纽约时报》引用了本垒裁判巴布·皮内利对拉森说的话："你很棒，简直太棒了。你是我从未见过的、最好的能精确控制发球的球员。"

如果你是美国的一个棒球迷，但在1956年10月8日还没有拥有一台电视机，那天下午无论你是在看比赛还是在工作，在这段历史被创造出来的那一刻，你会毫无疑问地感到自己被置身事外了。于是，那些球迷很有可能会尽快地加入到电视机拥有者的行列，为了不再是"孤独的"少数派。

"史上最伟大的比赛"

1958年，电视在改变着美国。这个大众媒介成了连接国家的神话，它经历了电台广播、报纸、新闻汇辑、电影等过程。当这个国家的每个州的数百万人在电视上一起见证历史的时候，人们或笑或哭，做出一致的反应。美国人逐渐了解到了同样的人物，像"离开海狸"中的"Beav" 米尔顿·波勒，"我爱露西"中的露西尔·鲍尔，或者瑞·丁丁。1958年12月28日，强尼·尤尼塔斯让全国人民认识了他。

在1958年洋基体育场举行的美国橄榄球联盟冠军赛中，尤尼塔斯是对抗纽约巨人队的印第安纳波利斯小马队中的四分卫。这个比赛相当于那个时代的超级碗，因为当时美国橄榄球联盟还没有创建。只有一个专业的橄榄球联盟，而且那年它是在美国全国广播公司黄金时间直播的冠军赛。

专业橄榄球在流行上虽然落后于大学橄榄球，但20世纪50年代它的受欢迎程度正在上升，并且它在那十年期间的电视曝光率也是一个重要的贡献因素。4 500万观众观看了强尼·尤尼塔斯在最后两分钟帮助小马队前进86码，比赛打成17∶17平，进入加时赛。这是美国橄榄球联盟和超级杯历史上唯一一次突然死亡的冠军赛。

巨人队赢得了优先权，但他们没能成功把握机会结束比赛。小马队25岁火眼金睛的平头四分卫在第13场比赛中精心处理了一个80码的推动，最终以阿兰·阿米奇在最后一码内的触地达阵结束，小马队以23∶17赢得了全美橄榄球联盟冠军，全美的球迷都观看到了这一幕。

但观众们差点就错过了这个胜利的触地达阵。在加时赛中，随着小马

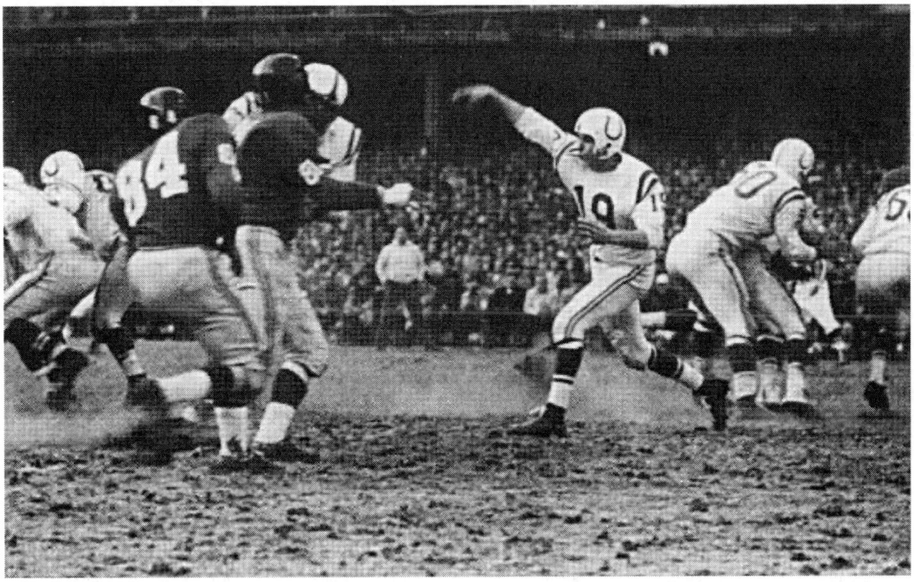

图 2.5 巴尔的摩小马队强尼·尤尼塔斯在“史上最伟大比赛”中的一掷,1958 年 12 月28 日

队占据巨人队的八码线,美国全国广播公司在洋基体育场的直播中信号中断了,伴随着使人兴奋的最后一推,场地上的一个主要电缆意外地断开了。一个边线统计的美国全国广播公司的商业经理挺身而出,希望用延长比赛时间的方式让广播网络技术人员解决这个问题。斯坦·罗特凯维奇突然冲到现场,抱住正式的比赛球,向相反的方向跑去。解说员以为他们看到了一个“喝醉酒的粉丝”的滑稽动作,但是斯坦·罗特凯维奇为美国全国广播公司的观众扭转了败局。电缆被再次连上,电视信号及时恢复,让全国观众看到了阿米奇一码内的投球瞬间。

这场激动人心,赢者通吃的比赛吸引了美国公众的注意并引人遐想。它一度占据了唐·拉森的完美比赛在公共事件排行榜的位置,毫无疑问,它们都是令人难忘的经典,数百万人同时见证了这些事件,之后讲述出来便成了一时的话题和故事。

到 1960 年之前的最后 10 年,4 575 万户美国家庭已经拥有了电视机。与 1950 年只有 9%的覆盖率相比,1960 年已达到了 87.1%。1950 年以来,美国共生产和销售了4 200万台电视机。整个美国通过共享经验,连接成了一个互相联系的团体，这是一个为“电视广告”品牌买单的巨大市场。许多让人难忘的成功的营销案例都出自于体育赛事直播。

20世纪50年代改变了体育电视的两项技术

永久地改变了体育直播节目在电视上呈现方式的两项技术是变焦透镜和录像带，20世纪50年代这两项技术都变成了电视的制作部分。

变焦透镜是1948年由弗兰克·G.巴克博士申请获得专利的。巴克博士是一位业余工程师，他出生于维也纳，1939年移居到美国。他是长岛祖马公司的创始人兼总裁。在巴克博士的发明之前，每台电视摄影机上都有一组带有三至四个不同焦距的柔性焦距透镜组的镜架。摄影机操作员手动旋转这个小镜架来调整从远距离到中距离，再到近距离的拍摄。事实上，早期的电视导演不仅要选择直播摄影机，而且还要指定从哪个角度拍摄他们想要的镜头。

20世纪50年代，当电视摄影机安装了变焦透镜后，观众可以看到聚焦到一个运动员脸部的特写镜头，也可以从一个运动员扩展到他/她的对手们身上，或者是整个赛场和比赛环境的镜头。变焦透镜给体育电视带去了动态的视觉。在变焦透镜问世之前的比赛视频似乎是静态的和无想象力的，缺乏运动感，在过去的十几年里，体育观众对这样的视频已经习惯了。

每一个电视节目，体育、新闻或者娱乐的视频在1956年之前被认为是电视节目录像。简单地说，一个电视节目录像就是电视节目的电影摄像记录。没有电子记录电视节目的方法，所以一个电影摄影机要对准电视屏幕，然后再经过电影播放和处理过后，你才能拥有这个节目的复制品。

1956年，在广播协会和电视会议上对安培VRX-1000磁带录像机的推介使得电视节目录像废弃了。这台机器的体积相当于一个冰箱，非常重，在2英寸宽的录像带上录制电视节目，录像带上的缠轴直径达12英寸。

录像带一经问世，先前的比赛或体育集锦放到了节目之中，通过录制运动员或运动队以往比赛的画面和大赛前准备活动的花絮，来辅助体育运动故事的讲述，集锦包装也可以编辑在一起。到了1963年12月，录像带又被应用到比赛中的及时回放，

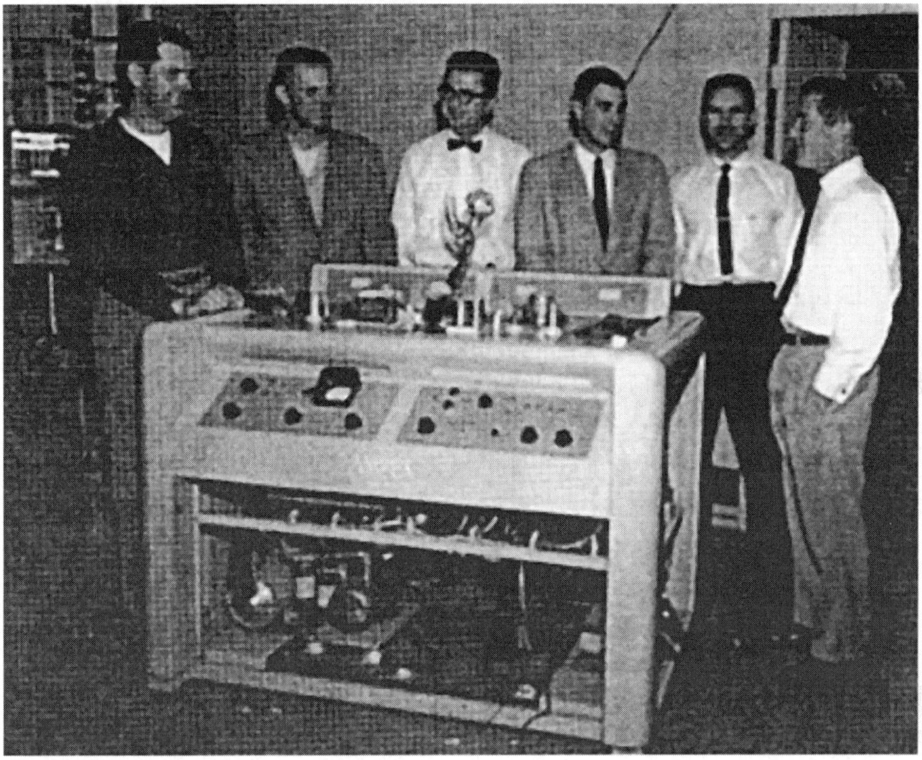

图2.6　1956年第一台安培四倍录像带机器
来源：经济发展委员会

在第三章会继续讲述关于录像带的更多内容。

小　结

美国体育电视出现在1939年纽约世界博览会上，美国无线电公司推出了给画面加上声音的新电子奇迹。电视转播的第一批比赛都是在纽约市内举行的，这样，美国无线电公司摄像机技术操作人员与无线电发射塔之间的

联系更加方便了。在它最初的十年间，体育在电视上从尝试变成了晚间节目时间表的主题，因为它生产容易且廉价，需要很少的或者不需要版权费，没有稿本，也不必支付演员的酬劳。

20 世纪 50 年代，电视普及和编程技术在全美爆炸。十年的时间，从只有 9%的美国家庭拥有电视机，到 1960 年电视机拥有率增长到 87%，电视成为交流和广告的平台。受到娱乐节目的冲击，体育节目在黄金时段开始退居二线。电视上的几次里程碑包括：1951 年首次用电视播放美国橄榄球联盟冠军赛，1956 年世界职业棒球大赛中唐·拉森的完美比赛，1958 年“史上最伟大的比赛”美国橄榄球联盟冠军赛，20 世纪 50 年代的体育电视技术革命和电视制造业的大发展等。

◆话题讨论/课后作业

1. 用图表画出你最喜欢的专业联盟从建立到当前模式的成长过程。尤其注意地理扩张和从小城市到大城市的移动，并将这些日期与电视的增长和美国的人口增长趋势联系起来。

2. 将 1948 年或 1949 年与十年后的 1958 年或 1959 年的黄金时间表和网络电视上周末节目进行比较，找出什么时候是体育时间？哪项运动增加了？十年期间哪项运动被撤销了？

3. 调查研究 1956 年世界职业棒球大赛中唐·拉森的完美比赛和 1958 年全国橄榄球联盟冠军赛之后 6 到 12 个月中电视机销量的数据。分析 20 世纪 50 年代的十年间，是什么因素促成了电视机销量的快速增长？

4. 研究下面的体育运动从第一次出现在美国电视上一直到现在版权费的增长情况：全国橄榄球联盟大赛、美国职棒大联盟比赛、全国篮球协会联赛、全国曲棍球联合会大赛或者拳击。将经费的增长、美国人口的增长与每年电视广告的总金额进行比较。

第三章　信息时代的到来

我们横跨整个地球，为你持续带来各类体育比赛，分享胜利的喜悦和失利的痛苦。

（ABC 体育大世界片头）

提要

- 一个新的橄榄球联盟：拉马尔·亨特和美国橄榄球联盟。
- 第一份国家电视合同：美国橄榄球联盟和美国广播公司。
- 1961 年体育广播法。
- ABC 改变了体育报道。
- 奥运会登陆美国电视。
- ABC 的“体育大世界”。
- 第一次即时回放。
- 空中摄像机。

一个新的橄榄球联盟

1958 年 12 月的一天，26 岁的拉马尔·亨特正在得克萨斯州休斯敦的一家宾馆客房里观看美国国家橄榄球联盟锦标赛。他是南卫理公会大学(SMU)前任替补接球员，同时还有一个更重要的角色——亿万富翁石油大亨 H. L. 亨特的儿子。拉马尔此次来休斯敦是为了参加 12 月的西南会议度假篮球锦标赛。他在 1958 年花了相当多的时间研究投资专业棒球球队或橄榄球球队的可能性，而他在休斯敦那家酒店看过电视中播放的节目后作出的决定改变了未来十年美国体育的前景。

1958 年的春天，亨特告诉国家橄榄球联盟委员伯特·贝尔，他想把联盟的一支球队搬到达拉斯。当时，联盟一共有 12 支队伍。贝尔回复亨特并解释说他的上司并不希望增加球队数量，除非他们能够解决芝加哥熊队和圣路易斯红雀队面临的问题：圣路易斯红雀队是比赛场上的弱旅（自 1950 年后的十年中他们平均每个赛季失十分），也输掉了钱。贝尔建议亨特联系圣路易斯红雀队的老板沃特尔·沃尔夫纳和他的妻子维奥莱特·比德维尔，看他们是否愿意把球队卖给亨特，如果交易成功就可以把球队搬到达拉斯。

比德维尔的第一任丈夫 1947 年去世后，她接管了圣路易斯红雀队，并于 1949 年嫁给了圣路易斯商人沃尔夫纳。亨特和沃尔夫纳夫妇在 1958 年商谈过多次，但并未取得实质性的进展。两年后的 1960 年，沃尔夫纳夫妇将红雀队转移到沃特尔的故乡圣路易斯时，他们才最终放弃了和乔治·哈拉斯的芝加哥熊队对芝加哥球迷的抢夺战（之后，红雀队于 1988 年离开了圣路易斯，转移到亚利桑那州，仍由比德维尔家族掌控）。

图 3.1　**AFL** 创始人拉马尔·亨特，1932—2006

来源：经盖蒂图片社许可转载

1958 年秋，拉马尔·亨特在纽约听说了道奇球队前董事长兼总经理布兰切·瑞吉讲关于创建第三个棒球联盟的想法。瑞吉于 1947 年签下杰基罗宾逊，是首位打破美国职业棒球大联盟肤色界限的人。拉马尔·亨特从未投资过任何一支棒球球队，但他参加在纽约举行的会议时始终秉持着一个理念：收入分享。他认为任何一个新的联盟都应该参与分配它的收入，包括所有电视转播权的收入，并将全部收入分别投入到每一支球队中，确保他们盈利。这个想法一直在亨特脑海中回荡，并在不久的将来得到了实践，取得了收益。

也就是在当年 12 月底的一个周日晚上，收看了酒店黑白电视上转播的“最精彩的比赛”后，亨特下定了决心。“在感情上我还是更偏爱橄榄球的，”亨特说，“很明显，1958 年巴尔的摩小马队和纽约巨人队的比赛让我觉得，就是它了，这项运动拥有一切，非常适合电视转播。”拉马尔·亨特对运动项目是否适合转播具有很好的判断力。如果没有他的推动，美国橄榄球二线联盟就不会建立，超级碗也不存在，观众也看不到全美橄榄球联盟的比赛。

1959 年 2 月，亨特和沃特尔·沃尔夫纳进行了最后一次会面，亨特抱着一线希望说服沃尔夫纳卖掉红雀队，将球队搬至得克萨斯州。会面地点在佛罗里达，沃尔夫纳在那里有一幢适合冬日居住的房子，那里的天气比芝加哥更晴朗明媚。但对于亨特来说，面谈结果却和原先一样：沃特尔·沃尔夫纳拒绝卖掉球队。沃尔夫纳告诉亨特，有很多富有的投资人，包括从休斯敦来的巴德·亚当斯在内，都找他商讨过卖球队的事，他统统拒绝了。

在迈阿密飞往达拉斯的飞机上，亨特忽然有了新的灵感。既然有这么多投资者希望把一支美国国家橄榄球联盟的球队买回到自己的家乡，而又都遭到拒绝，为什么不把他们联合起来，组建一个由全新球队组成的新的橄榄球联盟呢？亨特向飞机乘务员要了几张美国航空公司的便笺，在飞机降落前草拟了一份文件，命名为“六位创始人和第一年的运营计划”。这就是建立美国橄榄球联盟的计划。亨特作为亿万富翁的儿子，动辄能向专业球队投资数百万美元，而他出行坐的却是飞机的“经济舱”。

拉马尔·亨特继续推进他建立新联盟的书面计划，他找到了国家橄榄球联盟总裁伯特·贝尔。贝尔建议亨特联系芝加哥熊队的创始人兼所有权人乔治·哈拉斯，哈拉斯是国家橄榄球联盟在 1958 年建立的发展委员会的成员，然而该联盟却一直没有发展。哈拉斯告诉亨特，把国家橄榄球联盟扩张到12支队伍以上将会有很长的路要走。

与此同时，拉马尔·亨特开始联系名单上他称之为“六位创始人”的投资人，建议他们如果无法得到国家橄榄球联盟的特许经营权，就应该和他一起建立一个新的橄榄球联盟。他成功地劝说了包括巴德·亚当斯在内的五位投资人加入了他称之为“蠢人俱乐部”的队伍，他们“愚蠢”到向成立很久、在刚刚举行的比赛中大获成功的国家橄榄球联盟发起挑战。1959年8月14日在芝加哥举办第一届联盟会议之前，每一位未来的联盟所有权人必须提供10万美元作为履约保证金，并另外用25 000美元作为后备保证金。六座最初拥有球队的城市分别是：达拉斯、休斯敦、丹佛、洛杉矶、纽约和明尼阿波利斯。亨特最终在达拉斯创立了他的专业球队。洛杉矶球队的所有权人拜伦·希尔顿，把球队作为希尔顿酒店连锁品牌的一环，命名为“电光队”。因为希尔顿拥有卡特尔·布兰切的信用卡公司，电光队只在洛杉矶参加了一个赛季的比赛，便于1961年搬到了圣地亚哥。

一周之后，六位创始人将他们的联盟命名为“美国橄榄球联盟”。1959年10月28日，法布罗的拉尔夫·威尔逊签约成为联盟的第七支球队；1959年11月22日，波士顿的威廉·苏利文成为联盟的第八位掌权人，这天也举办了美国橄榄球联盟的首次球员选秀。不公开选秀一共举行了33轮，八支球队中的每一支都可以在当地选择一个能招揽人气和上座率的顶尖大学球员，最多招募32名有望签约的球员。

当国家橄榄球联盟意识到亨特对于建立他们竞争对手的计划非常严肃认真时，很想将联盟推广至达拉斯的事务交由亨特管理。但亨特认为已经“投入了大量的资金”，并且已经向他的“蠢人俱乐部”成员作出了太多承诺，无法答应此请求。所以国家橄榄球联盟将达拉斯的经营权于1959年末交给了克林特·默契森和贝德福·德维恩，他们建立了牛仔队，在1960年的秋季参加了首场比赛，与拉马尔·亨特的得州人队对抗。

国家橄榄球联盟无法阻止亨特推进美国橄榄球联盟发展的步伐，但这个历史悠久的联盟确实怂恿过美国橄榄球联赛在明尼阿波利斯的分支加入自己的阵营。于是，1960年1月27日，这个分支离开了美国橄榄球联盟，参加了国家橄榄球联盟在迈阿密举行的业主大会，并被授予建立明尼苏达维京人队的特许。然而没过多久，美国橄榄球联盟就找到了替代的球队，将联盟的球队总数维持在八支。1959年1月30日，一支来自加州奥克兰的球队签约了美国橄榄球联盟，这支球队是由水泥承包商 Y. 查尔斯带领的，他们为这支球队取名为奥克兰突袭队，后更名为突击队。

第一个与国家级电视台签订的合同：美国橄榄球联盟和美国广播公司的转播合同

美国橄榄球联盟 1960 年开幕赛季成功举办的最重要原因是联盟和美国广播公司于 1960 年 6 月 9 日签署了转播权合同。合同拥有五年有效期，包括直播每周的常规赛、美国橄榄球联盟冠军赛以及美国橄榄球联盟全明星赛。根据合同，五年中，美国广播公司共向美国橄榄球联盟支付 850 万美元。拉马尔·亨特将这些收益平均分配给八支球队，而这一举动也印证了他在 1958 年参加完棒球会议后一直坚持的理念。资金平分后，每队每赛季收益 212 500 美元，再加上销售门票的收入和其他收益，美国橄榄球联盟的第一年没有负债压力。

这是美国广播公司和专业橄榄球联盟（并非单独的球队）签订的第一份合同，为期一个赛季甚至更久。与此同时，国家橄榄球联盟的每支队伍都在忙着分别联系地方或国家级的电视台与自己签订合同，其中也有一些球队选择和其他一至两支球队合作。例如，作为国家橄榄球联盟里最具市场价值的纽约巨人队，每年电视转播的收益达到了 35 万美元，是联盟中绿湾包装工队所得电视转播收益的十倍。

不久，国家橄榄球联盟的高层也开始采取收益共享的模式。联盟的新任总裁皮特·罗泽尔 1961 年与哥伦比亚广播公司签订了为期两年、价值 930 万美元的合同，所得平均分给了 14 支球队（达拉斯牛仔队和明尼苏达维京人队的加入使联盟的规模从 12 支球队扩大至 14 支）。然而，由于违反了谢尔曼反托拉斯法，国家橄榄球联盟与哥伦比亚广播公司的合同很快受到质疑并最终被联邦法庭宣判无效。法庭称合同阻碍了独立球队单独和电视公司签订合同的权利。每一支球队都是一个独立的公司，他们不属于国家橄榄球联盟，而曾经与各球队签订合作合同的地方电视台也不希望自己被排除在平等的权利之外。

虽然美国橄榄球联盟与美国广播公司签订的合同与前者的性质一样，但区别在于该合同生效之前，美国橄榄球联盟的球队并未建立，不存在球队与地方电视台早前签订转播合同的事，更没有任何一家电视台因为这项转播合同而失去现有业务。因此，美国橄榄球联盟与美国广播公司签订的合同没有违反谢尔曼反托拉斯法，不会受到法律的制裁。

为了使国家橄榄球联盟和哥伦比亚广播公司签订的新合同正常生效，联盟总裁罗泽尔就必须向国会进行游说，将职业运动联盟与广播公司签订的认购权协议作为谢尔曼反托拉斯法的例外处理。

1961 年的体育广播法

在罗泽尔游说团队有力的政治势力支持下，游说任务获得了成功。在游说工作开始后不到三个月，众议院和参议院都通过了公法 87－331，并于 1961 年 9 月送请总统约翰·肯尼迪签字。

1961 年的体育广播法，使美国所有职业运动联盟，包括橄榄球、棒球、篮球、曲棍球等在签订任何“电视赞助转播协议”时都免受谢尔曼反托拉斯法的约束。

1966 年，这项法律扩大了适用范围。若两个及两个以上的职业橄榄球联盟合并经营并且不造成球队数目的减少，甚至增加球队数目，可免受谢尔曼反托拉斯法的约束。这一修正为日后国家橄榄球联盟和美国橄榄球联盟的合并以及超级碗的诞生扫清了障碍。

在《纽约时报》1966 年一篇关于皮特·罗泽尔去世的报道下面，克利夫兰·布朗队前任老板阿特·莫道尔发表评论称：“让独家电视网报道获得国会的批准是皮特今生做过的最有意义的事。”

1961 年的秋天，摆脱谢尔曼反托拉斯法的约束后，皮特·罗泽尔回到哥伦比亚广播公司，又精心制订了一份新的转播合同。这一次，哥伦比亚广播公司花 465 万美元购买了第一年的转播权，合同于 1962—1963 赛季开始生效。到了 1964—1965 赛季，购买转播权的价格涨到了 1 410 万美元。高昂的签约价格以及签约后全国性的曝光率为国家橄榄球联盟之后的成就奠定了基础。

1961 年的体育广播法的补充和修正让职业体育联盟的球队不仅面向球队本地市场，更面向全国市场，同时也解决了那些球队老板的担心：他们认为人们只会在家里看电视转播的比赛而不会去现场购票看球赛。体育广播法也规定，任何在周五晚间或周六通过电视转播比赛的职业橄榄球联盟都将免受谢尔曼反托拉斯法的约束。

1961 年体育广播法摘录

修订后的 1914 年 10 月 15 日的法案第一章中规定的谢尔曼反托拉斯法和修订后的联邦贸易委员会法不适用于从事或创建有组织性的职业橄榄球、棒球、篮球或曲棍球的人士建立的联合协定。由此，任何拥有参加职业橄榄球、棒球、篮球或曲棍球联盟资格的球队出售或转让全部或部分有偿电视转播的权利，可根据具体情况，由俱乐部球队自己负责。

（另外，谢尔曼反托拉斯法和联邦贸易委员会法同样不适用于以下情况：两个及以上的根据国内税收法规无须支付所得税的职业橄榄球联盟球队合并为一个联盟经营，但不减少或增加职业橄榄球联盟球队的数量。）

大学间及学校间橄榄球比赛规范

这一标题下第 1291 节的第一句话不适用于以下的联合协定：每年赛季从 9 月份第二个星期五到 10 月份第二个星期六期间，若符合以下三个条件的，允许距校间橄榄球比赛场地 75 英里以内的所有广播电视台，在周五晚六点以后和周六转播任何职业橄榄球联盟球队的比赛。

条件 1：大学间的比赛是在高等学校间进行的，双方学校必须在学生修满大学四年的学分后授予学士学位。

条件 2：学校间的比赛是在中等学校间进行的，双方学校必须经过国家或所在州法律的认可或证明，学校需向学生开设标准一、二年级的课程或同等课程。

条件 3：此类高校间或学校间的橄榄球比赛以及比赛场地必须在每年 8 月 1 日前通过公开发行的报纸通告赛程和比赛场地使用时间规划表。

美国广播公司对体育转播方式的改变

不仅在制订电视转播合同条约方面,美国橄榄球联盟还在其他很多方面都被证实是行业创新者。“我们出售的是娱乐和令人兴奋的事物,”美国橄榄球联盟创始人拉马尔·亨特说,“我们必须和别人不同。我们不能让人觉得无聊。”1960 年 9 月 9 日美国橄榄球联盟进行第一场比赛时,就开始着手将自己和国家橄榄球联盟区分开来。第一场比赛是丹佛野马队在波士顿大学的尼克森球场客场挑战波士顿爱国者队,最终丹佛野马队在27 507名观众的见证下以13:10赢得了这场开幕赛。

美国橄榄球联盟将达阵得分后的 2 分转换作为一个得分方式,而国家橄榄球联盟直到 1994 年才将这一具有戏剧性的得分选择加入到比赛中。美国橄榄球联盟还将球员的名字印在球员运动衣后面,方便球迷辨认哪位球员正在带球或是刚刚完成一个阻截,而不用查看印刷材料。比这些创新和规则变化更加重要的是,在那个时代,美国橄榄球联盟对于非裔美国人的接受度比国家橄榄球联盟宽容得多。这一改变创造了当时体育记者口中强调的速度和竞技“完全开放”式的比赛,也反过来使电视节目变得更加精彩激烈。

美国广播公司与美国橄榄球联盟联手创造了一种具有独特风格的突出刺激和娱乐的“美国橄榄球联盟报道”方式。曾经稀疏的观众被聚集在球场 50 分线周围,这样在家收看比赛的观众就不会看到观众席空空的座位,画面呈现出满座的场面。空座位和低上座率最能使一项体育比赛在电视播出后显得无足轻重。为了避免发生这样的情况,美国广播公司的“美国橄榄球联盟报道”几乎取消了所有赛场全景镜头,所以电视观众看不到赛场中任何一个观众席的空座位。观看早期美国橄榄球联盟的比赛录像时会发现,摄像机除了拍摄运动场和球员,就几乎没有其他镜头了。拿开球举例,美国广播公司的转播首先会出现开球者的镜头,然后在球被开到空中时,镜头切到开球回攻手,下一个镜头就是回攻手接到后在向前场移动。这种方式避免了摄像机跟拍空中的球时也拍到那些观众席空着的座位。

鲁尼·阿里奇是美国广播公司的体育节目制片人兼“美国橄榄球联盟报道”的总策划人。他在自传《鲁尼》中写道:“我们还打算提高体育明星的知名度。比如,当纽约巨人队的外接手唐·梅纳德接到球时,他的名字、场上位置

图 3.2　美国橄榄球联盟 1960 年 9 月 9 日首次比赛海报
来源:经美联社图片许可转载

和相关统计数据就立刻出现在屏幕上。”从那以后的几十年里，电视观众逐渐习惯了通过提供球员个人介绍以及数据信息的“万能图表”来了解球员信息。

当拉马尔·亨特第一次联系各家电视广播公司商讨新联盟的转播交易时，全国广播公司和哥伦比亚广播公司都拒绝了。1960 年，美国广播公司不论在收视率方面还是在收益方面都屈居第三，因此，直播职业橄榄球比赛的机会对美国广播公司的高层来说，比另外两家广播公司更有吸引力。鲁尼·阿里奇和其他制片人、导演对于电视转播的努力和创新，再加上拉马尔·亨特和联盟致力于打造一个可以娱乐大众的赛场，两个因素共同将美国橄榄球联盟在短短几年内打造成一个非常有价值的产品。

全国广播公司当时并没有直播职业橄榄球的节目，但不久他们便注意到了这个领域。1964 年 1 月，全国广播公司和美国橄榄球联盟签订了一份为期五年、价值 3 600 万美元的转播合同。全国广播公司从 1965 年秋天开始转播比赛。将 3 600 万美元均分给八支球队后，每支球队五年可收益 450 万美元，平均每年每支球队收益将近 100 万美元，而这一数字是与美国广播公司合作时收益的四倍之多。

如果美国广播公司转播完 1964—1965 赛季的比赛后，结束与美国橄榄球联盟的合作，那么它将处在一个“毫无用处”的境地，因为它的转播使美国橄榄球联盟得到发展，使明星球员知名度大增，而最终受益者却是全国广播公司。美国广播公司没有理由为即将被全国广播公司持有所有权的节目增加价值、招揽观众，因此美国广播公司将最后一年与美国橄榄球联盟的合同割让给了全国广播公司，也就是 1964—1965 赛季。而这也为美国广播公司省下了原先价值 850 万美元的五年合同中的 170 万美元。

全国广播公司接手之后，受益于其更加强大的地方附属电视台和更高的节目收视率，美国橄榄球联盟的比赛开始在周日播放，观众总数也不断增长。虽然与哥伦比亚广播公司签订协议的国家橄榄球联盟在收视率和赞助方面仍然扮演着领头羊的角色，但它仍然受到了拉马尔·亨特突然崛起的联盟的影响，尤其是美国橄榄球联盟明星球员势力的影响，比如在 1965 年以 40 万美元签约纽约喷气队的大学明星四分卫乔·那马斯。在全国橄榄球联盟那一年春天的选秀中，那马斯曾被沃特尔·沃尔夫纳的圣路易斯红雀队看中，但这位来自阿拉巴马州的四分卫选择了纽约。很快，那马斯成为了著名的“百老汇·乔”，而他也在纽约成了美国橄榄球联盟成功的核心因素。

美国电视中出现奥林匹克运动会

在过去的几十年里，奥林匹克运动会已逐渐成为一个势不可当的、有力的电视节目。然而令人难以相信的是，美国直到 1960 年才开始电视转播奥运会。那一年，冬季奥运会在美国加州的斯阔谷举办，美国广播公司与奥运会组织者签订了一份以 5 万美元购买电视转播权的合同。但美国广播公司并没有支付转播一个较远滑雪场地的比赛和将节目传输到旧金山市播出的额外费用，此次交易没有继续进行下去。

哥伦比亚广播公司随即购买了转播权，在 1960 年 2 月 18 日星期四到 2 月 28 日星期天，每天转播 13 小时的冬奥会比赛。第一个节目是半个小时的开幕式片段。开幕式中的精彩片段还被剪辑成了一段 15 分钟的视频，每个工作日晚11:15在东部地区播出。哥伦比亚广播公司每周末会直播一到三个小时的比赛，2 月 23 日还直播了女子花样滑冰的决赛。这些节目均是由沃特尔・布朗凯特主持的。两年后布朗凯特担任哥伦比亚广播公司晚间新闻的主持人，之后他一直主持这档新闻节目，直到 1981 年他在任职期间以“美国最可信赖的人”而为大众熟知。奥运会比赛期间，哥伦比亚广播公司派给布朗凯特三名记者：吉姆・麦凯、哈里・里森纳和迪克・巴顿。吉姆・麦凯后来加盟美国广播公司，成为美国奥运会赛事转播的出镜记者；哈里・里森纳后来主持了哥伦比亚广播公司的“60 分钟”，之后到美国广播公司主持了晚间新闻节目；迪克・巴顿是 1948 和 1952 两届冬奥会花样滑冰的冠军。2010 年温哥华冬奥会时，80 岁的巴顿在全国广播公司担任评论员。

哥伦比亚广播公司起初并没表现出对转播国际性冬季体育比赛的强烈兴趣，董事长威廉・佩里当初的决定完全是为了帮他的老朋友沃尔特・迪士尼一个忙。当时，斯阔谷冬奥会组织者请求迪士尼为大会提供娱乐帮助，还追加了票务、停车和安保方面的帮助，希望得到迪士尼从 1955 年建立迪士尼乐园后积累的经验和专业知识的帮助。美国广播公司退出后，为确保冬奥会的电视转播及迪士尼公司为冬奥会举办的各种典礼，迪士尼找到了佩里。

1960 年 2 月哥伦比亚广播公司从斯阔谷转播的 14 场比赛打开了广播公司的视野，让公司看到了奥运会成为引人注目的节目的潜力。1960 年 2 月 21 日《纽约时报》暗示了电视转播奥运会比赛的巨大成功潜力。文章写道，虽然斯阔谷的现场观众可以感受到比电视观众“更加生动、具有整体性的跳台滑雪场面”，但“通过电视转播收看比赛的观众可以比现场在斜坡上排队观看的观众看到更多障碍滑雪赛的特写镜头”。为观众提供美国和全世界运动员的“更多特写镜头”，表明了电视可以讲故事，还可以将现场画面带到你的家中。如果没有电视，这两点就很难做到。

受到斯阔谷冬奥会比赛转播大获成功的鼓舞，哥伦比亚广播公司花394 000美元买下了1960年八月到九月罗马夏季奥运会的电视转播权。虽然这一价格是购买冬季奥运会电视转播权的近八倍，但其带来的收益却相当可观。威尔玛·鲁道夫是来自田纳西州的运动员，儿时曾患小儿麻痹症，是家里的22个孩子中的第20个，他在100米、200米和4×100米接力中均拿到金牌；卡西乌斯·克莱获得罗马奥运会轻重量级冠军时只有18岁，他本可以同拳王穆罕默德·阿里一样赢得世界重量级拳击锦标赛的冠军；美国的拉弗·约翰逊1960年赢得了男子十项全能冠军；由奥斯卡·罗伯森、杰瑞·韦斯特和杰瑞·路卡斯带领的美国男篮横扫对手夺得冠军。

哥伦比亚广播公司制作了20个小时的关于罗马奥运会的节目，均由吉姆·麦凯主持，但她并不在罗马现场。哥伦比亚广播公司在罗马的工作人员大约有40位，负责转播比赛并录制到录像带上。每天晚上这些录像带都由飞机从罗马运到纽约爱德怀德机场(今肯尼迪机场)，再由邮递员将它们从飞机货仓取出送到中央车站。麦凯会在那里写好当天晚上要播出节目的串词，并录制好节目的开场、转接桥段和结尾。罗马奥运会的节目都不是直播的，因为1960年还没有绕地球飞行的商业通讯卫星。

1960年，鲁尼·阿里奇只有28岁，后来他成了美国广播公司体育频道和新闻频道的董事长。虽然当时他还没有得到美国广播公司的正式工作，但奥林匹克运动深深地吸引了他。他在自传《鲁尼》中说道，在观看哥伦比亚广播公司转播的斯阔谷冬奥会比赛时，他感到“体育运动将不同国家聚集在一起是一件非常神奇的事情”。他说尤其是花样滑冰比赛“对于单人运动员的关注，有限的比赛时间和等待评委做出决定时的悬念，使花样滑冰变成一个专门为电视转播定制的运动项目”。

1960年，鲁尼·阿里奇被艾德·雪瑞克的体育节目制作股份有限公司雇用，为美国广播公司制作新的全国大学生体育协会橄榄球系列节目时，他正在纽约当地的哥伦比亚广播公司制作莎莉·路易斯的木偶剧。一年后，雪瑞克将他的公司卖给了美国广播公司，同时一起去的还有切斯特·西蒙和阿里奇。于是小规模的体育节目制作公司变成了美国广播公司体育频道，而雪瑞克也升职为美国广播公司销售部副总裁，西蒙成了美国广播公司体育频道的首位执行制片人。在西蒙职业生涯的晚期，他成了早期娱乐体育节目电视网的总裁，后又成为现已解散的美国橄榄球联盟的专员。

图 3.3　美国广播公司体育创始人：鲁尼·阿里奇，1931—2002

来源：经盖蒂图片社许可转载

虽然美国广播公司在 1960 年退出斯阔谷冬奥会转播交易是一个巨大的失误，但雪瑞克坚信美国广播公司必须加入到奥运会这笔生意中才是这个新生体育机构未来的保障。1962 年，雪瑞克和西蒙说服了美国广播公司规划部副总裁汤姆·莫尔参与 1964 年澳大利亚因斯布鲁克冬奥会转播权的竞标。

雪瑞克和西蒙一起乘飞机飞往澳大利亚，以 50 万美元成功得到因斯布鲁克冬奥会的转播权。但是有 1960 年美国广播公司毁约的先例，澳大利亚方面要求有银行做担保。雪瑞克和西蒙得到了美国广播公司董事会的同意，开启了美国广播公司从 1964 年到 1988 年独霸奥运会转播媒体的时代。在这段时间里，美国广播公司一共转播了 6 届冬季奥运会和 4 届夏季奥运会，其中，花 3.09 亿美元签约的 1988 年卡尔加里冬奥会共转播了 94.5 小时的比赛。1988 年以后，全国广播公司取代美国广播公司成为奥运会比赛的转播媒体，而转播费用也持续升高。2010 年温哥华冬奥会和 2012 年伦敦奥运会的转播费合计达到了 22 亿美元。将这一惊人的数字与 1960 年哥伦比亚广播公司签约冬、夏奥运会的 44 万美元对比，你会发现，奥运会比赛转播对于电视的迅速发展壮大是何等重要。

1964 年的东京夏季奥运会对电视体育来说是一个非常重要的里程碑。因为这是史上第一次经由卫星向全世界直播的重大体育比赛。在距离东京奥运会开幕式不到两个月的时间里，美国宇航局发射了由休斯航空公司建造的同步通讯卫星。这是第一个发射到地球同步轨道的卫星，意味着这颗卫星每天以地球自转的速度绕地球一圈。卫星所处高度距太平洋 22 300 英里，经度 180 度。电视信号可以源源不断地从日本或亚洲任何地方向上传输至空中一个固定点，再传输至美国西海岸播出。从北美向亚洲传输信号也是一样的原理。

一年之后，也就是 1965 年，国际通信卫星一号（昵称晨鸟号）被发射到大西洋上空的地球同步轨道，于是北美和欧洲之间的电视通讯和电话通讯成了可能。晨鸟号同样是由休斯航空公司建造的，用于传输美国广播公司直播 1968 年法国格勒诺布尔冬奥会的信号。

当美国和全世界的电视观众都可以通过电视收看奥运会后，这项体育盛会的影响力及本质便发生了改变。奥运会成为一项有关体育精神和政治的全球盛会，并在电视转播和赞助权上拥有极高的经济影响力。因为拥有不计其数的观众，奥运会也成了那些想向全世界所有国家声明政治立场的人的平台。奥运会不再是一个单纯以体育比赛为目的的少数国家运动员聚集的集会（在后面的章节中我们会详细讨论奥运会的政治和经济影响力）。

美国广播公司“体育大世界”

世界级体育赛事后来成为美国广播公司于 1961 年创建的为期 20 周的夏季临时替补系列节目的支柱。在以后的近 40 年里，美国广播公司的“体育大世界”节目将足球世界杯决赛，印第安纳波利斯 500 汽车赛，代托纳 500 汽车赛，英国高尔夫球公开赛，勒芒 24 小时耐力赛，艾迪塔罗德雪橇犬比赛，国际花样滑冰、体操、田径比赛，世界拳王争霸赛等体育赛事带到了观众的面前。该系列节目于 1998 年落幕，共播出了 4 967 场比赛，包括 100 多种运动项目，横跨 53 个国家和 46 个州。

起初，艾德 · 雪瑞克产生了做一个视角独特，包括世界各地体育的系列节目的想法。这些体育项目超出橄榄球、棒球、篮球、曲棍球的范围，涵盖无数散落在世界各地鲜为人知的体育比赛。这一想法帮助美国广播公司填补了 1961 年夏季体育节目的空缺。美国大学生橄榄球比赛占据了周六的下午时段，新美国橄榄球联盟比赛在秋天的周日播出。但在橄榄球赛季结束后，美国广播公司的体育节目只剩下道奇队和巨人队的棒球赛、“周六晚间争霸”和一档保龄球系列节目。雪瑞克将他的想法告诉了鲁尼·阿里奇之后，这个想法变成了现实。

阿里奇在全国广播公司地方电视台制作木偶剧时，得知全国广播公司的资料库里保存着《纽约时报》档案的缩微胶卷。阿里奇本想在这些报纸档案中找到所有在报纸上能看到比赛结果而过程鲜为人知的体育比赛，又担心被前雇主认出来，于是他派了助手扎克·霍华德去全国广播公司位于洛克菲洛中心的总部查阅了那些缩微胶卷。不到 48 小时，阿里奇便收到了霍华德标有日期和场地的“世界各地体育比赛”的清单。

阿里奇开始争取一切比赛的电视转播权，包括军乐队指挥杖旋转韵律体操、爱尔兰曲棍球等。他的第一次交易是 1960 年在离曼哈顿只有几个街区的纽约体育俱乐部做成的。美国业余体育联合会正在那里召开每年的例会，阿里奇以很少的预付费和播出后 5 万美元的保证金买下了 1961 年美国业余体育联合会所有比赛的独家转播权，包括当年 7 月在莫斯科举行的美国与苏联的田径对抗赛。

1961 年 4 月 29 日（星期六），美国广播公司当日下午的首播合并播出了两场美国业余体育联合会（AAU）的田径比赛：在费城举办的宾夕法尼亚大学接力赛和在艾奥瓦州首府得梅因举办的德雷克大学接力赛。阿里奇雇用了吉姆·麦凯担任他在美国广播公司的首秀节目——宾夕法尼亚大学接力赛的主持人。麦凯是阿里奇从哥伦比亚广播公司雇来的主持人，每节 1 000 美元。

1991 年第 30 期美国广播公司“体育大世界”特别节目在美国娱乐与体育节目网上直播，吉姆·麦凯回忆那场录制时说：“那天在费城富兰克林体育场，天气阴沉沉的。前一天晚上的大雨弄坏了我们一半的黑白摄像机，宾夕法尼亚大学那时的接力赛跑道是用焦渣铺成的。”

“半数摄像机”意味着美国广播公司的六台摄像机只有三台能够正常使用。过去三十年，没有任何一位制片人或者导演仅用三台摄像机报道室外田径赛这样大规模的比赛。但那天，美国广播公司没有别的选择，而他们做得很好。

阿里奇的节目本来取名为“美国广播公司体育世界”，但在首播前六天，改名为“美国广播公司体育大世界”。这个“大”字显然不是用来形容 1961 年五六月节目开播几周的观众数量的，因为节目起初并没有吸引多少观众。麦凯说：“我觉得我们的节目马上就要被停播了。”但七月底在莫斯科举办的

图 3.4　美国广播公司的“体育大世界”节目于 1961 年开始在每周六下午播出，直到 1998 年

来源：经美国广播公司电视组许可转载

美苏田径对抗赛成为节目收视的转折点。这场比赛囊括在鲁尼·阿里奇几个月前与美国业余体育联合会签订的合约中。

1961 年正是美苏冷战达到冰点的时期。1960 年 5 月，一架美国的 U2 高空间谍飞机在苏联领空被击落，而飞机的驾驶员弗朗西斯·盖里·鲍尔斯被监禁。当年在纽约举办的联合国大会上，前苏联总理尼基塔·赫鲁晓夫脱下了他的皮鞋，重重地敲在桌子上，说：“我们将会埋葬你！”在前苏联军事控制下的东欧国家和西欧共和国、民主国家之间犹如有一道戒备森严的边界铁幕。美国运动员能跨越这道“铁幕”去莫斯科参加比赛，可以说是一个世界性的大新闻。而美国观众通过观看运动员在莫斯科的比赛来了解这个被称作“敌区”地方的机会是十分稀少的。于是美国广播公司的“体育大世界”吸引了美国许多体育爱好者和普通民众的关注。

当美国广播公司 25 人的制作和技术团队以及 20 吨的电视设备抵达莫斯科时，他们发现，美国业余体育联合会显然没有告诉主办方将会有美国电视广播机构来转播比赛。阿里奇委托俄罗斯的向导处理了政治和体育的关系，最终转播活动正常进行。

这次美苏田径赛的转播是一个至关重要的里程碑，也是收视率的翻身。于是，1962 年美国广播公司将“体育大世界”栏目的播出时间增加到全年播出 52 周。当新赛季开始时，节目启用了新的片头，概括了节目最重要的任务，而这一片头也被几代人所铭记：

> 我们横跨整个地球，为你持续带来各类体育比赛，分享胜利的喜悦和失利的痛苦。这就是美国广播公司“体育大世界”。

阿里奇说，他是在 1961 年底从伦敦回纽约的飞机上写下这段话的。新的片头取代了之前没有诗意，也没有照顾到两性平等的片头：

> 美国广播公司“体育大世界”为你展现种类繁多的体育项目，捕捉人类在体育的大世界中互相竞争的画面、声音、情感、美丽和创造历史的成就。

在“体育大世界”播出的 38 年间，为观众带来的“各类体育比赛”包括相扑、8 字形赛车比赛、德贝冲撞塞车、夏安边疆节竞技表演、滑冰者跳圆桶，还有一项观众非常喜爱的并且成为节目标志的阿卡普尔科悬崖跳水比赛。阿里奇说，他第一次听说这项比赛是在 1961 年，当时他和吉姆·麦凯正在墨西哥报道一个网球比赛。阿里奇见到了悬崖跳水的发起人，他说要将美国电视转播权以 10 万美元卖给美国广播公司，这一价格是 1960 年整个冬奥会转播权的两倍，因此阿里奇并未答应，提前回到了纽约。

麦凯留在墨西哥继续报道网球比赛。几天后，他打电话给阿里奇：“我们得到悬崖跳水的转播权了。”他解释称，他直接找到了那些跳水选手，选手们同意以 10 美元一跳的价格出镜。

在美国广播公司“体育大世界”的 38 年中有无数的里程碑，包括 1961 年美国业余体育联合会游泳、跳水锦标赛中第一个水下摄像；第一个通过卫星直播的欧洲体育比赛——1965 年在法国勒芒举行的 24 小时耐力大奖赛；第一次直播欧洲拳击比赛——1966 年在伦敦举行的穆罕默德·阿里和亨利·库伯争霸世界重量级冠军头衔的比赛；在菲德尔·卡斯特罗接管古巴 12 年后第一次对古巴体育比赛的报道——1971 年在哈瓦那举办的美国对阵古巴的排球比赛。还有 1971 年，在“乒乓外交”下来自中国北京的乒乓球比赛。

这是当时理查德·尼克松总统努力开展中美交流的标志。

美国广播公司“体育大世界”对于美国电视拥有不可估量的影响。对于成千上万只知道几项主流运动的美国人来说，“体育大世界”拓宽了他们的视野和兴趣范围，满足了人们对不同洲和不同国家体育比赛和娱乐的好奇心。体育比赛能够世世代代流行的一个普遍真理就是人类是关心人类的，而“体育大世界”恰恰关注到了每场比赛中个体运动员的个性和品格。阿里奇在“体育大世界”中创造的以人为主的评论被称为“人物聚焦”，这也成为日后转播奥运会或其他体育比赛的重要思路。

第一次即时回放

我们现在在电视上看到的体育节目最典型的制作技术可以算是“即时回放”。我们依靠不同角度的回放来确定接球手是否出界，外场手接住了球还是停接球，或是搞清楚造成一场汽车比赛中大规模破坏的原因。回放平息了一些争论，却同时引起了一些其他的争论。现如今，回放是每场体育比赛转播中必有的。然而早在 1939 年到 1963 年的 24 年间，美国电视上播出的所有体育比赛都没有回放。

1956 年由美国安培公司生产的第一台录影带有很多局限性。比如，你只能在一个录过这段录像的机器上回放这盘磁带。最初的磁带是不可以互相替换的，因为不同的机器运行速度不同，录制或重放的磁头数也不能完全匹配。要回放一段录像时，两英寸的开盘式录制设备需要十秒钟的提前空放，以锁定图片或视频。开盘式录制设备由两块 1 200 磅冰箱大小的材料制成，非常笨重，不便携带，只能在播控室里使用。

1961 年 11 月 25 日，由美国广播公司转播的雪城大学对阵波士顿大学的橄榄球比赛中场休息时间，美国体育比赛转播首次出现了回放。中场休息时，美国广播公司位于纽约的播控室在中场视频中播出了上半场的精彩瞬间。当阿里奇看到回放录像时，认为“看到了未来的希望”，尽管是非常原始的方式。

第一次即时回放要归功于 1963 年 12 月 7 日转播海陆军橄榄球比赛的哥伦比亚广播公司总导演托尼·弗纳。弗纳过去曾是哥伦比亚广播公司的一位自由记者，他在报道 1960 年罗马夏季奥运会时萌生了即时回放的想法。在《即时重放：彻底改变体育的发明》一书中，他解释了如何学会用录制比赛的磁带上的第二声道给技术人员和制片人留下线索，因为每天晚上录制当天比赛的磁带都会空运回美国。他的目的是让纽约的工作人员更方便地找到需要的场景来编辑要播出的节目。当时机器上没有读码器提供数字时间，只有机械计数器。然而，弗纳说，大多数的哥伦比亚广播公司工作人员还是依旧靠自己在录像中寻找，没有去注意他的音频提示线索。

三年后，29 岁的弗纳负责哥伦比亚广播公司转播高校橄榄球比赛的导演工作。当时他正在寻求一种方法，使在家收看电视的观众能在中场休息时观看到更好的节目。他说服了他的上司，带了一个磁盘录像机去位于费城的海陆军橄榄球比赛的富兰克林球场。当时哥伦比亚广播公司纽约播控室共有 14 台这样的磁盘录像机。弗纳的想法是，当持球一队聚成一团时，转播车上的磁带操作员将一个音频放入第二音轨上(该音频只能在转播车上听到，在家通过电视收看的观众听不到)，当球员分散开来，将两段音频放在磁带上。弗纳发现，当他听到重放中有两段音频时，画面出现前刚好需要十秒，而他正需要十秒钟的时间让磁带上的视频锁定，然后播出。

弗纳将他在去往费城途中制定好的计划告诉了他的制片人比尔・克里希。那一季的海陆军比赛因为一段对约翰・肯尼迪总统的特殊致敬而变得更加重要。肯尼迪总统原计划参加这一传统的军队学校之间的比赛，却于 1963 年 11 月 22 日被暗杀。出于对过世领导人的尊敬，也为了让媒体能够报道总统的国葬，海陆军比赛推迟到了 12 月的第一周。

实况解说员林德赛・尼尔森说，他直到在去体育场的出租车上才听弗纳讲述了他重放的想法。弗纳说，尼尔森听到这个消息的第一反应是“什么？你要做什么？”重放第一次出现在观众面前时，尼尔森需要向观众解释他们看到的是什么，帮助他们弄清楚同一支球队并没有再次得分。

弗纳并不在乎哥伦比亚广播公司技术人员借给他的是 14 台机器中质量最差的，但他们送来的一卷磁带却给弗纳带来了麻烦。磁带里有将领导人拼接到“我爱露西”节目的视频，还有许多道茨洗涤剂的广告。显然，哥伦比亚广播公司不愿意将一盘价值 300 美元的新磁带交给一个年轻的高校橄榄球比赛转播导演。

比赛期间，弗纳一直关注了海军队的四分卫罗杰斯・托巴克，他是注定要进入全国橄榄球联盟名人堂的。他在这场比赛中的表现并不出色，哥伦比亚广播公司转播车上的技术人员也被磁带录像机和用过的磁带搞得麻烦不断，根本没有可以重放的素材。直到第四节，陆军队四分卫罗立斯·迪奇触地得分，弗纳跟实况解说员说："林德赛，就是这个！快！"转播车将实时画面转播到黑白回放，并非慢动作，随即尼尔森向观众解释称："女士们先生们，这不是现场直播，陆军队并没有再次得分。"

虽然他们只完成了一次回放，但弗纳和他的团队改变了体育电视。一个月后，弗纳负责了1964年棉花杯橄榄球赛，这次的实况解说员是纽约巨人队前队员巴·萨默罗尔。这是他第一次做实况解说员。正是在这一届棉花杯比赛中，巴·萨默罗尔创造了"即时回放"这个术语。此前没有任何一场体育比赛转播能够做到即时回放。

空中摄像机

要想区分大型体育赛事和普通体育比赛，一个很简单的方法就是向上看。如果上面有一个小型飞船，那么这一定是一场非常特殊的，不论在现场还是电视机前都会吸引很多观众的比赛。

图3.5　弗兰克·奇科尼安，1926—2011
来源：哥伦比亚广播公司/大卫罗塞尔/兰多夫

空中摄像这个想法来自于拥有电视体育界最具创意大脑的哥伦比亚广播公司制片人弗兰克·奇科尼安，开始实施于1960年迈阿密的橘子碗。"橘子碗上空已经有一个小型飞船了，"奇科尼安说，"所以我想，如果我在上面安装一个摄像机怎么样？"他回忆说，当他申请经费时，哥伦比亚广播公司体育总裁问他想用小型飞船上摄像机拍摄的镜头多久，"当我回答说10秒，他说：‘你疯了吗’，我说：‘是的，所以你才会雇用我！’”

奇科尼安第一个制片任务是1958年哥伦比亚广播公司转播的美国职业高尔夫锦标赛。1959年，他在哥伦比亚广播公司负责了斯诺克大师赛第39届的转播，这是他第一次负责转播斯诺克。他将航拍技术运用到高尔夫的转播中，在起重机、走动的记者和麦克风等很多地方安装了摄像机。他不仅首先想出了将高尔夫比赛中的每个球洞里面涂上白色，这样电视观众可以看得更加清晰，也最先提出高尔夫得分与高于或低于标准杆的击球数有关这一规则。在这一规则制定之前，高尔夫的得分完全是依靠在一回合或一场锦标赛中击球总数决定的。

奇科尼安于2011年3月去世，享年84岁。在去世前不久，他被选入世界高尔夫名人堂。

小 结

拉马尔·亨特建立美国橄榄球联盟，使美国的电视体育在20世纪60年代迎来了一个新的时代。美国橄榄球联盟与广播网签订了第一份国家电视台的转播合同，并将电视转播的收益平分给每个球队所有权人，这有助于保护拥有小型市场的球队，而美国橄榄球联盟和它的第一位电视转播合作伙伴美国广播公司的创新使节目变得更刺激和更具娱乐性。

之后国家橄榄球联盟也与全国广播公司签订了1961赛季转播合同，但这份合同却被认为有违谢尔曼反托拉斯法。它剥夺了私有球队作为一个独立的个体签订合同的权利。但国家橄榄球联盟总裁皮特·罗泽尔全力以赴，展开了风驰电掣般快速的游说工作，最终通过了1961体育广播法，规定职业橄榄球、棒球、篮球和曲棍球联盟的球队可作为整体签订电视转播合同，不受谢尔曼反托拉斯法的约束。

美国电视转播的第一届奥运会是1960年加州斯阔谷冬季奥运会和罗马夏季奥运会。一开始对奥运会转播的范围很窄，转播费也很少，但像美国广播公司体育节目创始人之一的鲁尼·阿里奇一样有远见的人预见到奥运会的巨大潜力。阿里奇还跨越了国界，在美国广播公司1961年创立的“体育大世界”节目中将世界各地的运动项目介绍给美国观众。

20世纪60年代初，体育爱好者第一次在电视上看到了即时回放，也第一次看到航拍的直播画面。前者是在1963年12月的海陆军橄榄球比赛中，后者是在1960年迈阿密橘子碗。

◆话题讨论/课后作业

1. 比较以下几位体育电视的改革创新者并指出他们是如何推动体育节目发展的：

鲁尼·阿里奇

切特·西蒙

托尼·弗纳

弗兰克·奇科尼安

2. 选择上题中的一位人物，写一篇人物简介。

3. 如果国家橄榄球联盟允许拉马尔·亨特扩大联盟规模，而他也没有创建美国橄榄球联盟，那么请讨论想象今天的国家橄榄球联盟将会是怎样的情况？会有如今这么多支球队吗？在同一座城市里还是分散在不同城市里？国家橄榄球联盟锦标赛会有超级碗的特征吗？

4. 研习职业棒球大联盟、美国职业篮球协会、全国曲棍球协会、拳击、网球或高尔夫在20世纪60年代电视体育方面的发展。这些运动项目的报道是如何发展的？那些做出了巨大改变的先驱是谁？

第四章　橄榄球的优势

正如专家所言，橄榄球是一项充满特殊智慧的运动，是一群聪明的选手相互对抗的比赛……团队合作非常重要，一个队员的失误会葬送十个人的努力……（运动员的）动作一个接一个，（观众）为之振奋，球迷们全身心地投入其中乃至身心疲惫……在这一点上，没有任何运动能与之媲美。拳击冠军得主都是纸老虎，曲棍球是聚众斗殴，篮球是赌博者的游戏，优雅的网球比赛并不能覆盖到诸如澳大利亚的偏远地区。体育记者所称“全民消遣运动”的棒球也只是一种无聊的慢动作的烦恼。

——《时报》杂志，1962 年 12 月 21 日

提要

- 橄榄球成为美国人最喜爱的运动。
- 全国橄榄球联盟—美国橄榄球联盟的合并缔造了超级碗。
- 国会山的讨价还价创造了新的全国橄榄球联盟球队。
- 第一届超级碗由哥伦比亚广播公司和全国广播公司直播。
- 纽约喷气机队勇夺第三届超级碗的长远影响。
- 臭名昭著的全国广播公司的海蒂事件。
- 橄榄球联盟星期一夜谈节目的诞生。
- 今日全国橄榄球联盟节目彻底革新体育节目的模式。
- 全国橄榄球联盟的电影：体育电视历史上最好的促销工具。
- 全国橄榄球联盟与电视是天造地设的一对。

《时报》杂志1962年12月的封面报道中称职业橄榄球比赛是20世纪60年代最精彩的运动。这一宣告时逢全国橄榄球联盟与哥伦比亚广播公司新的转播合约第一个赛季的收尾期，同时美国橄榄球联盟已经被美国广播公司连续转播了三个赛季。数以百万计的球迷在秋季的每个周日关注这项由技艺高超选手对抗的比赛。这种高风险的对抗充斥着紧张、戏剧性、硬汉和恶人的较量，也从不缺乏单骑救主的英雄和功亏一篑的悲壮故事。

就在《时报》杂志声称其他运动不如橄榄球能获得两大主流媒体的关注报道时，职业橄榄球向世界的中心舞台迈出了巨大的步伐。拳击运动则不得不等到其传奇人物也是最具争议的拳王阿里横空出世时才开始走向主流。一系列仁人志士诸如乔治·福尔曼的努力才使拳击冠军摘掉了纸老虎的称谓。博比和韦恩将从前被称为群殴的曲棍球提升了数个档次，可是传奇人物奥尔在1966年之前还没有打过橄榄球联盟的职业联赛。篮球在60年代刚刚从50年代的校园丑闻中发展起来，波士顿凯尔特人史诗般的八连冠才将美国职业篮球赛推向前台。至于网球，澳洲选手直至50年代晚期才获得提名。托尼·塔伯特赢得美国公开赛冠军的16年后，1955年才有第二个美国人问鼎冠军。美国的网球迷苦等到1966年才看到比利·简赢得温布尔登大师赛加冕世界最佳女选手。

20世纪60年代，棒球在各项运动中享有最高的名望。1961年洋基队罗杰和米奇的全垒打比赛俘获了全国球迷的热情。威利、亨利、杜克、斯坦和杉迪是60年代家喻户晓的名字。但全国广播公司的一周赛事是唯一的全国性网球直播频道，每周六才有一场。这使得人们每个周末只能看一位巨星的表演，之后数周内可能都不会再看到他的表现。同时，棒球比赛的节奏和观赏性都难以与职业橄榄球相媲美。

1965年10月，哈里斯·波尔进行了一项美国人最喜爱的体育运动的调查，结果是职业橄榄球。从那时起，职业橄榄球每年都有居于榜首，这也不断拉大了领先优势。1965年秋季之前的调查，棒球总是稳居榜首的。这一民调结果显示了体育爱好者的热情和偏好发生了冰河世纪般的变化。

全国橄榄球联盟和美国橄榄球联盟的合并缔造了超级碗

全国橄榄球联盟和美国橄榄球联盟在1960年代早期交往甚少，他们都有自己的电视转播合同、赞助支票和众多的粉丝。由于其管制政策，全国橄榄球联盟给了美国橄榄球联盟扩大观众的契机。全国橄榄球联盟从不在主队所在的城市进行主队的比赛转播。这使得受管制城市的球迷只能观看美国广播公司转播的美国橄榄球联盟的比赛。

两个联盟每年都在争抢校园中的明日之星，这也抬高了球员要价的资本。挥舞着高额支票的球队会派出助理教练全程监视签约以确保球员不会被对立联盟挖走。不过两个联盟也有不成文的协定，那就是他们一般不会私下签约对方名单中的球员。

两个联盟竞争最激烈的是在大都市地区，那里有他们的球队：纽约的全国橄榄球联盟巨人队和美国橄榄球联盟喷气机队，旧金山的全国橄榄球联盟49人队和美国橄榄球联盟的奥克兰勇士队，这些对立的球队在本地都占据着自己的市场。当两个联盟进行合并的想法第一次由全国橄榄球联盟股东提出时，条件就是美国橄榄球联盟必须把喷气机队和奥克兰勇士队迁移到别的城市以确保巨人队和49人队独占当地市场份额。

全国橄榄球联盟所抱有的希望都被喷气机队和勇士队在当地市场份额的扩张所破灭。喷气机队搬进了新的主场——希尔体育场，喷气机队的老板也签下了乔·纳玛什这样的明星球员。新体育场有六万个座席，经重新装修后成为全美最时尚的主场。纳玛什也成为巨人队老板放弃驱赶喷气机队的重要原因：任何此类举动都会招致公众的反感乃至抗议。

纳玛什签下三年427 000美元的合约清楚地说明了只有最富有的球队才能签下最棒的运动员的道理，这也使财力薄弱的球队不得不退出这一行当。为避免这一命运，1965年全国橄榄球联盟巴尔的摩队的老板和美国橄榄球联盟水牛城队的老板进行了秘密协商，但并没有产生实质性进展，这是由于美国橄榄球联盟认为全国橄榄球联盟对于独占市场的热情从未停歇。全国橄榄球联盟也对美国橄榄球联盟俱乐部加入全国橄榄球联盟提出了5 000万美元会费的条件。

多年后达拉斯牛仔队的总经理特克斯·施拉姆说合并与否对美国橄榄球联盟的好处并不明显，他也深知为了生存，两个联盟的合并势在必行。他在1966年联系了全国橄榄球联盟的理事罗泽尔，表明愿意为合并而努力，施拉姆也表态只要罗泽尔对于会议给予保密，他会是全国橄榄球联盟在美国橄榄球联盟内的唯一代表。

因此，在1966年4月4日，达拉斯牛仔队的总经理电话联系了球队的老板亨特，约他来达拉斯共商大事。两天后，球队老板亨特和总经理坐在机场附近的汽车里商量了45分钟。总经理表示，如果你有兴趣，那我认为合并的时候到了。亨特说："好的，我感兴趣。"

牛仔队总经理提出的条件包括给予美国橄榄球联盟选择罗泽尔作为理事进入全国橄榄球联盟的特权。两人同意对此再次进行磋商，在接下来的几周内确定合并一事的框架。

秘密会议的两天后，美国橄榄球联盟的老板们在休斯敦召开会议。那是1966年的4月8日，美国橄榄球联盟的理事乔·福斯在会议上率先提交了辞呈。联盟随即用勇士队的埃尔·戴维斯取代了他。戴维斯倾向于全面超过全国橄榄球联盟，并采取对全国橄榄球联盟的驱逐措施。他对于亨特的合并议案并不知情。

5月3日，牛仔队总经理再次与其老板探讨在全国橄榄球联盟中的地位。全国橄榄球联盟答应只收取八支美国橄榄球联盟初创球队200万美元的特权费用，再向1966年开始参赛的迈阿密海豚队收取200万美元。总额一共为1 800万美元。一周后亨特回应说协议已达成。

但就是在这一周两个联盟的摩擦愈发激烈。纽约巨人队违反了联盟之间不私下挖人的君子协定，签下了水牛城的高拉克。高拉克因合同过期成为自由球员，巨人队认为这一签约合理。这个签约使5月16日在华盛顿特区参加全国橄榄球联盟股东大会的股东们吃了一惊，他们怕与美国橄榄球联盟的价格战会花费很大一笔钱。美国橄榄球联盟的理事埃尔·戴维斯听说之后立即启动了一份强挖全国橄榄球联盟十佳球员的计划。

牛仔队再次致电亨特，即使在高拉克风波之后，之前的合并计划仍在进行中，且全国橄榄球联盟将召开紧急股东会，讨论合并计划的细节。

只有两名全国橄榄球联盟的股东反对该计划：49人队和巨人队的老板——他们还要面临同城竞争。当他们听说其他球队愿意将1 800万美元特权费的1 000万美元给巨人队，800万美元给49人队时，他们就同意了合并计划。

合并计划的另一方亨特由于要向全国橄榄球联盟支付200万美元会费而面临着老板的巨大压力，但当他保证将这些钱20年分期付款时，情况得到了好转。

1966 年 6 月 8 日，两个联盟的合并宣言公之于众：

全国橄榄球联盟和美国橄榄球联盟近日宣布加入一个更为盛大的主流职业联盟，其中包括 25 个城市的 26 支球队，将来还会有更多的球队。

下面是协议的主要观点：

- 皮特将成为理事。
- 本赛季会有世界冠军级的比赛。
- 保留一切特权。
- 没有从原驻地转移的特权。
- 1968 年之前将新增两项特权。
- 尽快操控两支新球队。
- 1967 年会有联盟间的季前赛。
- 1970 年会有独立联赛。
- 明年一月签署共同汇票。
- 继续两条线路的电视转播。

哥伦比亚广播公司和全国广播公司都没有加入这次谈判。他们听说这次合并双方都不满意。他们分别支付了冠军赛的单独转播费，现在只是半决赛，不如之后的世界冠军赛重要。世界冠军赛三个月之后就要举行了，如何去说服哥伦比亚广播公司和全国广播公司支付额外的 100 万美元转播费共同转播超级碗，对于理事罗泽尔是一个极大的挑战。

国会山的讨价还价

美国橄榄球联盟和全国橄榄球联盟的合并仍有一点障碍，这个障碍需要国会进行讨论。为了使这两个联盟脱离之前签署的广播协议，1961 年的体育广播法案需要修正。这项议题到了司法委员会的手中，司法委员会很有可能否决掉这一议题。

司法委员会主席艾曼纽尔，是一位效力国会 43 年已经 78 岁的纽约老民主党人。他对这类议题一向反感，也没有任何免除反垄断的意向。他在 1966 年 10 月 11 日的司法部听证会上清晰地表达了自己的立场，并且没有给罗泽尔及其司法顾问任何插嘴的机会。在公开发言中，罗泽尔一度承认如果国会无法顺利进行立案，他将建议全国橄榄球联盟放弃与美国橄榄球联盟的合并。

罗泽尔害怕如果没有反垄断免除协议，新联盟将会陷入花费巨大的反垄断官司中。他说，如果国会不能在一月份之前通过合并协议，任何计划和扩张都可能将成为泡影。

1966 年 10 月中旬，全国橄榄球联盟和美国橄榄球联盟的新赛季都已经开战一月有余，时间愈发紧迫。罗泽尔在国会受阻之后立即联系了一位他与众议院主席伯格斯共同的朋友——迪克逊。迪克逊与伯格斯都是兄弟会的成员。

通过迪克逊，全国橄榄球联盟确认了在新奥尔良和路易斯安那的扩张计划。伯格斯的鼎力支持正是源于其看到了他故乡的政治价值。他将这项反垄断免除与他知道即将通过的一项预算法案联系了起来。

米歇尔·麦克在《美国体育》一书中记载，1966 年 10 月 21 日，众议院即将进行最终投票。皮特迈上国会山台阶时对伯格斯说：议员先生，我简直不知道如何才能感谢您，您所做的事业简直伟大极了。

图 4.1　1966 年 11 月 1 日，时任全国橄榄球联盟主席皮特·罗泽尔在新奥尔良参加新闻发布会时宣布：新奥尔良成为联盟第 16 支球队。罗泽尔的右边是时任路易斯安那州众议员黑尔·伯格斯，他帮助推动了两个联盟的合并计划。伯格斯右边的则是路易斯安那州州长约翰·麦吉森

伯格斯回应：什么叫不知道如何感谢我？新奥尔良马上将在全国橄榄球联盟中获取自己的收益。

皮特说：您放心我会力保新奥尔良项目早日实现的。伯格斯回头意味深长地说：我可以立即叫停这次投票，如果你……

皮特回应：没问题您放心吧，您的权益一定会有保障。

新奥尔良圣徒队加入全国橄榄球联盟议案的审核最终在一年内完成了，时间停留在 1967 年 9 月。全国橄榄球联盟和美国橄榄球联盟终于获得了合并后共同享有电视转播的权益。

这宗听起来像经典政治交易的事件，得到了华盛顿游说团的先驱，也就是伯格斯的儿子托马斯的证实。“这绝对是有补偿条件的”，他说他父亲配得上将圣徒队引来新奥尔良的一切赞誉，当然还有路易斯安那的州议员罗素，他与伯格斯一起参与了那次议会。

第一届超级碗

一篇有关皮特·罗泽尔的介绍中写道，亨特从他三岁幼子的玩具——“超级球”中找到了为新时期冠军赛命名的灵感。亨特曾说我觉得超级碗这个名字可以升级。罗泽尔不喜欢超级这个词，他喜欢更复杂的表达。

1967 年 1 月 15 日，全国橄榄球联盟冠军队在洛杉矶与美国橄榄球联盟冠军队相遇时，这项赛事被称作美国橄榄球联盟与全国橄榄球联盟世界冠军对抗赛，但所有的媒体人都称之为“超级碗”。在第三届超级碗前，便成了官方的名称，全国橄榄球联盟坚持加一个罗马数字的后缀以表示尊重传统。

第一届冠军比赛是在中立场地进行的，这也解释了为什么在票价不高的情况下球票销售业绩不火爆。之前的联赛都是在球队主场进行。最终第一届超级碗的上座人数是 61 946 人，比洛杉矶体育场能容纳 10 万人的观众人数低很多。因此赛前皮特不得不提醒观众坐到前排进入 50 码线。他深知这样会使电视转播的效果更好。

哥伦比亚广播公司负责比赛的直播，并且承担了全国广播公司的卡车供给，因而他们也可以安置自己的评论员、插入图表和回放。哥伦比亚广播公司对这次冠军赛的转播计划与以往常规赛的计划十分相似——七台固定转播摄像机，还有手动操纵的摄像机捕捉运动员入场的镜头，同时获取更衣室和夺冠庆祝的镜头。这种计划相对于21世纪动辄40多台摄像机的转播规模小多了。

图4.2　1967年1月15日,美国橄榄联盟与全国橄榄球联盟首次“世界锦标赛”的对垒,即广为人知的首届超级碗
来源:美联社图片

媒体公司都通过自己的观点解读比赛，他们设置了自己的解说员和评论员。哥伦比亚广播公司用雷斯科特作为解说员，与评论员弗兰克和老兵杰克搭档。杰克的解说更注重场上的非竞技因素，比如乐队、庆祝和人群。哥伦比亚广播公司使用帕特进行场边解说并且讲解赛前更衣室的情况。帕特与弗兰克一样，曾在纽约巨人效力多年。同时全国广播公司也进行了增补，派出了最强的解说阵容。

对于哥伦比亚广播公司体育执行总制作人比尔来说，最难的事情就是和全国广播公司兼容互通转播设备。他转播过第一、二、四、六、八届的超级碗比赛。他始终记得那辆可怕的卡车——他称作可怕的屋子，他表示全国广播公司制作总监库塞洛的声音总是比他大。哥伦比亚广播公司预料到这种情况，因而他们邀请了以沉着著称的制作人承担导播工作。

哥伦比亚广播公司的团队在全国橄榄球联盟的转播制作中久负盛名，事实上他们为全国橄榄球联盟转播的电视评分远高于全国广播公司对美国橄榄球联盟的评分，当然这会在日后合作转播中导致一种敌对情绪。

在体育场外的广播合成技术工作中，转播团队的竞争愈演愈烈。全国橄榄球联盟表示要做一个十英尺长的锁链连接两辆卡车。这种强制合作在第一届超级碗比赛转播中效果十分奇特，后来再也没有出现过。从第二年开始，哥伦比亚广播公司和全国广播公司轮流负责转播，这种模式一直持续到 1985 年 1 月，直到美国广播公司的加入。

另一个全国橄榄球联盟与美国橄榄球联盟的对抗颇有意思，赛前的场面也是很壮观的。先是放飞一群白鸽，然后是两位喷气的飞行器驾驶员胸前分别写着全国橄榄球联盟和美国橄榄球联盟，飞翔在赛场五十码线上，并且在空中礼节性握手，代表了两个联盟的融合。

赛前的周六，比尔坚持预演一遍白鸽和飞行动作，他想知道这种飞行模式如何在周日捕捉拍摄。白鸽的主人则不想排练，他表示鸽子并非家养会飞走，这样就需要更多的鸽子了。飞行器驾驶员也对排练不满，他们不愿意提前消耗燃料。不过他们最终妥协了。比尔固执己见地坚持了这次预演，并从中拍摄到了鸽子飞行的方向，也被鸽子粪淋了一身。

哥伦比亚广播公司和全国广播公司虽然都不认为联合转播是最优选择，但他们在半场前也都正常合作。半场休息的时间由新奥尔良的爵士鼓手埃尔希特和亚利桑那大学乐队进行表演。

比尔威胁全国橄榄球联盟首脑邓肯说，如果中场休息时间是20分钟，我们就掰了（正常休息时间为15分钟），我不管你的小红帽在干什么。小红帽是边线的舞台经理，专职提醒裁判转播中插入广告的时段。

比尔也用同样的方式告诫了他的对手全国广播公司库塞洛。哥伦比亚广播公司要更早一些进入广告时间以保证下半场准时开始转播，但全国广播公司的时段不能错开，下半场比赛开始时他们仍需要播出一节广告。

下半场比赛已经开始1分15秒了，全国广播公司频道的观众仍在看广告。哥伦比亚广播公司的杰克说看到旗帜飞扬哨声鸣响，但由于看不到画面并不知道发生了什么。弗兰克也只有耸耸肩膀。直到一次界外球全国广播公司才恢复了直播。

在格林湾队以35:17取胜后，最终的冲突爆发了。获胜一方的教练被哥伦比亚广播公司和全国广播公司用同一只麦克风采访，而两位不同阵营的记者争抢话筒，同样的事情也发生在总控室卡车上。

第二天的《纽约时报》评论说首个超级碗赛况平淡，拥有15年历史的全国橄榄球联盟轻易证明了他们比只举行了七个赛季的美国橄榄球联盟要强。

尼尔森公司的报告显示哥伦比亚广播公司在这次竞争中获胜，取得了22.6的积分和43%的收视率，而全国广播公司仅为18.5的积分和36%的收视率。两者相加，41.1%的家庭观看了这场比赛，观众有7 550万人。

鹿死谁手尤未知也

皮特决定第二届超级碗在迈阿密举行，球票销售一定会大卖。联盟削减了票价，同时进行更大力度的前期工作。1968年1月14日，75 546名球迷涌入球场，创造了体育史上第一个300万美元的票房。但他们看到的仍是格林湾队33:7以压倒性优势战胜了奥克兰勇士。

背靠背连续的夺冠使人们认为全国橄榄球联盟实力远超美国橄榄球联盟。因而第三届超级碗前，全国橄榄球联盟的巴尔的摩队相较于纽约喷气机队更受媒体和球迷的青睐，他们似乎不战就能获取1969年的冠军。

皮特对此忧心忡忡，如果年终的超级碗总是全国橄榄球联盟战胜美国橄榄球联盟的话，会影响整体的商业利益。因此在第三届超级碗前的新闻发布会上，这位总干事表示要调整赛程架构使两支全国橄榄球联盟的球队有可能在决赛中相遇。所有球队将参与同一项联赛，1969 年 1 月 11 日周六早上《纽约时报》的体育标题就是：皮特表示明天的超级碗可能是最后一届了。

电视机前的狂热观众早就预料到了巴尔的摩队的胜利，因而各项转播指数急转直下，只有 36％的美国家庭观看这一赛事，产生了最低收视率。但乔·纳玛什和喷气机队打出了16:7的攻击波，之前低看美国橄榄球联盟的言论都烟消云散了。

纳玛什保证了喷气机队的胜利，但之前很少有人注意他。他在比赛开始前的迈阿密晚宴上当选了年度最佳球员。那时一个巴尔的摩的忠实粉丝挑衅纳玛什，纳玛什则回应：我听到了你们的消息。你们这些巴尔的摩人已经讨论了一周了，等一下，我们会赢下这场比赛，我保证。喷气机队在超级碗第三战中的胜利使得比赛成为了整个赛季的高潮。在次年堪萨斯酋长队于超级碗第四战中战胜明尼苏达维京人队之后，联盟不平等的歧视结束了。广告价格在第三战之后大幅上涨，使得这一系列赛成为之后全国橄榄球联盟电视广告价格谈判中经济上更重要的因素。收视率在第四战后反弹至 39.4％，比年中的收视率上升 10％，在此之后便有增无减，使得全国橄榄球联盟成为年复一年的收视重点，在美国没有其他的节目能与之相比。

这一系列比赛在三年之后，超级碗和世界大赛、高尔夫系列巡回赛以及肯塔基德比赛都在美国民众和媒体的心目中占据了重要的地位。

对乔·纳玛什而言，第三战的胜利对他的个人地位是一个保障，也开启了超级明星在团队比赛中占据重要地位的时代。他成为现代电视明星运动员的原型。令人惊叹的是，他不仅在赛事本身中取得了成功，还拥有俊朗的外貌，在媒体上善于辞令，他的私生活也成为人们茶余饭后的谈资，尤其每当他在纽约时尚的餐厅或者酒吧与一个美女相伴出现的时候，这一话题的热度总会升高。他还是一个名为“单身汉三世”酒吧的股东，不过后来酒吧有赌徒和大量不良背景的人光顾，联盟要求他卖掉了自己的股份。纳玛什的明星效应获得的金钱和商业支持逐渐接近那些通过电视或其他领域获得名声的明星，这一点也使得团队中的其他队员明确自己在团队中的分量。球员和联盟的权力转换已经是山雨欲来风满楼了。

图 4.3　在迈阿密橙色碗体育场,乔·纳玛什(12 号球衣)带领纽约喷气机队战胜巴尔的摩小马队,拿下第三届超级碗
来源:华盖创意

“你为黄金时间的橄榄球比赛准备好了吗?”

1968 年 11 月 17 日，当纽约喷气机队到达奥克兰，同奥克兰掠袭者队进行超级碗第三战的时候，比赛从大西洋时间下午一点，东部时间下午四点在全国广播公司上直播，持续了很久。然而在东部时间晚上七点，本应该播放一部经典儿童电影《海蒂》，时任全国广播公司直播主管迪克·克莱，没有接到可以在七点之后继续直播比赛的指令。而时任全国广播公司执行制片人斯科特·科诺正在康涅狄格州的家里收看直播，并向电台发出指令让比赛继续直播到结束。而当时电视台被询问到底播放《海蒂》还是橄榄球比赛的热心观众电话占了线，他的电话没法接通。

因此在当晚七点，喷气机队以32:29领先并且比赛只剩下 1 分 15 秒的时候，全国广播公司结束了直播，并在一段广告之后切换到了《海蒂》。观众们没有看到的是，在比赛还剩 42 秒的时候，掠袭者队四分卫拉莫妮卡投出了一记触地得分使得掠袭者队反超领先。随后掠袭者队的普雷斯顿在 9 秒后再次触地得分，比赛最终比分定格在43:32，掠袭者队获胜。体育电视编导、后来事业上有辉煌成就的迪克·克莱说，当时全国广播公司一个主席终于打通了电话，要求他将电视切回直播，但一切都为时已晚。

这个故事后来成为 1968 年 11 月 18 日《纽约时报》周刊的封面。标题是“喷气机被《海蒂》击败，观众不满”。在那晚的《亨特利·布林克利报道》中，大卫·布林克利报道“全国广播公司为该错误道歉，虽然如此，球迷仍是难以平服”。后来被载入史册的“海蒂比赛”对后世的贡献：

- 职业橄榄球影响了如此多的人，以至于这一事件登上了全国最有名的报纸的头版。
- 体育比赛逐渐战胜其他娱乐方式，从周日下午的播出时间转移到黄金时间。
- 转播车、制片人和网络控制人员应当用专线连接起来，以确认比赛最后时刻的转播计划能够及时变更。

周一晚橄榄球比赛的诞生

我相信美国体育转播史上最重要的时刻就是周一晚比赛播出的时候，这是美国体育转播的盛宴。

——迪克·爱博索，美国全国广播公司电视台主席

早在20世纪60年代，全国橄榄球联盟专员皮特·罗塞尔就将电视的黄金时间视为重要的待开发阵地。作为实验，在1964年9月28日，全国橄榄球联盟安排了首个周一晚的比赛。绿湾包装工队和底特律雄狮队的比赛并没有直播，但该场比赛的球票不仅售罄，还吸引了59 203人在猛虎体育场外。罗塞尔向人们证明了球迷们会喜欢工作日晚上的比赛，之后他发现了一个转播合作伙伴。

当美国广播公司同时签有美国橄榄球联盟联赛合同的时候，该电视台提出用一场周五晚上的比赛替换之前收视率不佳的吉列周五自由搏击比赛。时任福特经理，后来在克莱斯勒首席总监位置上名声大振的李·伊库卡同意资助周五的比赛。但全国大学生体育运动协会听闻这一信息，就放出风来，美国广播公司一旦直播周五的比赛，这会使得很多人待在家里，而不支持同时间播出的高中橄榄球比赛。不久之后国会就修改了《电视转播法》，取消了在赛场75英里以内转播电视台周五晚间6点之后或者九月第二个周五到十二月第二个周六之间直播橄榄球比赛的反垄断豁免，这样就很有效地扼杀了美国广播公司的转播计划。

1966年，全国橄榄球联盟开始了和转播伙伴的四年合作计划：哥伦比亚广播公司在1966年、1967年的每个周一黄金时间进行转播，全国广播公司在1968年和1969年接力转播。这四年并没有获得巨大的成功，但是联盟并没有放弃，联盟的人们一直致力于在美国体育转播史上开启新的领域。

在喷气机队第三战胜利后不久，全国橄榄球联盟的专员罗塞尔开始了和美国广播公司的体育执行总监罗尼·阿莱奇的一系列午餐会，探讨周一晚上的转播。阿莱奇当时并没有获得他的老板关于签下合同的首肯：美国广播公司的主席莱纳德·古德森对这个计划很感兴趣，但是他新任的广播网络主管极力反对破坏现有的娱乐转播计划。

罗塞尔很喜欢古德森提出的关于混合娱乐节目和体育比赛以获得更多女性观众的建议。但他更愿意将周一的转播权优先给他的老合作伙伴——哥伦比亚广播公司和全国广播公司。而且他也知道美国广播公司在周一的收视率只是全国的第三位，因此把转播权给他们效果肯定不会太好。

当时电视业的内部有个笑话：如何终止越战呢？最好的办法就是让它在美国广播公司上映，13 周之后它就会终止。

全国橄榄球联盟另一个不用和三家广播公司签合同的方案：和休斯体育网络签订一个联合转播合同，该公司的大股东是亿万富豪威廉·休斯。休斯会将赛事卖给任何愿意买下转播权的电视台。信息很快就传遍了美国广播公司下属的数百家电视台，包括著名的费城 WPVI-TV 电视台。他们计划将周一收视率低的美国广播公司娱乐节目换成橄榄球比赛，这对于美国广播公司将是一个巨大的冲击。由于害怕周一将会被毁掉，美国广播公司很快就转变了态度，和全国橄榄球联盟签下了 2 550 万美元为期三年的转播合同。

但罗塞尔坚持给哥伦比亚广播公司和全国广播公司一个选择的机会。当时哥伦比亚广播公司是收视冠军，在周一晚上有很棒的系列节目，比如“露西在这儿”“梅伯利 R. F. D”“露西儿·鲍尔”“多丽丝·戴之秀”，在晚上十点还有“卡罗尔·伯内特之秀”，因此他们决定放弃周一晚上的转播。

全国广播公司曾想拿下周一晚的转播权，但如此一来，他们就必须将大热门节目“罗温和马丁的哈哈秀”从周一晚移到其他时间。一个更大的障碍是，当时“海蒂比赛”事件刚发生不久，如果周一的比赛延迟得很晚，他们又不得不将之后的“今夜秀”节目顺延。但是该节目是全国广播公司的重要创收节目，主管部门不想触怒约翰逊·卡森，所以他们根本就没有跟他讨论，便放弃了转播权。

当主管和美国广播公司反复讨论之后，罗塞尔明确必须将之前从 1970 赛季开始为期三年的合同替换为四年，如此一来就可以和联盟与哥伦比亚广播公司和全国广播公司签下的周末比赛以及四季超级碗比赛的合同保持一致了。美国广播公司以每年 860 万美元的代价买下了周一晚间橄榄球节目四年的转播权。同时哥伦比亚广播公司签下了每年 1 800 万美元的合同，全国广播公司则每年付出 1 500 万美元，买下周末比赛、常规赛、季后赛和专业碗的转播权。另外，哥伦比亚广播公司和全国广播公司还签下了每场超级碗 250 万美元的可选择转播权的合同。他们共同付出了 1.42 亿美元的代价。

主管罗塞尔满意地笑了:全国橄榄球联盟的比赛可以在美国三大主要电视网上直播,至少在四年内,联盟的比赛在电视上会保证全数播出。每支球队从电视转播权中收益 160 万美元,可以用于支付他们的合同。

转播合同签下后不久,罗尼·阿莱奇就向罗塞尔提出了他职业生涯中最具有革命性的点子。他提出,在周一晚上的直播中加入三人的评论环节,其中最具争议的一人是因为评论拳王阿里的比赛和法律纠葛名声大噪的美国广播公司彩票和体育评论记者霍华德·柯塞尔。阿莱奇的观点是,柯塞尔很会吸引人的注意力,会为节目带来更多的观众。

罗塞尔等人非常讨厌柯塞尔,他对这个点子的看法是:为什么不把残暴的国王阿提拉找来?

美国广播公司橄榄球领域的第一评论员是弗兰克·吉福德。他同哥伦

图 4.4　美国广播公司"周一橄榄之夜"栏目主持群,(从左至右)分别是霍华德·柯塞尔、唐·梅里迪斯、弗兰克·吉福德

来源:美国广播公司电视集团

比亚广播公司还有一年的合同，他坚持要完成这个合同再谈新合同。但他也为节目推荐了一个他认为绝佳的人选，刚刚从达拉斯牛仔队退役的四分卫唐·梅里迪斯，他当时刚刚经历了一段失败的股票经纪人生涯并决定再也不做了。阿莱奇请吉福德转告他的朋友给自己打个电话。

梅里迪斯连续四天给美国广播公司打电话并留口信给阿莱奇，但没有回应。他打第五个电话时阿莱奇正在和哥伦比亚广播公司对大学橄榄球进行评论的谈判，他已经给人留下了不回电话的印象，但是梅里迪斯的第五个电话引起了他的注意，并很快和吉福德约好三人一起共进午餐。

在阿莱奇的回忆录《罗尼》里，他回忆道，梅里迪斯一出现他就立即表示了抱歉，但是梅里迪斯说，我来就是为了跟你说你是多么的混蛋。阿莱奇回答道：这种直率就是我对一个评论员的期待。

在三个小时内两个男人坐下并在餐巾纸上初步达成了合同的草案，阿莱奇已经等不及在屏幕上看到绅士做派的南方球星梅里迪斯和无礼傲慢的东部人柯塞尔的对决了。他将这两个性格截然相反的人组合起来，并加入了美国广播公司学院派评论员基斯，至此，美国广播公司的三人评论席宣告组建完成。

美国广播公司的“周一晚间橄榄球”节目在 1970 年 9 月 21 日于克利夫兰播出。布朗队的持有权人昂特说，他的很多忠实观众因为参与度可能不如周末而对该节目持谨慎态度，因为希望获得纽约观众的支持，昂特暗自祈祷，让喷气机队来比赛吧！果然，由于纽约观众的到来，当天克利夫兰体育场容纳了破纪录的 85 703 人，而他们也成了历史的一部分。那是后来被称为“周一晚间橄榄球现象”的开端：主队气氛热烈犹如狂欢节。球迷在场内挂上了横幅，很多横幅上写着柯塞尔和梅里迪斯的评论。还有人为了上电视穿上了奇装异服。梅里迪斯将这种现象称为“妈妈喜爱的时尚怪异秀”。

那一天上演的直播比赛和之前的比赛都不同，美国广播公司的优秀转播令人身临其境，好像在现场经历倒计时。导播切特·福特在这场比赛的直播中使用了之前从未使用过的镜头角度。他说：“我在直播中用了 10 到 11 个特写镜头，任何球员的动作都可以明察秋毫。”这就是罗尼让观众身临其境的哲学。

当天收看布朗队以31∶21击败喷气机队比赛的观众数量远超美国广播公司的预计，当天的收视率达到 33%，击败了放弃直播周一橄榄球比赛选择保存娱乐节目的哥伦比亚广播公司和全国广播公司。

那一季,体育场的球票接连售罄,创纪录的改变是人们纷纷转投美国广播公司来听柯塞尔和梅里迪斯说了些什么。

他们之间的交流,以及梅里迪斯一直嘲笑柯塞尔的外行话,成为节目娱乐性的重要组成部分。但并不是所有的人都立即就迷上了这个节目的,美国广播公司主席莱纳德·古德森在第一场比赛之后接到了美国广播公司主赞助商福特汽车的总裁亨利·福特二世的电话。他说:“把柯塞尔拿掉,他像猪一样说个没完,让我没法欣赏比赛。”阿莱奇被叫到了老板的办公室,但他说服了自己的老板相信柯塞尔,并且确定“这才是第一场比赛,观众需要熟悉他”。福特几周后又打来电话说:“我开始喜欢评论席上的这个家伙了。”

一个电视的收视报告发现,柯塞尔同时是全美最受欢迎和最讨厌的评论员。电视主持人的名人地位在那时是一个全新的东西,比赛本身常常是关键,而评论员只是默默无闻的陪衬。1970 年,美国广播公司改变了这一切。美国广播公司开始邀请娱乐界和政界的名人参与节目,并借此将他们的粉丝群纳入自己的观众群体中,这种做法使得转播成为了秀场而并非仅仅是比赛本身。最有趣的一组名人评论员也许是 1974 年 12 月 9 日华盛顿红皮人和洛杉矶公羊队的比赛中同时出现的约翰·列侬和外向的加州州长罗纳德·里根。阿莱奇说:“他们是最合适的一组嘉宾了。”

周一晚上坐在电视机前有太多的选择,导致电影观众数量大大下降,美国的一些影院老板通过快餐打折或免费来吸引顾客。很多保龄球联盟选择将周一晚上的比赛改期,服务器变得很繁忙,因为他们寻找的很多顾客周一都在家里。

“周一晚间橄榄球”很快成为了全国橄榄球联盟的头牌和最重要的资产。联盟的周日比赛相互竞争,很多摇摆不定的观众会去现场。其他项目,如篮球、高尔夫球、冰球也要在周日下午分一杯羹。然而在周一,所有的注意力都被一个体育场所吸引,周末在现场的球迷周一也会坐在电视机前的沙发上。即使对决的两支球队你并不怎么喜欢,中场的时候柯塞尔的关于周末比赛精彩时刻的评点,也成了直播吸引人的地方。在这个娱乐体育节目之前的时代,收看周日比赛集锦的最好办法就是收看“周一晚间橄榄球”。

1971 年,当吉福德失去工作的时候,阿莱奇雇用他来代替基斯,因为当时基斯正试图在节目中加入“更多的个性”。吉福德为这个系列继续工作了35年，并成为梅里迪斯和柯塞尔离开之后的最佳继任人。基斯被任命为美国广播公司线上校园橄榄球的首席，将克里斯移动到了第二位的节目。

在美国广播公司的第36年，“周一晚间橄榄球”成为了美国广播公司的一个机构，它改变了美国人对于体育节目的期待，创造了人们对于比赛的更多角度、更多娱乐性、更加有趣、更多个性的期待。节目使得美国广播公司更加重要，在美国三大电视网络中更有存在感。

由于对观众强大的吸引力，也使得全国橄榄球联盟的转播权更加有吸引力，更加昂贵。

“周一晚间橄榄球”将人们联系在一起，周二早上睡眼蒙胧、哈欠连天。当你重温起梅里迪斯和柯塞尔的精彩评论和争论时，会捧起一杯香浓的咖啡，在那些和你共度周一狂欢、一同热血、一同欢笑、一同等待唐的触地得分，一同激动地跳出椅子的朋友们中，你会感到一种归属感。

电视评论员杰克·高德在《纽约时报》周刊的专栏中通过第一次“周一晚间橄榄球”描述了他的预感。他写道，“这种创新会被媒体专业的学生反复关注”。他问，电视节目应当如何应对当时作为人们主流娱乐方式的电影和即兴喜剧呢？这种现象是会使妻子和丈夫一起收看呢，还是导致家庭因为收看口味不同而出现危机呢？晚间节目是否应当给予娱乐方式一记重击呢？这一个夜晚将会因为一个重大改变而被铭记，事实正如他所料。

该节目在1970年亮相后，数十年间，电视节目出现了许多的改变。2006年秋天，“周一晚间橄榄球”从美国广播公司移到了娱乐体育节目，成为了一个共营节目(我们将在后续章节对这个问题进行深入讨论)。娱乐体育节目的合同是一个为期八年，年价值11亿美元的大合同。36年中，这个节目的价值从每年860万美元增长到每年11亿美元，增长了129倍。2011年，这项合同额更是增加到了每年19亿美元。

今日全国橄榄球联盟

赛前节目和赛后节目成为体育电视主要内容的历史可以追溯到1956年，哥伦比亚广播公司在周日开始一项叫做“今日橄榄球”的栏目。在1956年之前，一切比赛集锦都是不可能实现的，因为那时候录像带由安培公司生产。“橄榄球预览”在当天的橄榄球直播之前，长度从 15 分钟到 30 分钟不等，一年之后，它变成了“职业橄榄球开球”。1964 年，它最终成为了“今日全国橄榄球联盟”。

赛前节目的目的有三个：

- 吸引更多的人来看比赛。
- 展现今天即将开始的故事和重要的明星，所以观众会在该频道停留得更久。观众在节目上花的时间越久，收视率越高。
- 给以下两种情况提供更多的广告位：(1)客户已经购买了广告位，还想提供更多的信息；(2)比赛中的广告位已经售罄，或者客户没有足够的钱购买比赛中的广告位。

最初的赛前节目主要是由广播网络分析当日比赛构成的，并不是个人或者娱乐性的秀场。弗兰克・吉福德从 1966 年到 1970 年为哥伦比亚广播公司工作期间为该节目增添了一些明星风范。之后他就去美国广播公司加入了“周一晚间橄榄球”。

从 1975 年开始，当哥伦比亚广播公司体育栏目总监罗伯特・武斯勒和制片人麦克・皮埃勒改造了“今日全国橄榄球联盟”，给它加入个性化的采访和充满趣味的内容后，体育节目完全改变了。武斯勒签下了布伦特・马斯伯格作为主持人，菲利斯・乔治作为合作主持人和第一采访者，前全国橄榄球联盟球员艾维・克劳斯作为橄榄球专家。在了解到人们对橄榄球赌博有浓厚兴趣后，他还雇用了吉米作为节目的拉斯维加斯顾问。

马斯伯格曾经做了一档周日关于全国橄榄球比赛赛况的节目。他在节目中快速成长，也为节目营造了一个又一个亮点。他的制片人形容他像“一个孩子进了糖果店”。

菲利斯・乔治是 1971 年的美国小姐，在选秀过程中她参与了美国各大访谈节目，包括在全国广播公司三次登上“卡森秀”，她在镜头前的放松和个性吸引了武斯勒。当武斯勒带着她来到哥伦比亚广播公司体育频道的时候说：“让我们把她打造成一个明星吧。”

在她第一个赛季采访达拉斯牛仔队的四分卫——未来的名人堂成员罗杰的时候，她说：“罗杰，你给全美国造成的印象是一个特别浪荡的人，你觉得那是一种快乐还是一种负担？”罗杰回答说：“你采访过乔・奈史密斯吧，全世界都觉得我们俩很像。他是一个摇摆不定的单身汉，享受着性的快乐，而我已经结婚了。但你知道我也一样地享受性的快乐，但只和一个女人。”乔治使运动员的正面形象成为了故事的一部分，为电视直播增加了趣味性，正如前全国广播公司总裁所说：“橄榄球不仅仅是男人看男人”。

当艾维·克劳斯作为比赛分析师加入哥伦比亚广播公司的时候，他成为了美国历史上第一个非裔美国人体育播音员 or 体育节目主持人。从 1939 年的第一场比赛开始，每一个解说员都是白人。克劳斯作为一个后卫在联盟比赛九年，曾在费城老鹰队和纽约公羊队效力。他对比赛的深刻理解以及他和同事一起主持节目时表现出的放松为非裔美国人求职创造了条件。很多人都被克劳斯的成就而感动。因为他的成就出众，2009 年，职业橄榄球名人堂将皮特·罗塞尔广播电视奖颁给了他。

当提到 70 年代的广播电视时，乔治说，“我们是哥伦比亚广播公司的摩登体育运动队”。

“希腊人”吉米，是一个拉斯维加斯为赌徒制定赔率的人。哥伦比亚广播公司再次做了第一个吃螃蟹的人，在吉米之前，没有博彩行业的从业人员加入到节目中来。吉米成为了“今日全国橄榄球联盟”十二年中的重要人物，在直播中根据进攻速度和防守阵势对每一支球队作出预测。他在 1988 年因为在奴隶日对一个黑人球员说了侮辱性言论被解雇。那段话是他当年的马丁·路德·金日在华盛顿一个电视台采访中说的。

通过做大量超出比赛本身的故事和采访，“今日全国橄榄球联盟”扩大了全国橄榄球联盟节目在美国的观众群。1975—1980 年担任制片人的麦克·皮埃勒这样描述自己的工作：“我想让观众们笑，让他们哭，让他们叹息。”

全国橄榄球联盟电影：史上最优秀的体育励志作品

艾德·萨博做成衣生意，在费城他妻子家族的工厂里工作了 15 年。生意很成功，可是萨博后来对他的工作描述说“就像每天去看牙医一样痛苦”。1956 年，他 40 岁的时候，艾德将自己的股份变卖了。他有一架贝尔·霍威尔 16mm 摄影机，过去用来为他的儿子史蒂夫记录在校园的橄榄球生涯、日常生活、假期活动里发生的事情。拍摄电影和表演给他带来快乐，于是他决定将自己的兴趣转化为职业。

1962 年,萨博开设了布莱尔电影公司,用他女儿的名字命名。他做了一部旅游电影,一部关于汽车旅馆建设的定格电影,还有一些小作品。但他真正喜欢的是打橄榄球。有一家费城的公司已经为全国橄榄球联盟冠军赛拍了几年的纪录电影,他们的作品都是从高处拍的,几乎没有特写。那些电影都是按照时间顺序,从教练的视角去拍摄的,再加上一些播音语调的声音。萨博了解到该公司为 1961 年的冠军电影拍摄权支付了 2 500 美元。萨博觉得自己可以做得更好,但他的小公司在这之前没有拍摄过这样的电影。为了争取到拍摄权,他将价码提高到 5 000 美元,并为 1962 年的拍摄权开了个支票。皮特·罗塞尔注意到了他,把他叫到了自己在纽约的办公室,谈话中,萨博提到使用 8 台摄影机,以前只使用 4 台,并且拍摄慢动作,推拉镜头聚焦并为影片加上戏剧性的音乐和纪录片式的叙述。

定名为《职业橄榄球夏至日》的电影以人口 62 888 人、毗邻威斯康星州的格林湾和全美最大都市纽约的对比镜头开始。艾德·萨博自己写的旁白,在巨人队球星追逐弗兰克·吉福德的镜头之后,接着出现的是包装工队四分卫巴特·斯塔尔和主教练文斯·隆巴迪的介绍。

当镜头完成后,皮特·罗泽尔知道自己能得到什么,他告诉萨博:这是我看过的最好的橄榄球电影。

艾德·萨博的布莱尔影视公司同样还制作了 1963 年和 1964 年的冠军联赛。在他与全国橄榄球联盟的关系进一步发展和联盟不断提高电影版权价格的时候,艾德·萨博建议联盟从公司内部着手,把公司作为增强型的推广媒介来使用,不仅是为了冠军赛,也是为了每支队伍的精彩电影。他把请求递给了罗泽尔主席,罗泽尔征得了老板们的同意,以 28 万美元买下布莱尔出品公司,14 支联盟球队每支所出的费用为 2 万美元,他们将艾德·萨博加入到全国橄榄球联盟的工资名单中,重新给他的公司命名为全国橄榄球联盟电影公司。

全国橄榄球联盟电影公司将成为职业橄榄球讲故事的人和神话制造者,告诉人们橄榄球的魅力、乐趣和艺术性,这个公司是完美的营销工具,正如一位全国橄榄球联盟电影公司的电影摄影师所说,你们所看到的真相也是我们希望看到的。对于扭曲的脸部和焦虑的眼神的特写以及在慢镜头中沾满鲜血的双手打出的有力一击都成为了一种标志,增加了感情的投入让

图 4.5 艾德·萨博(右)和他的儿子史蒂夫·萨博早年在全国橄榄球联盟电影公司
来源:全国橄榄球联盟电影公司

比赛透露出超越生命的意义。

史蒂夫·萨博是一个艺术史专业的学生，他看过很多电影。他研究了全国橄榄球联盟电影公司“树、鼹鼠和鼬鼠”的摄影原理，他从树的角度、从地面的角度看运动，就像摄像机从鼹鼠洞中、从任何鼬鼠可以潜入的地方伸出头一样，例如长凳的后面、体育场的外面、看台之中或者更衣室来观察这项运动。

布莱尔出品公司将他们的电影租借给俱乐部和组织机构以此收回他们的成本，但是皮特·罗泽尔对于全国橄榄球联盟电影公司的目标是将电影搬上电视荧屏，以此增加联盟和球员受欢迎的程度。

1965年，全国橄榄球联盟电影公司将节目出售给国家电视台的工作交给了伊内兹·艾梅，她是一个具有销售经验的人，曾将《柯奇斯治安官》和《沉默的舰队》等几个娱乐节目出售给了多家媒体。她在纽约设立了一个很小的办公室，并且马上开始叫电视台联系人来销售《全国橄榄球联盟每周战报》系列节目。

全国橄榄球联盟电影公司计划每周派两名摄影师到全国橄榄球联盟每场比赛上，一个人俯拍，另一个人从球场边线拍。之后他们给每支球队的观众制作一个每周精彩集锦。加工的影片在周日和周一的晚上审核，这段时间制作者和摄影师都会睡在全国橄榄球联盟影片室的里屋。当他们的电影完成审核后，他们会被叫醒，然后开始剪辑并做后期。每一期《全国橄榄球联盟每周战报》必须在周三之前完成，然后连夜送到每家电视台去。

艾德·萨博坚持把每一场比赛都要拍有慢动作的回放。这意味着每个摄影师使用胶片的数量变成了原来需求量的两倍才能完成每场比赛的拍摄任务。正是每场比赛中激动人心的动作，每一张面孔，密密麻麻挥舞着的双手以及当球朝你飞来时旋转的弧线构成了全国橄榄球联盟电影区别于电视更为广阔的覆盖面，并且使得每一部电影令人难忘。这些电影蕴含着史诗电影之声，其中还有约翰·法森达关于上帝之声的叙述。萨博看过之后为法森达提供了为电影添加旁白的机会，更为重要的是，听说他还关注费城当地电视台哥伦比亚广播公司的消息。

伊内兹·艾梅第一次电话打给了WTMJ，WTMJ是哥伦比亚广播公司电视台位于密尔瓦基的一个附属机构，她的老朋友比利·弗林是那里的电视台经理。周日哥伦比亚广播公司正在播出全国橄榄球联盟的比赛，格林湾是密尔瓦基电视市场的一部分。艾梅认为这是一个非常好的开端。

她对弗林的回应并无准备："你希望我为一场我已经看过的，甚至已经播出的比赛电影付费？"全国橄榄球联盟电影没有送出他们工作的任何样品，伊内兹·艾梅说要打几个有说服力的电话促成首次销售。五年之内，《全国橄榄球联盟每周战报》成了全国橄榄球联盟的电影选集，例如《这是职业橄榄球》《愚蠢橄榄球》等是全国流传最广的。《这是职业橄榄球》着眼于比赛中最佳运动员的位置，《愚蠢橄榄球》则是比赛中的忌讳和失误。每一部全国橄榄球联盟电影传递着强烈的宣传信息：橄榄球充满了乐趣、激动人心的时刻，戏剧性的故事以及勤奋的英雄，无论是男人还是女人都会感到愉快的。

娱乐体育节目于 1979 年 9 月首播，为全国橄榄球联盟影业提供了一个全国性的播出平台。虽然当时它尚不成熟，却承载着全国橄榄球联盟影业加起来长达几千个小时的节目。时至今日，娱乐体育节目仍在播出全国橄榄球联盟 32 支球队的年度精彩比赛回顾。

艾德·萨博尔于 2011 年入选了职业橄榄球名人堂，他的全国橄榄球联盟影业团队凭借精良的制作获得了超过 100 项艾美奖，几代人看着他们的节目长大。他们出品过全国橄榄球联盟相关电影，将橄榄球运动推向全世界，还造就了最为成功的体育市场营销，并抓住时机宣传橄榄球文化。且不说经过多少次的探索，光是这种模式，就没有任何一个联盟做得到。

全国橄榄球联盟与电视媒体：相辅相成

全国橄榄球联盟和美国橄榄球联盟的合并可谓是珠联璧合。似乎是电视催生了这项运动，或是全国橄榄球联盟促成了电视技术的发展。全国橄榄球联盟是在 20 世纪 20 年代成立的，那时电视还没有普及。不过拉马尔·亨特认为橄榄球完全适合用电视转播，因而有了建立美国橄榄球联盟的设想。事实证明他真是神算。

职业橄榄球赛可谓是一道视觉盛宴，酷炫的球员时刻展现出十足的爆发力。你时常会看到球员凶猛地争抢和碰撞，更重要的是电视比现场任何地方的音效都好。甚至电视广告时间也能让观众放松一下，看一些精彩回放，可以更好地享受比赛。每场比赛都会有一个逼真的故事，一老一小两个有着不同背景的人，两个有着不同历史、不同个性的球队追名逐利，向往着财富。比赛中会有特定的故事时间，当一场比赛的故事结束时，会出现绚丽的灯光秀伴随着超然的音乐，调动起了全场的气氛。

电视制作团队对这些穿插于比赛间歇中的节目加入了更多技术：多机位多视角的镜头回放，针对不同位置的球员分析追踪其运动状态，以及加入录播或直播访谈片段。在比赛时间外使用技术手段为节目增色，甚至会增加电视节目的精彩程度，推动设备和技术的发展。

像足球和冰球这样连续性强的运动，通常会没有规律的主动暂停，这对电视转播效果有一定影响。若要等到形成死球时再回放，那么原本应立即回放的时刻在那时或许已经不再重要了。这种情况篮球比赛中就更少了，如果没有暂停或出现犯规，篮球比赛能够不间断地持续很长时间。棒球比赛每进行一次投球后都会有一个暂停，但电视制作人会等至少一局后才确认要回放的精彩镜头或多角度解析，而橄榄球比赛的转播几乎每回合就要回放一下。

每项运动都有自己的精彩故事和有趣的球迷群体，但没有任何一项运动能将强烈的观赏性同比赛节奏相结合，正是这点造就了全国橄榄球联盟与电视的成功结合。1965 年至 1975 年，这一完美结合得到巩固，为所有体育电视节目的发展和客户定制以及产品革新都树立了标杆。本书随后的章节将具体阐述电视体育节目设计、制作以及收视率的问题。

小　结

职业橄榄球一跃成为全美最受欢迎的体育运动，主要得益于 20 世纪 60 年代早期在两个全国电视网上的播出(新成立的美国橄榄球联盟电视播放的成功，再加上像乔・纳玛什那样有魅力的球员，以及全国橄榄球联盟的合并成了两大联盟球队老板们唯一有利的选择，否则球队老板们就得被迫花更多的钱去买顶级球员)。1966 年，谈判活动在美国橄榄球联盟创始人、堪萨斯城酋长队老板拉马尔・亨特和达拉斯牛仔队总经理特克斯・施拉姆间展开。随后全国橄榄球联盟和美国橄榄球联盟宣布合并，声明中包括了 1967 年 1 月举办首届超级碗比赛的相关事宜。

根据 1961 年的体育广播法，这一举措若想实现还得设法让国会通过，以便将两个联盟的合并以及与电视台的联合谈判纳入反垄断豁免范围。全国橄榄球联盟行政长官皮特·罗泽尔需要路易斯安那州众议院多数党领袖韦德·伯格斯的帮助，让州议会通过了修正案，全国橄榄球联盟也将赋予路易斯安那州特权名额。1967 年，新奥尔良圣徒队成立并在秋季开始赛季征战。

全国橄榄球联盟和美国橄榄球联盟各自的冠军相遇于 1967 年 1 月 15 日，地点是洛杉矶竞技场。而这场绿湾包装工对阵堪萨斯城酋长队的比赛被称作“美联—国联世界锦标赛”。1969 年，联盟正式将这项比赛改名为“超级碗”。当时哥伦比亚广播公司和全国广播公司两家电视台转播了首次冠军赛，这是该项比赛唯一一次由两家电视台共同转播，同样也给两家电视台带来了不少摩擦。

第三届超级碗是历史上最具标志性的一届比赛，对阵双方是纽约喷气机和人气颇高的巴尔的摩小马队。前两届超级碗被全国橄榄球联盟的绿湾包装工队很轻松就拿到了两连冠。在迈阿密橙碗体育场，喷气机以16∶7爆冷战胜小马队，粉碎了两联盟实力悬殊之说，也打破了超级碗参赛队皆来自全国橄榄球联盟的局面。

美国广播公司的《周一晚间橄榄球》自 1970 年问世以来可以说改变了体育电视，它使转播每场比赛的摄像机数量增加一倍，并在节目中加入了娱乐、个性以及明星元素。这一节目在黄金时间播出，增加了全国橄榄球联盟在全国范围内的曝光率，扩大了包括女性观众在内的观众群体，并为联盟增加了不少的收入。

哥伦比亚广播公司的《今日全国橄榄球联盟》于 1975 年首播，由布伦特·马斯伯格、菲利斯·乔治、艾维·克劳斯和吉米·斯奈德等人主持。它也是一档演播室节目，预告并推广即将到来的比赛，同样也产生了深刻的影响。赛场特写、访谈、投注以及娱乐等元素，让《今日全国橄榄球联盟》成为当今电视台出品的标杆性节目，它的内容不仅局限于比赛本身，拓展内容的方式值得借鉴。

20 世纪 60 年代，全国橄榄球联盟找到了艾德·萨博，成立了全国橄榄球联盟影业，这一举措造就了全国橄榄球联盟赛事推广的巨大成功。全国橄榄球联盟影业就是橄榄球赛的导演，他们制作的纪录片和集锦在全国范围内展示出它的魅力，让人们看到精彩的比赛、球星，感受到职业橄榄球的乐趣。他们通过讲故事、把故事讲得精彩，吸引更多的人来收看和收听。

◆话题讨论/课后作业

1. 除职业橄榄球外，任选一项运动对其在20世纪60年代与电视的关联程度做一份报告。比较当时和现在两个时期，该项运动的电视播出时长以及广播媒体对该运动所起的作用。

2. 试找出在20世纪60年代拥有电视高关注度的一项运动与其现在的关注度相比，研究其衰落原因。

3. 绘制一张图表，标示出下列运动自1970年至今的电视版权费的变化，并根据各项运动观众群体的规模，比较其增长率（职业橄榄球、大学橄榄球、棒球大联盟、职业篮球）。

4. 研究全国橄榄球联盟前主席皮特·罗泽尔职业生涯中的五次改革，对全国橄榄球联盟的电视份额以及相关媒体报道产生的影响，并写出这五次改革。

5. 将1975年开始的《今日全国橄榄球联盟》与现在的任何一个赛前秀节目做对比，找出共同点并讨论在发展过程中出现的变化。再回答一个问题：如今这样的节目是如何吸引你去看比赛的。如果看了，你是否还会因为故事线、明星等因素而期待赛前秀节目？

6. 全国橄榄球联盟曾根据1962年冠军之战出品了一部纪录片《职业橄榄球史上最漫长的一天》（*Pro Football's Longest Day*），请到全国橄榄球联盟官网观看此片。试比较它在风格和内容方面，与当今全国橄榄球联盟比赛的广播网报道有何异同。

第五章　美国娱乐体育节目网时代

如果你是一个体育迷，接下来的一分钟，一小时，一天，你收看到的内容会令你觉得进入了体育天堂。

——李·莱纳德 美国娱乐体育节目网
1979 年 9 月 7 日首播的开篇语

提要

- 美国娱乐体育节目网“成功的关键因素”：有线电视诞生；通讯卫星使得有线电视网可以 24 小时运行；更多的球队和更多的比赛意味着更丰富的电视体育内容。
- 美国娱乐体育节目网的建立。
- 盖蒂石油公司购买控制权。
- 1979 年 9 月 7 日美国娱乐体育节目网首播。
- 窄播将特定观众定位目标受众。
- 美国娱乐体育节目网的快速发展和变化包括了转播全国大学生体育运动协会男子篮球锦标赛和全国橄榄球联盟选秀。
- 广告收益和有线运营商构成的双重收益渠道使美国娱乐体育节目网成为体育电视一支强大的力量。
- 美国广播公司买下美国娱乐体育节目网，制定了成为“世界体育领导者”的计划。
- 1987 年美国娱乐体育节目网覆盖了全美超过 50%的电视家庭，《一年故事书》。
- 美国娱乐体育节目网如何改变了体育电视的各个方面以及如何影响了所有体育媒体。

美国东部时间 1979 年 9 月 7 日，星期五，当美国娱乐体育节目网首播时，很多从晚上 7 点实况转播的广播中听到这个消息的人，都觉得难以想象。至少超过 500 万个美国家庭能够收到娱乐体育节目网的信号，但很少有人能够想象娱乐体育节目网将成为美国体育产业的力量。1979 年，体育有线电视网的诞生需要一系列特定的条件，要有相当大的创造力、胆识和相当多的资金投入。尽管借用了体育广播用滥了的术语，我们还是认为这些条件是娱乐体育节目网“成功的关键因素”。

因素 1：有线电视

约翰·沃森和玛格丽特·沃森拥有宾夕法尼亚州马哈诺伊市的一家叫作电器供应的商店。1948 年时，沃森商店货架上一些新的通用电视电器设备并没有人购买。原因是马哈诺伊市位于宾夕法尼亚当地最近的电视台西北方向 98 英里，如果你住在马哈诺伊市，看不到任何节目，你就不可能去买一台电视机。

约翰·沃森想出了一个简单的确保其卖出设备的补救办法。他把一根天线放在附近最高的山上一个公用旧杆子上，接收来自宾夕法尼亚的电视信号，并与他的商店共用一个电缆。当消费者走进他的商店时，他们就能够看到和听到电视节目，如果他们买一套设备，沃森将给他们提供连接电缆的安装，费用 100 美元，外加一个月 2 美元。在美国，人们支付的第一笔电缆费用是 2 美元。于是，电器商店售出了大量的电视机和有线电视设备，诞生了有线电视。

20 世纪 50 年代至 70 年代，有线电视网扩展到了与马哈诺伊市地理位置相似的地方。这些地方距离电视台非常遥远，远到甚至需要每个家庭在房顶上安装天线才能改善信号接收的质量。到 1979 年，娱乐体育节目网诞生的那一年，共有 148 万个美国家庭连接了有线网，普及率达 20%。

逐渐发展的有线电视产业完全是一个硬件产业，而不是软件产业。直到 1972 年 11 月，人们才可以通过有线网接收从广播电台和电视台专门制作的节目。那时，家庭影院频道开始播放电影和一些不插入广告的体育比赛，这些节目通过微波输送到按月收费的有线系统。巧合的是，第一个家庭影院频道的用户是宾夕法尼亚地区的威尔克斯一巴里的 365 个消费者。一年之内，家庭影院频道用 14 个微波信号系统发送给 8 000 个付费用户。

因素 2：通讯卫星

尽管同步通讯卫星 3 号和晨鸟号通讯卫星在 20 世纪 60 年代中期发射后，使得通过卫星传输电视信号的越洋现场直播成为可能，但仍不能改变美国国内电视分布的现状。直到 1974 年西部联合电报公司发送“西星”(西部联合公司制造的通讯卫星)1 号进入轨道和 1975 年 12 月美国无线电公司发射通讯卫星 1 号后，情况才有所改善。通讯卫星 1 号是美国第一个用于广播和有线网络向联播电台发送节目的商业通讯卫星。一方面，卫星传输的效率和优势变得非常明显。1975 年之前，所有的电视转播只能通过两个渠道，一个是专用的能够容纳彩色视频和音频频道的美国电话电报公司的线路，另一个是微波系统。另一方面，卫星传输能够精准到达所有的接收用户那里。家庭影院频道第一个租赁通讯卫星 1 号，因而把它的范围扩大到美国大

图 5.1　位于赤道上方 22 300 英里的地球同步轨道的卫星给地球戴上了一条“项链”。为纪念亚瑟・C. 克拉克，它被称为“克拉克带”。克拉克在 1945 年《无线电世界》杂志的投稿中，首次提出使用卫星的设想

来源：《远程卫星》杂志友情提供

陆的每一个电缆系统。

特德·特纳于1977年开始让他位于亚特兰大的特纳通讯集团电视台17频道搭载通讯卫星1号，并建造了国家第一个“超级电视台”。特纳电视台的很大一部分节目是亚特兰大勇敢者棒球队的比赛。他购买了这个球队。

这些小的进步和发展，使有线电视开始从硬件产业转为软件产业。家庭影院频道副总裁吉姆·海华1979年夏季接受《纽约时报》采访时说：“这是一个视频的超市”，“现在面临的挑战是如何更好地填满空着的货架。”

因素3：更丰富的体育内容

从1960年到1980年，美国人口从1.79亿人增长到2.265亿人，在这二十年间，电视和所有传播方式得到了发展并进入了每一个大大小小的社区，因此增加了更多的体育场、体育项目以及运动队的比赛次数，球迷数量也在不断扩大。每年为了播出8 760小时，美国娱乐体育节目网将需要足够的体育内容。

1960年，美国职业棒球联盟有16支球队，其中全美联盟8支球队，国家联盟8支球队。到1980年，有了26支球队，其中全美联盟14支，国家联盟12支。在20世纪60年代早期，棒球联盟季的比赛从154次增长到162次，到1969年，联盟冠军赛也加入了。在全美联盟常规赛保持最高纪录的球队遇到国家联盟保持最高纪录的球队之前，世界职业棒球大赛只是一次季后挑战赛。

1960年，国家橄榄球联盟只有12支球队，每个常规赛季有12场比赛。美国橄榄球联盟有8支球队，每支球队分别比赛14场。两个专业橄榄球联盟共有20支球队，每一个联盟都参加一次季后赛：他们各自的联赛。到1980年，季后赛的数量 从1个增加到9个，并开始了两个外卡比赛（一个出自国家橄榄球联盟，一个出自美国橄榄球联盟，两个联盟的冠军争夺最后的超级碗）。

美国职业篮球协会和美国曲棍球联合会在1960年到1980年之间都渐渐成长起来了。美职篮从1960年的8支球队增加到1980年的23支球队。1960年，美职篮还不包括建在西部的圣路易斯老鹰队和南部的辛辛那提皇家队，到 1980 年已经覆盖了整个美国。1960 年，美国曲棍球联合会仅有 6 支球队，最西部的是芝加哥黑鹰队，最南部的是纽约游骑兵队。在接下来的 20 年中，联合会发展到了从东海岸到西海岸共 20 支球队。

大学的橄榄球和篮球也迎来了快速发展的时期。从 1960 年到 1980 年，大学橄榄球从 10 场常规赛和 9 场季后赛发展到每个球队 12 场常规赛和 15 场季后赛（从 1980 年开始的美国娱乐体育节目网时代，大学橄榄球超级联赛迅速成长：在 2011—2012 赛季的季后赛中，有 35 场比赛）。至少也有 25 个大学在进行高水平的比赛，叫作分区 1-A：从 1960 年到 1980 年，分区 1-A 的球队数量从 114 支增加到了 139 支。

只有 25 支球队参加了 1960 年的全国大学生体育运动协会男子大学篮球季后赛，顶尖学校都参加了每个赛季的 24 场常规赛。从 1979 年到 1980 年，锦标赛从 40 支球队扩展到了 48 支，多数大学的常规赛也增加到了 30 场。

更多的球队和更多的比赛意味着体育直播节目数量的巨大增长。但 1980 年三大广播电视网分配给体育比赛的时间却基本上没有变化。周六和周日一般会播放 4 到 6 个小时的体育节目。固定的短时间内可供播放的比赛越来越多，每个电视网都会精心筛选体育节目。因此，每项体育运动都有很大一部分比赛无法在电视上播出。然而，这样的情形在美国娱乐体育节目网进入体育电视界以后就发生了改变，因为美国娱乐体育节目网对再多的体育比赛都不会拒绝。

美国娱乐体育节目网

如果 45 岁的新英格兰捕鲸者曲棍球队的通讯主管比尔·拉斯马森没有被解雇的话，美国娱乐体育节目网也许就不会存在。在加入捕鲸者队前，拉斯马森曾是马萨诸塞州斯普林菲尔德一家电视台的体育和新闻部主管。他拥有罗格斯大学的工商管理学硕士学位，并且有着多年的广告和推销经验。但是在 1978 年 5 月 27 日，他被解雇了。

拉斯马森在捕鲸者队的工作任务之一是每周制作一期曲棍球精彩片段集锦推广节目。这些节目直接交给康涅狄格州 9 家不同的有线系统，由他们自己选择是否播出。当拉斯马森面临对未来职业的选择时，他开始构想将

图 5.2　美国娱乐体育节目网创始人比尔·拉斯马森
来源:美国娱乐体育节目网

康涅狄格州的大学体育比赛和新英格兰捕鲸者队的比赛组合在一起,通过一个广播网传送给 9 个有线系统和其他有兴趣的人。当时,捕鲸者队并没有一个可以在康涅狄格州播放球队比赛的合约。

拉斯马森有一个在康涅狄格州普兰维尔美国有线电视工作的朋友。在这位朋友的帮助下,比尔·拉斯马森邀请了州内所有有线电视运营商参加 1978 年 6 月 26 日的会议。他准备在这次会议上说明他的设想,预测可能感兴趣的运营商的数量。会议当天,近一半的有线电视运营商来到会场,他们也很明确地表示,如果拉斯马森要继续执行他的计划,他会碰到很多障碍。其中一点是,各个有线系统并没有一个共同的接收信号的来源。他们是直接通过微波得到国家级节目的,然后经多系统运营商(美国有线电视公司、考克斯通信公司等)直接单独传送的,他们也各自用自己的天线来接收康涅狄格州本地电视台的节目。

拉斯马森记得美国有线电视公司的副总裁吉姆·达维在 6 月 26 日的会议上跟他说:“你真的应该去研究一下卫星。我相信美国无线电公司会对你的提议很感兴趣。”几个月的时间内,有线系统将会安装天线接收器来接收向地面传输的节目信号,这会取代昂贵的、要求向每一个系统单独传输的微波系统。相比之下,一个卫星传输设备传出的信号可以被相邻的 48 个州,包括阿拉斯加和加拿大的有线系统接收到,但是开会的人当时并不知道这些,他们不确定卫星信号是否只覆盖东北地区或是东海岸沿线地带。

比尔·拉斯马森开始寻找答案。当他给位于华盛顿特区的美国无线电公司(RCA)市场部经理艾尔·帕里尼罗打电话时，帕里尼罗非常急切地想卖掉空置通道(用卫星术语说是“转频器”)给美国无线电公司的通讯卫星1号(SATCOM)，他跟拉斯马森说：“我去见你。”

这给拉斯马森带来了一个难题：如果一些重要的客户到他的临时办公室做客，那么这些客户可能会因他简陋的办公室而看不起他。办公桌的桌面是拉斯马森的儿子斯考特家的旧门板，而桌子的腿是他从伐木场买来木料直接安装上去的。因此，拉斯马森花20美元租了普兰维尔美国有限公司的会议室，准备迎接无线电公司代表的到来，预定时间是1978年7月20日。

会面中，艾尔·帕里尼罗告诉拉斯马森，任何传输到通讯卫星1号的节目信号都可以传送到北美任何一个地面卫星站，但问题是，北美现在还没有那么多的地面卫星站。如果购买一周、每天五个小时的卫星时间，那么每晚的费用是1 250美元。拉斯马森认为他提议的康涅狄格州体育比赛合集赚不到任何钱，但每晚五个小时1 250美元的价格还算合理。

然后，帕里尼罗认为“有一项费用不包括在里面”，他建议拉斯马森租用卫星转频器一整年，平均每个月付给无线电公司的钱不到3.5万美元。无线电公司当时每年的租金利率变得非常小。那天晚上，拉斯马森将会议内容告诉了自己23岁的儿子斯考特，斯考特很快在心里算了一笔账：如果他们以年租借，那么平摊到每天的租金便是1 143美元，比以周购买、每天五小时的租金便宜，并且他们一年365天，每天24小时都一直拥有属于自己的卫星频道。

拉斯马森第二天便打电话给无线电公司的艾尔·帕里尼罗，告诉他：“我们租一年。”拉斯马森不需要支付任何定金，只需90天内交付第一次租金即可。他计划在这三个月内将他的体育节目合集整理好并卖掉。如果完成不了，他就直接拒绝无线电公司说：“不，谢谢。”(三十多年后，比尔·拉斯马森说他仍然记得当时答应每个月要支付给无线电公司的确切数目是34 167美元。)

斯考特首先提议，将他们在康涅狄格州内建立体育节目的想法扩展到国家级电视网，因为他们传输到通讯卫星1号的所有节目都可以让整个国家的观众看到。并且，单靠康涅狄格一个州的收益并不足以抵消制作节目的费用和每月付给无线电公司的租金。这使得比尔·拉斯马森考虑到了另一个问题：“一天24小时我们都要播出些什么？”

八月中旬一个炎热的日子，拉斯马森和斯考特被堵在了去新泽西海边的路上。拉斯马森的女儿林恩在8月16日满16周岁，她当时在新泽西的海滩上，但拉斯马森和斯考特却被塞车堵在了康涅狄格州沃特伯里的84号州际公路上。问题的答案就在那一天喷涌而出。

在车上，父子的谈话转向了大学体育比赛，他们意识到全国大学生体育运动协会各类运动项目的比赛中没有被电视播出的有上千场，如果每周制作一些这样的比赛，即使数量不多，也可以放到他们的卫星频道上播出。这个想法将会开启一个不可阻挡的新世界。在他们意识到这一点之前，他们讨论了需要多少远程电视转播车；需要雇用多少名包括著名实况解说员在内的员工；需要构建的播出设备和各种硬件，包括多少播控室、多少演播室，以及如何吸引投资商，说服他们对这个项目给予资金支持。

拉斯马森说，他和斯考特都全神贯注在这件事上，以至于抵达林恩的生日派对时，他们都没有给这位16岁的“小寿星”足够的关注。

在回康涅狄格的路上，他们的想法变成了后来“体育中心”的节目。拉斯马森回忆起他在马萨诸塞州斯普林菲尔德电视台工作的经历，当时每条新闻播报只有不到三四分钟的时间，这么短的时间内要包括所有体育新闻、比分、精彩瞬间和相关故事，这让他很困扰。所以他提出了一个播出模式：每天播出四到五次，每次半个小时的体育综合新闻报道，再加上10到15分钟不定时的迷你新闻跟进，插播在他们播出的比赛中间。

拉斯马森父子给他们头脑风暴想出的成果取名为“娱乐体育节目网”，专做体育和娱乐节目。如果将这一想法变为现实，他们必须解决四个相互关联的挑战：

1. 全美大学生体育运动协会必须同意向他们出售足够的比赛播出权来吸引投资商和运营商，后者当时掌控着大多数美国有线电视的分配。

2. 投资者必须付出数百万美元的资金才能有希望获得收益。向父亲借钱再加上比尔·拉斯马森自己信用卡上9 000美元的信用额度对他们的帮助很有限。如果想要预付足够的钱，必须向投资者承诺，全美大学生体育运动协会会出售给他们足够多精彩的节目，并且电视网的节目可以传输到足够多的家庭里，以收取广告的费用。

3. 运营商必须对订购新的体育节目拥有足够的兴趣，这样拉斯马森才能说服投资商相信美国娱乐体育节目网是一个优质投资项目。有线电视运营商可以获得的利润很大程度上取决于电视网节目的内容，这又依赖全美大学生体育运动协会是否愿意与一个还不存在的电视网签订协议。

4.广告客户必须提前支付广告费来资助这个新生的未经试验的电视网的节目。拉斯马森决定，他的电视网必须由广告资助，因为在之前与有线系统初步联系时，他意识到，他们是不会支付足够的用户费用来抵消巨大开销的。就连拉斯马森一开始提议的每位客户每天支付一美分，一个月才支付30美分也被断然拒绝。但是在1978年，当时没有一家电视广播网是由广告赞助的。唯一一个被大多数运营商知道的有线电视广播网是家庭影院公司，它是通过每个月的用户费用运营的，不是广告收入。

除了以上的几个挑战，寻找一个合适地点建造办公室、播控室和演播室也是建立一个电视网所必须的条件。这一系列挑战构成了一个令人生畏的待办事项清单，对经验丰富的电视专家如此，对几个自称“从康涅狄格州来的小人物”来说更是如此。但是拉斯马森开始着手一个一个解决这些问题，第一个要解决的是全国大学生体育运动协会的问题。

挑战一：规划

拉斯马森联系到了康涅狄格大学的体育指导约翰·托纳。他是全国大学生体育运动协会中一名非常有影响力的成员，这个协会的角色相当于某个组织的董事会。托纳可以帮助拉斯马森联系到自1951年开始担任全国大学生体育运动协会行政董事的沃尔特·拜尔斯。

从1978年10月开始，拉斯马森多次拜访全国大学生体育运动协会在堪萨斯州肖尼市的总部，介绍自己计划播出上百小时国家电视台从未播出过的大学体育比赛的计划。沃尔特·拜尔斯在大学体育界行使着非常大的权力，他以特立独行、难以接近、难以说服的性格而出名，是全国大学生体育运动协会唯一一位行政董事。但是拉斯马森说，真正引起拜尔斯注意的是美国娱乐体育节目网致力于向全美电视提供包括排球、长曲棍球等在内的超过30场的全国大学生体育运动协会锦标赛，外加全国大学生体育运动协会男子篮球锦标赛的赛季初赛。

1979年2月14日情人节，全国大学生体育运动协会同意与美国娱乐体育节目网签订合同。3月9日，拉斯马森再次来到了堪萨斯州肖尼市的总部，签订了全国大学生体育运动协会同意美国娱乐体育节目网独家播出一系列节目的文件，包括直播比赛和录播比赛，共占据美国娱乐体育节目网第一年 455.5 小时的时间。看到如今“三月疯狂”的火热程度，你很难想象在 1980 年之前，全国大学生体育运动协会锦标赛的前几轮比赛从未在电视上播出过(全国大学生体育运动协会与美国娱乐体育节目网约定第一份合同时间的是 1979 年 3 月 1 日，但实际签约日期是 1979 年 3 月 9 日)。

挑战二：融资

如果没有种子基金的支持，再好的想法都无法变成现实。拉斯马森乘飞机穿梭于美国各地，目的是通过陈述项目获得资金支持，否则他永远无法将自己的想法变为现实。拉斯马森不确定首先去哪里寻找资金支持，于是他找到了一家房地产管理公司，这家公司曾经处理过他和斯考特在康涅狄格州法明顿一所公寓的复杂事宜。他知道这家位于费城郊外普鲁士王镇的 KS. 斯威特联合公司处理过除投资房地产以外的其他资金问题，所以希望他们可以给他一些建议。最终，拉斯马森从 KS. 斯威特联合公司得到的是 7.5 万美元的资金支持，在他们找到了这个项目的一位主要投资人后，贷款增长到了 20 万美元。

盖蒂石油公司将他们巨额利润的一部分投资给了不同的项目，从保险公司到包括加州阿月浑子农场的房地产项目，再到通讯项目等。1978 年 12 月，KS. 斯威特联合公司的合作伙伴帮助拉斯马森联系到了盖蒂房地产公司和弗雷斯特产品部门的副总裁斯图尔特 · 伊维，他监管公司里所有非石油业的投资。这个部门很快更名为盖蒂多元经营部。1978 年圣诞节前两周，拉斯马森飞往洛杉矶盖蒂总公司与伊维会面。他做了项目陈述，并希望得到 1 000 万美元的资助，平均分配给股票和长期债务。

斯图尔特认为，这个电视网的提议值得深度评估，并且他喜欢进军娱乐业。但是由于拉斯马森面临的各种挑战之间相互关联，盖蒂公司没有立即付诸实施，而是等到全国大学生体育运动协会同意向美国娱乐体育节目网投入资金八天后才最终决定。盖蒂石油公司偿还了 KS. 斯威特联合公司此前借出的 20 万美元贷款，并且买下了这个新电视网 85%的份额。拉斯马森得到了他需要的投资，但同时也失去了对公司的管控权。

图5.3　斯图尔特·伊维在美国娱乐体育节目网开始后投资盖蒂石油
来源:stuartevey.com

图5.4　娱乐体育节目网第一任总裁,切特·西蒙,1928—2010年
来源:美国娱乐体育节目网

斯图尔特进行的第一项工作是为美国娱乐体育节目网寻找一位拥有丰富电视体育背景的总经理,拉斯马森担任了董事长的职位。1979年7月,切特·西蒙离开了哥伦比亚广播公司体育总裁的职位加盟了美国娱乐体育节目网。西蒙曾经在1957年帮助艾德·雪瑞克创建了体育节目制作股份有限公司,该公司是美国广播公司体育频道的前身。雪瑞克和鲁尼·阿里奇一起在美国广播公司工作到1964年,之后加入了哥伦比亚广播公司,1977年担任了哥伦比亚广播公司体育总裁的职位。

挑战三:有线系统

同样是在1979年初,比尔·拉斯马森开始在全国各地与有线电视运营商的巨头会面。他需要他们订购新电视网的节目,并且将节目传送给1 400万户装有有线电缆的美国家庭。他的推销手段之一就是他正争取将许多未经播出的大学体育比赛带到他的电视网中。拉斯马森承认,他所采取的推销策略是把他努力创造的与全国大学生体育运动协会、有线运营商、投资商可能的合作关系当作筹码说服下一家。

当拉斯马森关于每个用户每天支付一美分的提议被每一个他拜访的运

营商拒绝时，他必须想出一个可行的替代方案。一旦盖蒂石油公司的资金支持有了保障，美国娱乐体育节目网快速建立自己客户群的方法就是将部分营销预算支付给有线系统，使新电视网的节目可以在他们的频道上播出。想象一下这对有线电视运营商多么有说服力：一家全部是体育节目的电视网可提供节目播出，并且他们每个月还会向所有订阅者支付几美分。另外，美国娱乐体育节目网将其 30%的广告业务分配给地方有线电视系统来售卖。这使得有线电视运营商可以向当地广告客户销售比赛中间的广告，这些广告收益全部归他们所有。然而，在有线电视历史的早期，只有大约 10%的有线电视运营商在当地出售广告时间。从那以后，向当地出售广告时间成为每个有线电视运营商收益的重要来源。

与全国大学生体育运动协会签约不到两周，比尔·拉斯马森便拥有了第一个有线成员：总部位于丹佛的美国有线电视总裁吉恩·施耐德。他同意将美国娱乐体育节目网的节目加入到他的电视台里。虽然拉斯马森的有线体育电视节目的想法还在构建之中，但康涅狄格州普兰维尔的美国有线电视系统帮助了他，拉斯马森对此非常满意。1979 年 3 月 21 日，第一份有线成员协议诞生，同日，康涅狄格州的布里斯托尔重建局正式批准美国娱乐体育节目网在 229 公路边的一块一英亩的垃圾填埋场上建造房屋，对面是非金属堆积的院子，旁边是一家名叫“汉普夏”的小餐馆(图 5.5)。

1979 年 5 月在拉斯维加斯举办的全国有线电视协会一年一度的有线电视展览会上得到热烈反响后，美国娱乐体育节目网已经签约到足够多的有线电视合作伙伴，在 1979 年 9 月处女秀之前已经覆盖了 400 万个家庭。

在如今的 21 世纪创立美国娱乐体育节目网可能是一个非常艰难的选择：可供有线电视选择的数百种节目使频道资源变得非常稀缺珍贵，入选竞争也是异常激烈和昂贵的。但是在 1979 年，美国娱乐体育节目网的出现让有线系统增加了许多可利用的空频道。美国娱乐体育节目网的节目由许多电视台和超级电视台组成，包括当地的全国广播公司、哥伦比亚广播公司、美国广播公司附属电台、WOR 电台、WPIX 电视台、纽约 WNEW、亚特兰大 WTCG、芝加哥 WGN 以及家庭影院。

图 5.5　1979 年夏天美国娱乐体育节目网在康涅狄格布里斯托尔的施工现场。一位布里斯托尔的市议员曾经提醒，卫星天线强大的发射波会杀死正在飞行的鸟类。然而没有收到鸟类死亡的报告

来源：美国娱乐体育节目网

挑战四：广告

拉斯马森继续在全国游说。在圣路易斯，他成功说服了体育广播最大的广告客户之一——百威啤酒公司担任美国娱乐体育节目网的特许赞助商。1979 年 5 月，安霍泽伊同意支付美国娱乐体育节目网八分之一的商业广告，到 1980 年底，共计 138 万美元。当时，这是有线电视历史上最大的一笔广告合同。这份合约赋予了安海斯一布希“专属权”，意味着其他啤酒广告不能在美国娱乐体育节目网上播出。另外，如果美国娱乐体育节目网想要播出由竞争对手赞助或认购的比赛，需要获得安海斯一布希批准，将小份额的“例外”安排在安海斯一布希名下。美国娱乐体育节目网播出一年后，安海斯一布希将合同延期至五年，金额也增加到 2 500 万美元。

在美国娱乐体育节目网首播之前，还有许多全国性的广告商购买了其广告时间，包括庞蒂克公司、赫兹公司、《华尔街日报》，当然，还有意料之中的盖蒂石油公司。

美国娱乐体育节目网首播

1979 年 11 月 7 日,美国娱乐体育节目网的办公大楼还未建成,用来播出开场视频的机器还没有运到(当天下午两点,它们运到了布里斯托尔),演播室还在建造中,公司的新总经理认为他们应该推迟到 1980 年 1 月 1 日再进行首播。但是,就在那天,周五晚七点,美国娱乐体育节目网向 600 余家个人经营的有线系统传送了节目,首场节目的播控室是在一辆租来的电视转播车内。电视体育的新纪元就此开启。

负责美国娱乐体育节目网首播节目的是经验丰富的比尔·克里希,他是美国娱乐体育节目网第一位负责节目制作的副总裁。克里希曾经制作过历史上第一次拥有即时回放功能的体育比赛,即 1963 年 12 月 7 日的海陆军橄榄球比赛。他也是 1967 年第一届超级碗的哥伦比亚广播公司转播车制片人,他拥有非常丰富的经验,处理过很多突发状况,无论是在演播室还是直播现场。比尔·克里希出色地应对了美国娱乐体育节目网首播的混乱场面:处理技术问题,调整节目的结构,同比尔·拉斯马森、切特·西蒙和斯图尔特·伊维一起录制了节目片段。美国娱乐体育节目网的首播节目是时长为半小时的"体育中心",由李· 莱纳德和乔治·格兰德主持。演播室里,主持人背后的墙上挂着醒目的全国大学生体育运动协会的标识,代表着全国大学生体育运动协会一直对美国娱乐体育节目网的成功发挥着巨大作用。

第一档节目"体育中心"之后接着播出 1979 年秋季大学生橄榄球赛季的播出预告,时长为半个小时。紧接着在八点,美国娱乐体育节目网播出了第一场现场直播:在威斯康星州密尔沃基外的兰农举行的世界职业慢速垒球比赛,比赛是在肯塔基波本队和密尔沃基施利兹队之间进行的。这场比赛在布里斯托尔引起了小小的波动,但美国娱乐体育节目网希望他们与百威啤酒的广告合作能够继续下去。1979 年,百威啤酒是当时美国销量第一的啤酒品牌,施利兹是销量排在第二的强劲对手。

现场导演肯特·塞缪尔想出了一个简单的解决方案,他说:"我们在比赛期间将两支球队简称为'肯塔基'和'密尔沃基'。"于是实况解说员乔伊·博伊尔和评论员底特律老虎队前接球手吉姆·普莱斯就在全程直播中使用了这两个名字。切特·西蒙成为总经理后,他雇用了全国广播公司资深评论员吉姆·辛普森来担任美国娱乐体育节目网的评论员，然而担任美国娱乐体育节目网历史上第一场现场直播比赛的解说这一荣誉落到了博伊尔和普莱斯身上。

在整场比赛中，与塞缪尔保持通话的是美国娱乐体育节目网新执行制片人艾伦·科纳尔，他是另一名从全国广播公司雇来的资深电视人。肯特·塞缪尔记得，高比分的比赛进程之快使电视转播车上的视频切换器很难跟上。更新分数是一项非常辛苦的工作，需要操作人员改变每个字符的函数和样式，然后分别储存进每个图表。科纳尔在电话中大喊："我需要比分。""我也需要，"塞缪尔回复。从建立之初到2011年间的每一年，肯特·塞缪尔都为美国娱乐体育节目网指导现场或录播比赛。

美国娱乐体育节目网最初的规模较小，但"全体育电视网"已经开始了发展的脚步。开播第一年，每周工作日的节目播出时间是从晚六点到次日早四点，周末则是全天24小时。从1980年9月1日起，美国娱乐体育节目网开始一周七天，每天24小时播放体育节目。1979年12月3日的《纽约时报》上，专栏作家雷德·史密斯预见了这一天的到来，但他却持有一种有趣的恐惧态度。他写道，这代表着"自发明汽车以来对美国社会结构的巨大威胁"。

窄　播

美国娱乐体育节目网作出的巨大改变是将传统大众传播变为窄播。美国娱乐体育节目网不像哥伦比亚广播公司、全国广播公司和美国广播公司那样将能够吸引观众的节目排满时间表向大众播出，而是锁定了一个相对小范围的目标群，赢得这批受众的忠诚。

这批目标受众就是男性，尤其是年轻男性，他们还没有做出一些长久性的选择，比如开哪种汽车、喝哪种啤酒。由于美国娱乐体育节目网的受众群小且相似性高，一些广告商比如啤酒公司、汽车制造商、汽车配件商、剃须刀工厂、刮胡膏公司等就可以花较少的钱对一批可能成为它们潜在客户的观众做宣传。这些广告商完全不需要把更多的钱投在黄金时段的喜剧或电视剧里插播的每条广告上，因为这些节目庞大复杂的受众群很可能有一半甚至更多是女性，她们对这些广告商出售的产品并不会感兴趣。

小范围播出的另一个好处是，电视网向观众提供的预告信息将会更具价值。比起庞大而混杂的观众群，一群体育迷观众显然会更有可能观看更多的体育比赛。因此，向当晚观看比赛的球迷预告第二天的高校篮球赛是非常有效的宣传方式。同样的，向收看高尔夫球比赛的高层次观众预告即将举行的网球比赛也会取得很好的宣传效果。研究显示，相同的一批观众会收看两场比赛的可能性很高。

美国有线电视新闻网（CNN）于 1980 年 6 月 1 日开播后，“窄播”的趋势增强，随后其他有线电视网也加入进来。它的目标受众是一些受过良好教育的、收入较高的人群，他们希望得到更多的新闻，而普通广播电视网并不能满足他们。它的广告客户就是拥有较高潜在客户比例的商家。

由于兴趣不同，美国电视观众每晚都会选择观看不同的节目。因此，收看“窄播”频道的观众总和超过了收看四大频道观众的总和。

美国娱乐体育节目网的迅速发展和改变

盖蒂石油公司的斯图尔特·伊维和他任命的总裁切特·西蒙很快决定将拉斯马森剔除出去。美国娱乐体育节目网成立的第三天早上，拉斯马森在早餐时回忆起了伊维曾经跟他说过的话：“这里由切特负责掌管，你不要妨碍他。”到 10 月 1 日，斯考特·拉斯马森的工资被削减了 75%，变成了局外人。首播不到一年，比尔·拉斯马森便在美国娱乐体育节目网失去了决策权，并于 1984 年卖掉了自己的股份。

全国广播公司许多体育节目经验丰富的专家从纽约向东北行驶 120 英里，来到了康涅狄格州的布里斯托，接管了美国娱乐体育节目网。比尔·菲兹是他们当中的一员。他曾经是哥伦比亚广播公司第一届超级碗的执行制片人，1980 年初曾在美国娱乐体育节目网负责远程演播室制作。在罗伯特·伍斯勒掌管哥伦比亚广播公司体育频道之后，菲兹就转而去了全国广播公司，去美国娱乐体育节目网之前则在做一些独立制作。

1980 年一月底的一天，切特·西蒙从帕萨迪纳第 14 届超级碗回来后，兴高采烈地宣布：“四月份我们来做国家橄榄球联盟的选秀赛。”当时距离菲兹来美国娱乐体育节目网只有几天的时间。西蒙在帕萨迪纳遇见了国家橄榄球联盟节目播出部的高级副总裁瓦尔·平齐贝克，询问新成立的全体育电视网——美国娱乐体育节目网是否可以在一些项目上与国家橄榄球联盟合作。平齐贝克告诉西蒙，国家橄榄球联盟担心在停赛期间会淡出人们的视野，在四月举行的一年一度的选秀可以让其重新成为电视观众关注的焦点。

菲兹对新老板的回应则是："切特你疯了吗？你见过选秀吗？那根本没什么可看的，没有人会去，只有几个人在打电话。"菲兹记得西蒙对他的回复是："比尔，这是国家橄榄球联盟的选秀，是国家橄榄球联盟。我们一定要播出有关国家橄榄球联盟的比赛。"在比尔·菲兹还没熟悉新办公楼的环境时，他就已经开始联系拜访国家橄榄球联盟研究学者弗兰克·罗斯，并雇用了几位助理帮助他联系国内主要的大学生橄榄球项目，向他们寻求有希望成为选秀明星的运动员影片或录像带。

1980 年 4 月 29 日，选秀如期举行，这是国家橄榄球联盟历史上第一次经电视转播的选秀比赛。比尔·菲兹回忆道，他们拥有所有的录像，除了两位在前两轮被选中的球员。从此以后，每年选秀所得的利润就随着转播时间和范围的增加而不断升高。这标志着美国娱乐体育节目网在未来几年里的发展方向：建立世界极限运动会和年度卓越体育大奖等活动，转播一些从未被考虑在电视上播放的体育比赛。这些比赛包括美国职业篮球选秀、美国职业棒球大联盟比赛、棒球名人堂颁奖仪式、全美拼字比赛、全国大学生体育运动协会锦标赛选秀。

当一小部分人在进行国家橄榄球联盟选秀的视频收集工作时，比尔·菲兹面临着如何制作全国大学生体育运动协会冠军赛的问题。购买全国大学生体育运动协会的转播权是美国娱乐体育节目网建立之初最重要的买卖。在三月的比赛中，美国娱乐体育节目网共转播了全国大学生体育运动协会三个分支的 20 场冠军赛以及 23 场季赛的男子篮球锦标赛。全国大学生体育运动协会为每场篮球比赛安排了转播车和工作人员，目的是将电视转播信号集中到球队所在地的电视台。比尔·菲兹需要做的是，将比赛的信号带到布里斯托尔，然后鲍勃·莱将这些信号整合。鲍勃·莱刚从新泽西东奥兰治郊区有线电视体育主管的职位离开，现任演播室主持。比尔安排鲍勃·莱和底特律大学男篮教练兼底特律活塞队教练迪克·维达莱一起工作。

图 5.6　迪克·维达莱和鲍勃·莱在美国娱乐体育节目网大学篮球节目现场。他们在演播室报道美国娱乐体育节目网转播的第一次全国大学生体育运动协会 1980 年的男子篮球锦标赛

来源：娱乐体育节目网

人们可以同时在一个频道上收看不同的比赛，在体育电视历史上是第一次。美国娱乐体育节目网开始推广由一个比赛切换到另一个比赛的做法，因此比赛变得更紧张，比赛结果更具悬念。比尔在一间很小的播控室中进行所有的转换，他希望鲍勃·莱不要错将镜头切换到一场正在中场休息或正在插播广告的比赛。但是美国娱乐体育节目网跟全国大学生体育运动协会的转播车没有任何沟通交流，因此很多决定都只是“猜测”。第二年，全国大学生体育运动协会允许美国娱乐体育节目网在每场比赛的转播车中安排一部电话和一位副导演，以便更好地协调锦标赛的转播。

双重收益渠道

一个全天只播出体育节目的全新有线电视频道逐渐被人们知道了。1981年5月31日，在美国娱乐体育节目网建立还不到两周年的时候，可以收看美国娱乐体育节目网节目的家庭达到了1 000万户，1983年10月，这一数字增加到了2 750万户，而美国娱乐体育节目网也成了全美最大的有线电视网。

切特·西蒙职掌三年后离开了美国娱乐体育节目网，于1982年6月成功担任了新成立的美利坚橄榄球联盟(USFL)的第一位总裁。代替他职位的是拥有销售背景的威廉·格兰姆斯，而西蒙曾经是一个执行制片。格兰姆斯曾经担任过哥伦比亚广播公司广播部的销售总监，之后又担任了执行副总裁。

在西蒙离开和格兰姆斯入职之前，盖蒂多元控股公司曾经委托麦肯锡咨询公司的咨询顾问对美国娱乐体育节目网的未来发展做过一个调查研究。三年中，盖蒂的投资从1 000万美元涨到了2 500万美元，但电视网却未盈利，唯一的收入来源就是商业广告。麦肯锡咨询公司负责这个项目的高级顾问罗杰·维尔纳预测，如果不改变经营计划，美国娱乐体育节目网则需要五年时间以及1.2亿美元的支持，才能让其盈利。维尔纳建议，电视网应该停止给有线系统付钱，转而向有线系统收取每月的费用，为美国娱乐体育节目网积累第二笔稳定的收益。支撑这个论点的是很简单的人的天性：如果你需要为某件事付钱，你就赋予它更多的价值。维尔纳认为美国娱乐体育节目网应该被视为一个有价值的财产，而不是赠品。

比尔·格兰姆斯非常支持这个建议，他上任几个月后，美国娱乐体育节目网开始向有线系统收费，每家每月6美分。一些有线系统因不满从收费到支付费用的这一转变而将美国娱乐体育节目网的节目从自己的电视台播出列表中取消了。但是，绝大多数的有线电视运营商认识到，美国娱乐体育节目网对他们是一个非常重要的卖点，可以说服更多人放弃使用电视天线来订阅他们的有线频道。很多放弃与美国娱乐体育节目网合作的有线电视运营商都不得不应对一些愤怒的订阅者，于是有些运营商又要求恢复与美国娱乐体育节目网的合作。

格兰姆斯说，即使在美国娱乐体育节目网高管内部也有一些阻力，有人认为每月向有线电视运营商收取费用是一个错误的举动。这些反对者认为，电视网会因此流失很多观众，因为曾经收费播出美国娱乐体育节目网节目的有线系统运营商是不可能掏钱的。意见不同使一些人因此失去了工作。不过罗杰·维尔纳却因此找到了新工作。格兰姆斯将他从麦肯锡咨询公司挖过来，担任了金融、管理和规划部门的副总经理。比尔·格兰姆斯1988年离开美国娱乐体育节目网后，罗杰·维尔纳成了美国娱乐体育节目网历史上第三任总经理。

每户每月增收的6美分为美国娱乐体育节目网每年增收2亿美元。1983年底，美国娱乐体育节目网已经成为有线电视最大的客户。到1985年，美国娱乐体育节目网收取的费用增加到每月每户10美分。随着加入了国家橄榄球联盟、美国职业棒球联盟以及美国职业篮球的比赛，美国娱乐体育节目网变为了一个更有价值的电视网，因此向有线运营商收取了更多的费用。

2011年，全美订阅美国娱乐体育节目网的用户超过了1亿家，每户每月交纳的费用增加到了4.69美元。将1亿和4.69相乘，就可算出美国娱乐体育节目网每月订阅费的收益可达4.69亿美元。将这一数字乘12，就可算出美国娱乐体育节目网在没有加入广告收益时就可获得56.28亿美元的有线用户收益。再加上美国娱乐体育节目网每年的广告收益和赞助费，我们很容易明白为什么广告收益加有线用户收益的双重收益渠道成了电视行业增加收入的模式。因此，在2006年“周一橄榄球之夜”节目从美国广播公司转到了美国娱乐体育节目网之后，这一趋势愈演愈烈。

不仅仅是有线电视网，双重渠道收益已成为几乎所有电视网的经营规则。在竞争如此激烈的电视市场，只靠广告收益是无法让电视网生存下去的。传统广播电视网根据节目的价值给他们的电视节目表标上了价格，向有线电视运营商收取费用，作为他们新的转播协议的一部分。之前，像哥伦比亚广播公司、全国广播公司、美国广播公司和福克斯这样的电视网几乎从未向播出他们节目的有线运营商收取过费用：这些电视网希望他们的节目覆盖范围更广，因此他们需要有线运营商对他们的节目进行转播。现在，这些电视网会认为，如果美国娱乐体育节目网每月可以向每户收取四个多美元的费用，那么我们节目的价值至少是它的一部分。在后面的章节中我们会深入讨论体育电视节目的制作和经营状况。

全球体育节目领导者

美国娱乐体育节目网最初属于一家石油公司，后来又转到一家广播通信公司旗下。这一转变为美国娱乐体育节目网带来了改变和进步，在不到五年的时间内它逐渐发展成为“全球体育节目领导者”。1984 年 1 月 4 日，美国广播公司实行了一项他们从 1982 年 8 月就开始考虑的计划，以约2 500 万美元从盖蒂石油公司买下了美国娱乐体育节目网 15%的份额。不到一周，盖蒂石油公司和德士古石油公司合并，之后的几个月，美国娱乐体育节目网的员工就变成了德士古的员工，但这并未持续很久。

1984 年 5 月，德士古公司同意将美国娱乐体育节目网剩下的 85%股份以 2.02 亿美元售卖给美国广播公司旗下的电影公司。这样，美国娱乐体育节目网加上其设备一共卖出了 2.27 亿美元，其中 13%给了比尔·拉斯马森一家，作为对他们持有股份的回报。同年晚些时候，美国广播公司电影公司抬价 6 000 万美元，将美国娱乐体育节目网的 20%卖给了纳贝斯克公司（1988 年，纳贝斯克公司持有的 20%股份卖给了赫斯特公司）。1984 年第四季度，美国娱乐体育节目网因 3 400 万用户每月支付费用而获利。如果德士古再拖延九个月卖掉美国娱乐体育节目网，售价可超过 2.27 亿美元。

美国广播公司和纳贝斯克的联合使美国娱乐体育节目网的所有权掌握在电视专业人士手里：纳贝斯克曾经投资欧米尔通信公司（OCC），他们选择让两位广播电视体育专家：OCC 创始人唐·欧米尔和他的搭档约翰·马丁代表纳贝斯克参加美国娱乐体育节目网的董事会。新东家在参观完美国娱乐体育节目网在康涅狄格布里斯托尔公司后的第一感觉是：“你们是如何在这么小的规模中做出这么多事情的？”美国广播公司电影公司的总裁赫布·格兰特、欧米尔和马丁组成的小组开始计划做出一些改变，拨出一些额外的资金让美国娱乐体育节目网做更多的事。

例如，“体育中心”节目很大程度上依靠由每天的直播比赛编辑而来的赛事精彩瞬间集锦。这些比赛通过卫星直播，在一间只有 8 个录像带转盘装置的放映室中录下来。由特派记者或摄像师录制的视频，加上一些脚本或说明，然后通过夜班快递员送到布里斯托尔，用于第二天的编辑。这些特派记者或摄像师每人会通过拍摄采访赚到几百美元。唐·欧米尔在注意到这一运行方式后不久,美国娱乐体育节目网就拥有了足够的钱用于卫星直播。很快,场地全职记者就取代了绝大多数特派记者,而“体育中心”的主持人克里斯·伯曼、鲍勃·莱和汤姆·米斯也获得了更多的资金资助,让他们从桌子后面走出来,到现场报道体育比赛。

设备进行了更新升级,扩大了办公空间。之后的一年,美国娱乐体育节目网也开始购买更加引人注目的比赛或联盟的转播权:黄金时间的大学生橄榄球比赛直播、大西洋海岸联盟大学生篮球赛、国家曲棍球联盟比赛、纳贝斯克大师网球锦标赛以及 1987 年在澳大利亚举办的美洲杯帆船赛。我们在美国娱乐体育节目网 Corp. com 网站上可以看到按时间顺序排列的所有它收购的比赛。

一年故事书

1987 年年底,美国娱乐体育节目网出版了一本精装“故事书”,作为给员工的礼物。书的开篇写道:“从前,在布里斯托尔这片土地上,有一个梦想诞生了。这是一个关于体育的梦想,一直都是。他们管这个梦想叫作美国娱乐体育节目网,七年间它不断发展壮大。现在,在它诞生的第八年,许多有魔力的事情将会发生。”

伴随着一月直播丹尼斯康纳的星条旗美国队和笑翠鸟 III 澳大利亚队的美洲杯帆船比赛,一系列魔力事件开始出现了。这是 132 年比赛历史上第一次出现防御者为非美国队的情况。美国娱乐体育节目网对这一比赛的直播引起了全国的关注。水手们疯狂地调整他们的三角帆,在印度洋的比赛场地快速划过竞赛帆船。美国娱乐体育节目网将这一切在凌晨带给了美国观众。虽然美洲杯比赛收视率并不高,但它证明了美国娱乐体育节目网可以为美国观众直播远在大洋彼岸激烈的体育比赛,它提高了美国娱乐体育节目网在观众和电视行业中的地位。

从 1939 年到 1987 年,国家橄榄球联盟每一场在电视上播出的比赛都是通过无线电视播出的。1987 年 3 月 15 日,国家橄榄球联盟与美国娱乐体育节目网签订了为期三年的合同,决定将之后三个赛季中每个赛季的 13 场比赛在有线电视上播出。全美第一的电视体育无疑将给美国娱乐体育节目网增加信誉,同时带来大量的粉丝。美国娱乐体育节目网的故事书将公司与国家橄榄球联盟的合同称为“最伟大的时刻”。国家橄榄球联盟在美国娱乐体育节目网上的第一场比赛是在乔·伊罗比体育场(现称永明体育场)举办的芝加哥熊队对阵迈阿密海豚队的赛季前热身赛。这场比赛成为美国娱乐体育节目网当时收视率最高的比赛,达到了 10.8。在 1987 年,任何一家有线电视网还从未有过两位数的收视率。

1987 年最重要的比赛,也是美国娱乐体育节目网头八年中最重要的比赛,在 7 月 23 日悄然而至。那一天,美国娱乐体育节目网成为第一家能够达到 50%份额的有线电视网。美国娱乐体育节目网覆盖了全美 4 370 万家住户,超过了拥有电视家庭的一半。从 1979 年不能满足 80%美国家庭的有线技术,到成为国家级的电视力量,美国娱乐体育节目网用了不到八年的时间。

这个意义是非常巨大的。美国娱乐体育节目网上播出的广告可以送达美国绝大多数的家庭。那些曾因播出范围较窄而不感兴趣的客户如今也开始购买美国娱乐体育节目网的广告时间,将有线电视的体育节目观众定位为销售目标。那些希望全国性电视覆盖的联盟和比赛也开始对美国娱乐体育节目网产生兴趣,因为美国娱乐体育节目网拥有全国的观众。1989 年 1 月,在达到 50%份额的一年半后,美国娱乐体育节目网与美国职业棒球大联

图 5.7　2004 年 9 月 7 日美国娱乐体育节目网成立 25 周年时的总部
来源:美国娱乐体育节目网

盟签订了为期四年的合约，每年播出175场棒球比赛。

美国娱乐体育节目网"一年故事书"的结尾写道："1987，梦想成真。"一个远远超出比尔·拉斯马森和斯考特·拉斯马森想象的梦想变为了现实。美国娱乐体育节目网成为美国体育媒体机构的一部分，和传统广播电视网竞争广告客户、观众和赛事转播权。从1987年开始，美国娱乐体育节目网在其影响力、覆盖面和公共认知度方面都有提升，1992年新增了美国娱乐体育节目网电台广播网，1993年新增了美国娱乐体育节目网2，此后又陆续新增了四家国内电视广播网。美国娱乐体育节目网国际频道首次于1989年亮相，向拉丁美洲供应少量的节目。现在国际频道成为可以在200个国家收看的多语种频道。美国娱乐体育节目网网站从1995年开始运行，成了访问量最大的体育网站之一。2005年，美国娱乐体育节目网的直播和录播的比赛扩展到宽带网播出，当时叫美国娱乐体育节目网360，现在更名为美国娱乐体育节目网3。

美国娱乐体育节目网于1996年被沃特·迪士尼公司以190亿美元从美国广播公司/首都城市公司买来。这个联合企业是在1985年首都城市通信公司兼并美国广播公司后创立的。不论是收购方还是商业媒体方都认同这个交易中最重要的所有权之一是美国娱乐体育节目网，因为它拥有高收益，拥有与主要职业联盟和比赛签署的价值连城的合约，拥有全美及全球广泛的覆盖范围。

美国娱乐体育节目网改变了一切

美国娱乐体育节目网的扩张和其在多平台的分布对体育媒体产生的影响可以不夸张地概括为："美国娱乐体育节目网改变了一切。"我们从以下几个方面看它的影响：

- 人们如何看待体育。体育电视不再是每个周末去的饭店，而是厨房。它是你房间中每天每小时都可以触及的，并且非常直接。你可以一直跟进比赛、分数以及精彩瞬间，除非是播放当地新闻时段或早上读报时间，其余时间你都不用等待。电视、广播以及网站24小时可收看收听及访问，将体育由一个少数人关注的特殊事物变得更加普遍，甚至成了普通平常的事情。

- 我们如何观看大型体育比赛。以每年最大的体育赛事超级碗为例，在进入美国娱乐体育节目网时代之前，超级碗比赛会有赛前秀，赛后会在衣帽间举行颁奖典礼，这些都在同一天举行。现在，数百小时的节目和几十位评论员、记者以及分析员填满了国家橄榄球联盟冠军赛和超级碗比赛之间的空当。这些在传统广播电视网播出比赛时是没有的，而现在大量地出现在有线电视中。一种新型的播出模式同时诞生了：赛前预测比赛情节和推广比赛的节目、赛后分析比赛结果、比赛结束后的几个小时或几天中正确认识和分析比赛结果。
- 美国变成了收看精彩瞬间集锦的国家。观众收看每场比赛的时间仅仅是转播整场比赛时间的一部分。比如收看“周一橄榄球之夜”节目的观众平均收看时间约为一小时，这比节目全长的三分之一还要少，而其他节目的收看时长与节目总时长之比则更小。美国人缩短观看时间，来做别的事情，或者上床睡觉。如果你知道可以在第二天早上、中午、晚间或网上的“体育中心”节目中收看到囊括比赛进展、明星球员、比赛结果，以及每一场比赛的精彩瞬间集锦，那么从头到尾收看一场比赛就没那个必要了。
- 美国娱乐体育节目网扩大了体育的影响。把以前没有在电视上播出过的比赛和只在有限范围内播出的体育比赛加起来使体育节目增加了数千小时。在美国娱乐体育节目网之前，全国大学生体育运动协会男篮锦标赛只有最后两周的比赛可以在电视上向全美播出，现在，观众可以收看到每一块场地上的每一场比赛。以前，高尔夫大师锦标赛只能在周六和周日的下午播出，现在全部四轮比赛都可以在电视上收看到，而且其中重要的几场比赛每天都有电视报道全部赛况。在网球大满贯中，温布尔登网球公开赛的每一场比赛都可以在很多频道上收看到，包括网站上的视频直播。比赛和赞助商的曝光率成倍增加，那些没有参加冠军总决赛的球员也可以赢得粉丝和代言费，因为他们参加的比赛会在电视上播放。人人都可以收看，一切都不会遗漏。
- 体育联盟和比赛的水平都有所提高。虽然很难相信，但全国大学生体育运动协会的确曾经限制过每个周六在电视上播出高校橄榄球比赛的数量以及每支高校球队每赛季电视播出的次数。现在，每个联盟中的顶尖球队每周都有电视转播的比赛，不仅仅是在周六。全国的球迷都可以支持或反对俄勒冈州"俄克拉荷马市"阿拉巴马州等的球队。十大联盟已经不仅仅是中西部地区所独有的，它们拥有了全国性的电视广播网。有线电视已经将聚光灯投向了中小型联盟，之前这些联盟在它们所处的地区之外并无知名度。还有一些较冷门的运动项目，比如长曲棍球和排球也在此列。

- 美国娱乐体育节目网在谈判中可以提供的转播资金以及对精彩事件更长时间的报道，都增加了有关比赛的转播权竞争，同时也提高了转播费用。像国际奥委会这样能够吸引庞大观众群的联盟或组织者从中受益，签约费成几十亿美元地增加。
- 广播电视网的体育节目策略有所变化。很多体育节目转向了有线电视网，不论是美国娱乐体育节目网、地区体育电视网或是联盟所有的特定体育电视网。这意味着哥伦比亚广播公司、全国广播公司、美国广播公司和福克斯将他们的体育节目整合到了500小时甚至更少的时间。每家电视网都变得更加挑剔，他们所选择的体育比赛决定着他们公司的定位与品牌。全国广播公司的奥运会和"周日全国橄榄球联盟之夜"节目最为著名，哥伦比亚广播公司以"三月疯狂"和"大师"著名，美国广播公司的体育节目被美国娱乐体育节目网吸收一部分后，以美职篮和高校橄榄球作为其标志性节目，福克斯则拥有全国橄榄球联盟的比赛。美国娱乐体育节目网不仅接管了美国广播公司，也在相当程度上代替了美国广播公司的"体育大世界"。当美国娱乐体育节目网报道范围超过了50种体育项目时，全美乃至全世界的体育比赛就不需要每周以选集的方式出现了。"大世界"节目的固定项目阿卡普尔科悬崖跳水成了美国娱乐体育节目网独一无二的节目。
- 电视体育节目的制作和预算有所改变。美国娱乐体育节目网演播室制作许多的节目和比赛，要求严格控制工作人员、制作人员、技术设备和出差的花销。多年来，包括解说评论员在内的几乎所有美国娱乐体育节目网工作人员因业务需要飞行，都要在至少14天以前拿到机票。技术人员中很大一部分是从当地雇用的，这也大大降低了开销。美国娱乐体育节目网证明了他们少花钱、办大事的做法。数量与质量并不冲突，这也促使每个制作体育节目的电视网重新评估他们在每场比赛中的花销。

小本经营的电视

1991年，我作为美国娱乐体育节目网的共同制片人，和塔尔萨的温纳通信公司在肯塔基德比赛马中第一次制作了环绕立体声节目。在德比赛马前一天，也就是周五，我们将肯塔基橡树赛马的比赛制作成了一档一小时的节目。在德比赛马的当天，我们在美国广播公司开始报道之前做了四个小时的直播。我们在丘吉尔圆马场有一辆远程转播车，美国广播公司有四辆，再加上两个拖车办公室。我们的制作办公室在肯塔基德比博物馆的洗衣房里，我记得我在那里和制片人汤姆·道森、导演道格·雷恩、主持人克里斯·林肯一起研究节目的结构。我们的文件铺满了那些正在运行的烘干机。

美国广播公司的得力干将和制片人分别乘坐豪华轿车从市中心的路易斯维尔酒店来到赛场，我们开着租来的车从破旧的汽车旅馆横跨印第安纳州的河流来到赛场。美国娱乐体育节目网在那个周末制作了五个小时的节目，比美国广播公司的两倍还多，然而我听说，我们的预算比美国广播公司为这次比赛定的酒店的费用还低。

美国娱乐体育节目网节目预算在此后几年有相当程度的增加，但对于一个每年要制作上千档节目的电视网来说，节约还是非常重要的。

- 地方体育电视改变了侧重点。当“体育中心”节目囊括了全美所有体育新闻和赛事精彩瞬间集锦，并配有前著名运动员或教练的评论与分析时，地方电视台就必须将它们的重点放在观众无法从美国娱乐体育节目网获得的内容上：当地高中或大学球队及球员、观众已经不会在第二天晚上6点换到当地新闻节目来收看前晚比赛的集锦了，他们至少已经在“体育中心”或是网上收看了一次精彩赛事集锦。这一改变的受益人是当地的高中生和大学生球员，他们得到了更多的关注，也促进了当地电视台的发展。

- 报纸和杂志如何报道体育。地方报纸传统报道体育比赛的形式即将废止，因为当报纸发行时，绝大多数的球迷都已经知道了比赛结果和赛场数据。纸媒的记者和编辑因此需要更深层次地挖掘这些体育故事，告诉读者现象背后的“如何”和“为什么”，写出生动有趣的补充新闻报道。运动员或教练员的人物特写便在纸媒上取得了更大空间。需要耗费数周甚至数月时间才能做出来的调查性报道是纸媒的一个优势，这需要日复一日消耗很多的时间。但是，这些成功的调查性报道的记者中，最优秀的人才都被美国娱乐体育节目网和其他广播网以及网站挖走了，杂志和报纸面临着严重的人才流失。
- 体育广播谈话节目发展起来。越来越多收看体育节目的人变得消息灵通，在很多情况下也变得更加有思想。全国或大或小的体育广播为这些人提供了一个他们可以发表自己观点的地方。可以肯定地说，如果没有美国娱乐体育节目网，如果球迷无法通过有线电视或其他平台收看如此大量和多种类的体育节目，那么体育广播可能就只存在于拥有主要联盟经营权的城市里了。
- 体育名人现象。那些经常在电视上看到的运动员和教练员，出镜率比州长、参议员甚至总统都高。他们已成为家喻户晓的人，他们的私生活是好奇的粉丝询问和关注的对象。在美国娱乐体育节目网时代之前，的确有巴贝・鲁斯、威利・麦斯、乔・那马斯和维尔特・钱柏林等体育名人，但人们能看到他们的时间非常有限，他们的女友，或是下班后的生活习惯并不为人所知。如果杜克的常规篮球赛没有在电视上持续播出几个月，那么他的“K 教练”称号能够被大众熟知吗？有人会在意美国职业篮球赛球星拉马尔・奥多姆的妻子是谁吗？24 小时聚光灯下的生活使得这些体育明星异于常人，然而在体育报道发展之前，他们并不为人所知。
- 体育态度。全美各地的地方体育节目主持人似乎是“体育中心”节目的面试官，那些球员似乎是在面试一个职位。节目中可以看到有些球员自大且对他人不敬，卖弄炫耀，也经常有像斯图尔特・斯考特的

"太棒了！"这样的"妙语"。运动员本身的态度经常会表现出来，他们更像是以自我为中心的自我推销员。他们知道，如果自己成功地做到了一个不可思议的扣篮，那么将会进入到精彩瞬间集锦，甚至改变一个商业代言协议。1979 年以前有人看过球员跳"球门舞"吗？

- 交叉推广协同作用。美国娱乐体育节目网的整体力量比它各部分相加的总和要大很多，因为它的每一部分都对其他部分有促进作用。美国娱乐体育节目网、美国娱乐体育节目网 2、美国娱乐体育节目网 U 的节目都对彼此有促进作用，它们会促进美国娱乐体育节目网西班牙语频道中的西班牙语节目、美国娱乐体育节目网广播的报道或者美国娱乐体育节目网 3. com 和美国娱乐体育节目网. com 的网上报道，以及美国娱乐体育节目网杂志的文章。同时，线上服务、电台主持人以及杂志都会促进美国娱乐体育节目网电视网的节目。美国娱乐体育节目网转入迪士尼后交叉推广的概念得到了强化。美国娱乐体育节目网的各个平台上对于迪士尼产品的大力宣传使很多观众对这种"协同作用"产生反感。
- 电视上出现了新的比赛。这里有一个非常详尽的名单，比如全国橄榄球联盟选秀、世界极限运动会、全美拼字大赛、世界大学生棒球大赛、年度体育杰出表现奖（ESPY），以及 1980 年起新增的 20 场高校橄榄球比赛等。电视网同时将大学橄榄球、篮球两项不同的不相关的比赛制作成一周的系列节目，比如"竞赛周"。每年每个电视网 8 760个小时的节目时长，反映了人们对电视节目内容丰富性的需求。因此，如果有一项关于节目丰富度的比赛，美国娱乐体育节目网不妨参加一下。
- 女子体育的进步。美国娱乐体育节目网转播了全国大学生体育运动协会女子篮球锦标赛的每一场比赛。在此之前是没有电视转播这项锦标赛的。女子的垒球、排球、体操、田径、游泳等项目都加入了美国娱乐体育节目网的节目表，这意味着每项运动的观众群都有增加的潜力，而年轻的热爱体育的女性会找到她们可以模仿的偶像，并可能在将来的某一天超越她们。
- 我们的期待。我们希望自己最喜爱的棒球、橄榄球或篮球球队的每一场比赛都可以在电视上播出；我们希望看到每一场比赛的精彩集锦，而不只是联盟优秀球队或大学排名前十的球队；我们希望专家能够解析每一个重要的可以影响最终得分的关键点；我们希望能看到相关采访、分析以及辩论；我们希望能够得到我们喜欢的球员的个人信息，看他们笑、看他们哭，在球场上以及球场下如何和别人互动；我们希望看到冲突、停赛、劳资纠纷甚至球员或教练的丑闻……美国娱乐体育节目网让我们的希望成真。

小 结

1979年美国娱乐体育节目网的建立是30多年来各种推动力和环境形势集合在一起激发的产物。有线电视是1948年在宾夕法尼亚东部地区建立的。建立之初唯一的目的是将电视台的信号传输给离大城市较远没有电视接收信号的家庭。到1979年，全美20％的家庭都安装了有线系统。商业通讯卫星是在20世纪70年代建立的，它的诞生使得电视节目可以全天24小时播放，也让全美各个地方的人都可以收到信号。职业体育联盟和高校体育的扩张意味着有更多的比赛可以成为电视广播网播放的内容。

比尔·拉斯马森是一位没有任何电视行业工作经验却具有远见卓识的人士，在失去了康涅狄格州哈特福特的全国曲棍球联合会曲棍球队的通信主管一职后，首先提出了全天24小时播放体育节目电视网的概念。他将全国大学生体育运动协会作为电视网节目的目标来源，这样电视网可以变得更具有吸引力。他为电视网争取到了全国有线系统的资源，与百威英博公司签订了长期独家广告合同，以及起初是一个联营公司后来是盖蒂石油公司的资金投入。拉斯马森在几个月的时间里同时完成了上述所有的工作。

美国娱乐体育节目网的窄播模式把一小部分电视观众作为他们的目标受众(体育迷，年龄大约在12－49岁及以上的男性居多)，并向他们提供符合他们兴趣点的节目内容。广告商可以通过小范围播出的形式向最有可能购买他们商品的观众进行推销，这比在那些并没有特定目标观众的娱乐节目中播出广告更加经济。美国娱乐体育节目网历史上最重要的里程碑发生在1987年。那一年它的覆盖面首次超过了全美50％的家庭，使得美国娱乐体育节目网受到美国赞助商的广泛欢迎。

美国娱乐体育节目网每年数千小时的节目时间可以容纳各种新的比赛，这些比赛此前从未在电视上播出过，比如国家橄榄球联盟的选秀。“连环式”播出形式成为了它的特色，包括赛前预告以及像超级碗一样的重大比赛赛前或赛后的专业分析。

广告收益和有线运营商以及所有电视传输系统的订阅费构成的双重收益渠道推动美国娱乐体育节目网取得了成功，使它能够在所有体育比赛中竞争电视转播权，为最中意的比赛支付数十亿美元。这个模式改变了整个电视行业。美国娱乐体育节目网还在其他很多方面改变了美国电视体育报道，也不断满足了每个体育迷的期待。

从 1979 年开始，美国娱乐体育节目网也许并没有改变一切，但体育电视的每一个方面几乎都受到了它的影响。美国娱乐体育节目网从一个不被看好的电视网变成了行业巨兽。一些评论家甚至认为，美国娱乐体育节目网威胁到了体育电视最单纯的价值和多元化的本质。他们担心美国娱乐体育节目网势不可当的力量会将体育电视统一化并进而成为以利润为唯一目的而受到赞助的商品。

但是美国娱乐体育节目网还是保持着对竞技体育的热情：报道激烈的比赛，战胜了传统广播电视网和其他同行的挑战，赢得最梦寐以求的比赛转播权，制作出最全面而引人注目的电视节目，赢得最高荣誉的体育艾美奖，每天都证明着“来自康涅狄格州的小人物”是首屈一指的。

◆话题讨论/课后作业

1. 比较美国娱乐体育节目网与 CNN、TBS、USA 中任何一家有线电视网的早期发展和增长速度。研究电视网发展的前五年，看窄播是如何有效吸引观众，建立他们的观众群的？

2. 选择美国一项主流体育项目，记录它的发展。经营权的增加、球队的迁移和观众的增加是如何反映美国人口数量的增长和迁移，以及体育电视与日俱增的覆盖范围的？请在课堂上比较各类体育项目，讨论哪些是落伍的，哪些是保持同步的，哪些是领导潮流的？

3. 研究双重收益渠道是如何改变电视行业竞争格局的。每一家广播电视网是如何通过除了广告以外的再次转播许可协议和其他策略增加收益的？

4. 选取一个“美国娱乐体育节目网改变了一切”的方向，写一篇报告。你如何评估它对于体育行业、媒体、社会和文化的影响，以及你自己和你在电视上收看内容的影响？

5. 请每位学生记录一周内收看的体育赛事，准确记录开始收看和停止收看的时间。编写“收看时间”数据，根据性别和一天当中不同时刻，比较每个体育项目的时间。体育节目结束后每位学生分别又转换看其他什么节目或做别的什么事？

第六章　电视上的体育节目

了解你的听众。

——亚里士多德(古希腊哲学家、科学家)

提要

- 文化“翻译官”——电视节目制作人。
- 节目市场。
- DVR技术成就实况体育。
- 体育节目三“本源”。
- 体育节目指南。
- 做节目是做什么?
- 竞争与“吞并”。
- 逆向思维做节目。
- 新式节目:从概念到电视初现。
- 多平台节目创作。
- “边缘”节目创作。
- 体育电视业的托媒现象。
- 对节目制作人施压。

在亚里士多德那个年代之后的多个世纪里,交流的方式发生了翻天覆地的变化,但是构成有效沟通的元素却没有任何显著的变化。为了吸引观众并且传递他们感兴趣的信息,亚里士多德的理论依然包含着真理:你必须去了解你的观众。你需要知道他们是谁,这包括人口统计学中的年龄、性别、受教育程度、道德背景以及收入水平。他们住在哪儿,他们从哪儿来,他

们喜欢什么，什么东西能感动他们，什么东西会娱乐他们，他们花多长时间在休闲娱乐活动上，他们是在白天还是在晚上，在何种设备上看电视节目。一个电视节目制作人得到越多关于这些问题的答案，那么这个人就越有可能列出一个能吸引观众的新闻事件和休闲节目的时间表。

电视节目制作人作为一个文化传播者，需要分析他们收集到的这些信息，并且将分析结果和当下社会的现状和趋势相联系，放到当前流行的环境中去。然后，决定应该策划、制作完成哪个节目，并且确保他们预期的观众无论在什么时候、在什么地方、用什么方式看到节目都能被吸引，这是他们的重要工作。

这些决策的质量将决定这个广播网或者电视频道是成功还是失败。误读观众的偏好和口味，或者是对文化流行趋势预计失败，将会导致观众越来越少、广告收益越来越少、收入越来越少。制作人对于电视广播网的重要性不应该忽视。

节目的市场

在硬盘录像机(DVD)运用越来越多的时代，制作体育节目确实是一个明智并且有利可图的策略。体育赛事现场直播是一个容易“腐烂变质”的商品：如果你知道最终的比分和结果，你去看这样一个节目的可能性就会大大降低。作为结果，超过百分之九十的体育赛事节目都是在比赛的同时去现场同步直播的。作为对比，娱乐节目的现场直播已经开始持续减少，因为越来越多的观众可以把自己喜欢的娱乐节目用家庭硬盘录像机存储下来，在以后有时间的时候再观看。最显著的区别就在这里：你不可能通过快进略过商业广告，而在硬盘录像机上看节目可以做到。广告商知道在体育赛事节目中传递他们的商品信息是一个更长远更有效的好办法，实际上比硬盘录像机更有现场感。

就像任何一种生意一样，体育电视节目的市场是被盈利和亏损所驱使的。节目制作部门会评估某一个或者一个系列的电视节目会产生多少的广告利润和赞助收入，同时也会加上节目中推荐观众去看广播电视网中其他节目的价值。另外，这档节目的总账单还和制作节目的费用，包括事先针对观众的准备、生产和播放的各项事宜相联系。这些包括版权费用、人力和生产制作的花费、出差和本地的费用、工作台和布景的费用、市场费用和销售人员的佣金，再加上卫星传递或是节目传输的费用。

如果收入可以抵消生产节目所需要的各种费用，并且还可以创造出利润的话，节目制作商就很有可能会为这档节目在播出时间表上找一个位置。然而，并不是所有的节目都需要这样的一个底线。有些赛事比如奥运会、超级碗或 FIFA 世界杯，它们的重要程度甚至超过了实际的现金回报。这部分赛事所包含的威望和推广价值，对于广播电视网来说，是可以同重大客户和广告商一起超越"盈利和亏损"这一衡量体系。节目制作部门需要判断某个或者一系列的赛事是否可以支付一年内的播放费用并且可以挣钱。不管那个超级赛事能够带来怎样的声誉和其他利益，电视广播网最重要的目标就是挣钱，不要忘记这一点。

节目资源

对于决定要全部时段还是部分时段制作播出体育节目的广播网和电视台来说，有三种最基本的获取资源的渠道。

1. 版权合约。广播网或者电视台支付一笔费用给举办这项赛事的举办商来取得唯一的、具有排他性的独家转播权，在特定的时间内转播这些比赛和表演。举个例子，国际奥委会就是奥运会的承办单位，八月国际高尔夫俱乐部就是国际高尔夫大师锦标赛的所有者和承办单位。

与赛事承办单位和所有者谈判是广播电视网获取吸引大量观众的重大体育赛事资源的方式，常见的赛事有：国家橄榄球联盟赛、奥运会、美职篮、职业棒球联盟、大学橄榄球和篮球联赛及曲棍球联盟等。他们同样运用版权合约去获取很多别的没有普及的体育赛事。

很重要的一点是：2011 年的春天，康卡斯特全国广播公司和曲棍球联盟签订了一个新的十年合约，同意支付给曲棍球联盟两亿美元获取其十年内每年 100 场的常规赛和斯坦利杯季后赛的独家转播权。年份、比赛和费用的数字，都有明确的规定。为了保证全国广播公司的权利不受侵犯，只有通过康卡斯特全国广播公司的频道、网站或者移动设备上观看比赛，曲棍球联盟的粉丝不能通过别的方式观看曲棍球联盟的比赛。

2. 客户或者合作伙伴。不同于那种结构和内容统一规范的版权合约，和客户以及合作伙伴的节目交易可以根据具体情况有较大变化。这种交易在花多少钱和怎么样去做生意达成一致的基础上，可以覆盖到很宽广的范围。比如，以下的这些途径：

（1）合作关系。在全国广播公司和曲棍球联盟签下新的十年合约之前，广播电视网和曲棍球联盟签过一份不附任何版权费的合约。相反的，全国广播公司与曲棍球联盟进入到合作关系并且和广告商以及联盟的赞助商共同经营，并且按照合约里的规定分配利润时，除了这份与全国广播公司合作关系的合约以外，曲棍球联盟还另外在和美国娱乐体育节目网的授权约定里，每年都收入将近120万美元。但是当联盟取消了2004－2005赛季与球员的薪酬合同之后，这个价格就开始下降了，同时曲棍球联盟发现在没有版权费情况下的合作伙伴利润分配是使电视观众回归的最好方式。

（2）购买时段。一个或者一系列赛事的承办单位和所有者可以选择一个贴近他们受众的广播网，给他们提供一些可以购买的比赛时间段，广播网可以在这些时间段内直播赛事。这样一种协议对于广播网或者个体电视台来说，非常具有诱惑力，因为他们可以在最大程度上保证他们的利益。

为所有广告和时段购买节目制作的责任全部都落到了赛事的承办单位身上。广播网销售的一个节目包括一系列指导方针，这个方针包含了所有能被允许播出的广告和这个节目应该怎样播出的方式。具体包括以下内容：

- 一个小时里有多少分钟分配给商业广告。
- 一个小时里有多少节目片段（举个例子：一个被分为八个部分的节目将有七个可以用于商业广告的间断，每一个部分预定的间隔长度）。
- 广播网允许的内容类型和语言。为吸引多数年轻人和老年人，大多数的体育节目被分为“G”类。
- 节目里面会出现谁表演什么以及他们的服装标准。观众并不会区分是客户提供的节目还是广播网自己制作的节目，所以电台评论员的职业水准必须符合广播网的标准。
- 节目或者服务里面不允许出现任何广告以及赞助商的片段和标识。大多数的广播网都明令禁止弹药武器以及赌博活动的广告。
- 影响一个节目最终呈现状貌的制作元素。这包括图表的风格和使用的动画，什么样的音乐可以在节目里听到和演奏，麦克风的标识是否体现广播网或者赛事的标识，完成的节目该怎样传送到广播网，以及哪一个节目可以合法地被授权复制。

“铁人三项”就是时段购买的一个很好的例子。一个铁人腕表的制造商品牌，组织了年度的竞赛并且购买了铁人三项的转播权在全国广播公司播放。天气好的时候可以利用任何一段广告时间给他们自己的品牌做广告，也可以把广告时段卖给其他想要做广告的企业。这个公司就需要雇用一个独立的制作方去制作所有的视频和音频，把这些成品打包给全国的广播公司供它们播出。

时段购买的确保证了广播网或者电视台的利益，但是当一个赛事的承办单位或者赛事的冠名赞助商承担了制作和销售节目的责任时，已经制作完成了该节目的广播网的控制力就下降了。

(3)以物易物的条约。一个承办单位或者广告商可以同意自己出钱制作一档节目免费给广播网播出，但是作为交换条件，承办单位和广告商保有一定量的指定节目播出过程中的广告时间。承办单位靠出售这些广告时间来抵消他们制作节目的费用。

广播网没有收到作为广告时段出售的现金报酬，但它却得到了一档免费播出的节目，同时还利用这个节目卖出了很多的广告时间。这种以物易物的模式广泛存在于节目制作中。

(4)现金交换。这是结合了“时段购买”和“以物易物”模式之后的变种。经过了现金交易之后，广播网把广告时间为承办单位和广告商划分成了几部分。这个划分的比例是依据各自为节目制作投入的费用，经过协商和谈判而定的。

3. 拥有节目。就是说，一个广播网或者一家电视台，完完全全制作了或者拥有了一档节目，并且不需要为此付出任何的版权费用。美国娱乐体育节目网就制作了 X Game 每年夏季和冬季的比赛。广播网花钱去建设斜坡，租赁场地，为运动员支付交通、住宿费用，并且承担包括服务、管理、市场、安保和组织一场公开赛事所需要的其他一切费用。这样做了以后，美国娱乐体育节目网就不需要再去跟任何一个联盟或者承办单位谈判了。

任何一个广播网或者电视台的体育中心或者体育新闻广播处是“拥有节

目”模式的另一种样式。广播网和其他的赛事承办单位讨论出一个互惠的条约，使他们与其他的赛事相比变得更加突出。这样做的好处就是，广播网不需要去起草一个权利交易的条约，同时也减轻了经济压力，因为从赞助商和出售广告时间募集来的钱，是远远抵消不了举办一次赛事所需的费用的。

每一个联盟都有自己名下的广播网，比如全国橄榄球联盟网、棒球大联盟网和美职篮电视台以及其他地区的体育广播网都全部或者部分为球队所有，它们自己制作赛事节目。全国橄榄球联盟没有售卖自己的电视节目和精彩集锦的版权，联盟如果选择了把节目播出的版权卖掉，他们就可以挣很大一笔钱。新英格兰体育广播网（NESN）播放了超过 140 场波士顿红袜队的比赛，以及波士顿棕熊队的大多数比赛，而没有为此支付过一分钱。这是因为波士顿红袜队拥有这家广播网 80％的股份，波士顿棕熊队拥有 20％。

节目制作：这是一个什么样的工作？

节目制作部门必须在一家电视台占有中心地位：节目制作人要与几乎其他所有部门的人以及重要的合作伙伴（比如节目内容提供方、广告商）打交道。任何节目的制作都必须考虑到：这一档或者一系列节目怎样去配合广播网的直播时间表，怎样去吸引目标受众。为了得到播放权或者制作一档新节目达成一个合约，是一个异常艰辛的过程，但是签署了一个合同却并不意味着节目制作部门工作的结束。贯彻执行合同条款，和任何一个合作的联盟、承办单位保持联系，开发一个新节目并且将其特权最大化同样是制作部门的重要任务。

各家广播网之间基本的工作并没有什么区别，真正的区别在于工作的范围。传统的广播网，全国广播公司、哥伦比亚广播公司、福克斯广播公司，每年都会播出将近 500 个小时的体育节目。对于他们来说，“体育是一个画面的窗口”，麦克·阿雷斯科的这个描述十分恰当，他是哥伦比亚广播公司体育节目中心的执行副总裁。哥伦比亚广播公司每年播出近 500 个小时的体育节目，但是他的员工却不到 10 个人。

美国娱乐体育节目网的节目制作部门全职员工超过 220 人。他们的日常工作和工作程序和哥伦比亚广播公司的员工没有多大差别，但是美国娱乐体育节目网却在一年内制作出了 8 760 个小时的节目，这 8 760 个小时分别在美国娱乐体育节目网 2、美国娱乐体育节目网新闻、美国娱乐体育节目网电视主持人节目、美国娱乐体育节目网经典、美国娱乐体育节目网体育以及美国娱乐体育节目网的移动媒体上播出，其中还要加上美国广播公司每年 500 小时的体育节目。在你加上美国娱乐体育节目网的在线和美国娱乐体育节目网播出的赛事之前，体育节目的时间早已经超过了 50 000 小时/年。

每一家广播网每天都会排出一张 24 小时的一个节目接着一个节目的一览表。这是一个线性的节目表。每一个节目都引出了下一个并且承接着上一个，这就要求节目执行者去考虑怎样才能最好地引导观众从上一个节目看到下一个节目，调整他们的观看时间表，使他们看节目的时间达到最长，被打断的时间最短。一个在线的广播网如美国娱乐体育节目网 3，它有着多样的赛事和节目可以同时在线观看，并且没有“线性”编排的节目单，正是这种“非线性”的节目编排顺序可以更多地吸引特定时间段内的目标受众。

节目制作者之间的竞争

不管一年之中总的节目时长，也不管是线性的还是非线性的，节目制作者都聚焦在竞争上。担任节目制作工作长达 18 年的美国娱乐体育节目网的执行副总裁约翰·怀尔德哈克说，“竞争就是寻找所有的休闲时间，看电影、看有线电视、看广播电视网。简易之，即寻找人们没有观看娱乐体育节目而做其他任何事情的空余时间。”

美国娱乐体育节目网通过提供 6 个不同的广播网给美国国内有线电视订户形成了自己的竞争模式。“Cannibalization（同类相食）”这个词是节目高层主管用以描述一个吸引观众的赛事和比赛节目时间表带给同一时间观看美国娱乐体育节目网 2 和美国娱乐节目网 U 或美国广播公司的同一观众群的影响。他们最终发现，美国娱乐体育节目网所有的频道积累下来的观众总数多于在单一频道上播放节目时的观众数。康卡斯特电视台有着和美国广播公司体育组一样的策略，这个电视台已经拥有了全国广播公司体育组、高尔夫频道和世界体育台。

类比在郊区公路旁卖汽车的商人。在你们社区或者附近可能已经有了一个这样的汽车行，如果每一个商人之间都彼此分隔，不存在竞争关系，那么总体的利益就会被分割成很小的几部分。但是一旦一个商人拥有其中的三家或者四家汽车行，他的收入就会增多了，因为他可以和大部分想要买汽车的人做生意。所有汽车行卖出的汽车的总数可能没有增加，依然保持不变，但是一个拥有更多实业的商人就会挣更多的钱。美国娱乐体育节目网就是看到了拥有更多实业更多电视频道的优势。

当广播网一个接一个地开始制作体育节目之后，它们就开始了竞争，尤其是人们梦寐以求的电视播放权开始更新以后。

大多数的权利合约都给了现行权利所有者第一个去协商权利的机会，如果协商失败的话，他们还拥有第一个去匹配或者击败出价竞争者的权利。这叫作“FNFR”，即第一个协商，第一个优先取舍（first negotiation，first refusal）。体育电视节目制作部门要面对的最重要的决定就是选择哪一个或者哪一个系列的赛事去竞标，以期给自己带来更多的价值、观众和收入。同样关键的是决定出多少钱去竞标得到想要的权利，同时避免让广播网陷入财政赤字的境地。

在竞争中赢得了优质体育赛事的所有权之后，节目制作部门的工作就变成了“节目之间的抗衡”。当全国广播公司准备播出奥运会时，因为奥运会传统上吸引的女性多于男性（比例通常是女性占百分之五十五，男性占百分之四十五），所以全国广播公司的竞争广播网就会播放一些更容易吸引男性的节目，比如美职篮、体育新闻、脱口秀、全国橄榄球联盟赛或者是体育纪录片。当美国广播公司播放《每周一晚橄榄球》节目时，美国娱乐体育节目网就会播放花样滑冰比赛去吸引不是橄榄球迷的女性。

真正的战斗是对人们时间的争夺。现在的人们有了更多的选择去度过自己的空余时间。有的人花时间在 2004 年之后才出现的社交网站上，这类人代表着不花时间在体育电视节目上的人群。然而，当越来越多的人在上网的同时看着电视，越来越多可以在网上观看的电视进入美国人的家庭时，电视体育节目制作部门将要面对的挑战就是利用这些优势去发展自己的节目，利用这种互动性，给双向的观众提供更多层次更多元的体育节目内容和娱乐。

从概念到电视首播

如果要去描述一个体育电视节目制作部门的工作职责，我们先假设一下，你现在有一个主意，想把一个新的节目系列放入到一个播放体育节目的广播网中。你准备了一个提议，里面包括这个节目当中将会发生多少赛事，在什么时期播出，在什么场地（室内或者户外），是现场直播还是录制编辑之后再播出，你可以找到多少赞助商或者根本没有赞助商。节目制作部门就是你将要接触的第一个点，在这个部门之后你将要接触到余下列出的 16 个部门。电视节目制作部门要努力把各个部门的工作整合起来，使你的主意从想法概念变成在电视上首播的节目。

法务部门

在节目制作部门看到你的提议之前，这份提议要先经过广播网的法务部门审核。之后律师将会给你发一封“免受损害协定”的邮件让你签署。说明一下，如果法务部门之前就审理过别人做的跟你类似的创意，你不能控告别人侵犯了你的知识产权。

如果你签署了这份协定，同时制作部门决定去推动实施这个项目，法务部门就会再次介入其中来起草合约，确认演员和雇用工作人员，各种版权以及其他一切都需要把约定变成法律形式的内容。

受众调查

广播网需要知道你的新节目将如何吸引电视观众。它将吸引年轻观众还是老年观众，男人还是女人或者都能吸引。你是走在文化的前端还是落后于文化。调查员将会研究人口统计资料，比较与此类似的表演或者节目，同时了解受众对这个新提议的反馈，是喜欢还是不喜欢。当调查员调查回来后，节目制作人就会用这些数据来衡量你的节目能不能吸引足够多的广播网目标中的观众，能不能吸引有意向为这个节目投资的广告商。

广告销售

对于节目制作人来说至关重要的一点是：是否有广告商对这个新节目

有兴趣。销售人员将会运用调查得来的数据去评价这个节目的市场有多大，目标受众是什么群体，谁会是这个节目潜在的广告商，在这个基础上去和广告代理商、主要赞助商交流互动。如果他们反馈回来的结果是没有足够多的赞助商对这个节目感兴趣，你的提议就很可能进行不到下一步了。但是如果有广告商感兴趣，广告销售部门就会开始着手准备一张演讲台，而且很可能会有一个关于新节目描述性质的短片展示给广告代理机构或者是潜在的赞助商观看。

制作

节目制作部门需要知道制作这档节目要花费多少钱，同时比较一下加上潜在广告商的投资之后会赚多少钱。在制作这档节目之前，制作部门通常会指定一个相关的制作人去研究这份提议，起草一个制作计划和预算。这份制作计划至少要包括以下内容：

- 现场需要的机位数量；
- 在剪辑时回放和重播需要的记录器材；
- 拍摄所有的画面所需的器材；
- 所需的演播室和评论席的数量；
- 专门为节目创作的伴奏音乐和动画片；
- 最重要的是每一个节目需要多少专业人员、制作人和技术人员。

制作部门同时也承担着制作展示节目短片的任务。在起草节目计划和预算，为节目制作宣传短片时，节目制作部门必须和其他两个部门密切合作：节目运作部和节目财政部。

节目运作部

节目运作部为每一档节目和系列加上技术元素。节目运作部的经理将和制作部的工作人员一起去准备拍摄节目的现场做实地调查研究。运作部门将决定以下工作内容：

- 机位设置，如果体育场或是竞技场没有预先为电视转播铺设电缆的话，估算转播所有画面需要的电缆数量。
- 成功地转播一场赛事所需要的转播车、演播室和工作人员数量。

- 设备、空间和演播室所需要的一切材料以及评论席。
- 所需的灯光。
- 在广播网和现场之间沟通的卫星转播、电话线和通讯设备。
- 为准备转播一场赛事在现场设置和调试机器所需的物品所需要的“调试日”。其实大多数现场直播的赛事并没有“调试日”，转播车和所有工作人员将会在早上来到现场，搭设他们的机器设备，在比赛结束以后，他们撤下所有机器设备，然后等待下一场赛事的到来。
- 每一个节目所需要的技术人员的数量，以及在当地可以雇用到多少。雇用当地的摄像师和能够驾车到达现场的技术人员可以减少制作节目的成本。转播一场大学篮球赛事需要 30 到 40 人，而做一档“每周一晚间橄榄球”节目则需要 150 人以上，这些人员的差旅住宿费用是一笔很大的开支。对于广播网而言，派遣熟练技术人员到比赛现场越多，就意味着雇用的人员越少。

节目财务部

制作人员和相关人员一旦把新节目的计划确定之后，他们就会同财务部的工作人员一起共同分析节目的每一个细节，计算每一个元素和每一个环节将要花费多少钱。之后，节目花费的底线就会形成一个损益表。如果在制作过程中，节目的花费大大超过了它最终可以带来的收益，那么就必须削减节目的工作人员和硬件器材设备的数量。

如果一个单纯的节目计划框架就已经证明这个节目需要花很多的成本才能产生收益，那么这个节目就会被新的更能给广播网带来更大利润的节目所代替。

如果你的节目在财务部的分析中幸存了下来，那么节目制作部就会在盈利项目的基础上去创立一个生产部门并拥有所有的广告收入，也可以给你一个互相交换或者是一个时段购买的协定。后两者都会迫使你走出去寻找你的赞助商的资金支持。

假设你的项目运行到了这个资金模式，那么以下部门又会被牵涉其中：

市场部将会指派一支团队去起草一个开发新市场的计划和预算案，其中可能会包括网上活动、广播和电视宣传，以及面对公众的宣传。

推广部会着手组织各种可能在网上开展的活动，不管市场部认为什么样的平台对于吸引目标受众是重要的，推广部都可以试一试。

联盟营销部会在广播网隶属的电视台或者是在有线电视系统上做宣传，获得他们的支持以及更好地进行推广协助。任何联盟效果的好坏都直接关系到新节目能否吸引到目标受众。如果一定数量的相关部门认为这档新节目不会吸引足够多的目标受众，那么他们就会提出疑问，让广播网重新估量一下，改变节目是否明智。

网络设施部门承担为转播赛事租赁卫星设备和光缆连接的工作。没有任何一家广播网有自己的卫星设施或光纤传输系统，所以在比赛开始前，有相当一部分时间是去预定所要用到的卫星和光缆，并且在每个环节中检验这些设备是否可以使用，保证赛事或者比赛正常播出，并且还要播出一些赛前的消息。分析预测广播网需要重点关注的内容。

技术运作部要为整个广播网的技术设备以及技术人员负责。生产控制室有可能会被指定接一些现场赛事的转播任务，并且将演播室里的各个部分包括中场显示和记分牌更新等整合到一起。技术人员至少需要将监控所有节目的转播过程记录下来存档，准备日后可能的重播。

创意服务部的主要工作是为新节目设计外观和形象。这些工作包括节目中图表的风格，动画的制作或者剪辑节目开场秀中的视频，同时还要设计运动员简介和音乐元素。大多数的广播网都会出钱请作曲家为节目写曲子，然后这首曲子就可以为广播网所有，在以后的每次使用中就不用再额外付费。

节目整合部在协调广播流程时是节目制作部的左膀右臂，从现场直播到录播再到演播室节目，以及任何可能的场合。他们必须制定广播网该如何应对意外情况的准则和措施，在所有可能出现意外状况之前分发给其他各部门。这些意外包括：节目时间过长或过短、被恶劣的天气延迟的比赛或者技术故障。

商业运作部计划每天的商业记录，上面记录每天每一个节目里的每一个可以播放广告的时间段。这个小组的责任就是执行广告商和广播网签订的在特定节目里播放广告的合约，安排每一个赞助商在节目里出现的时间。

信息技术将和制作人以及运作经理一起工作，为每一场比赛提供电子记分牌和数据显示。你提议的新节目可能会有一套完整的全新的便于观众理解比赛和发展情节的统计数据。现场的信息技术人员要随时与在场馆和场地的官员沟通，了解现场的比分、出现的意外等情况，以便及时得到信息，并且把这些信息反映在电视屏幕上。

节目制作部门要执行和协调上述所有的功能。数以百计受过专门训练的专业人员和重要的资源就是制作一个新节目众多层次工作中的一部分。为了最大化地把新节目在各种平台上推向观众，同时也最大化地增加节目成功的机会，节目制作部门必须采取实际行动，确保节目在各种可能的平台上都能播放。所以广播网的电子媒体都是发展过程的一部分。

可以在台式电脑、电子阅读器、笔记本电脑和智能手机上看到每场比赛的精彩集锦和预告，以及过去的片段；比分报告可以发送到手机上；原创的音乐可以在 itunes 软件上下载；故事、运动员的简介以及采访可以在专门的运动杂志上刊登，在博客上刊载，或者是在体育网站上发表。运动员、经理、评论员可以在电台或者播客中露面。

对于创造娱乐内容的电视广播网来说，"所有的这些平台代表了一个巨大的机会"。这是迪士尼的罗伯特先生在接受《华尔街日报》记者的采访时说的，"当你可以把你制作的这些娱乐内容用更灵活的方式、更多的途径，散布到更多的地方，被更多的人看到，这是非常非常积极的一件事。"

肩膀节目

制作一档成功的报道整个赛季比赛的节目，需要付出巨大的努力，这是一个多元的、平行的，并且有意思的工作。在一个多元化的平台上播出，更重要的是，去创造一个"肩膀节目"。如果说最初的"周一晚间橄榄球"节目是头的话，那么所有先预测后分析的节目都是肩膀。比赛的电视播出在晚上八点半(每周的东部时间)，但是美国娱乐体育节目网把它的"肩膀节目"放在了下午三点半，比全国橄榄球联盟的直播提前了五个小时。在比赛结束之后，这种覆盖依然在美国娱乐体育节目网的体育中心、新闻节目和电台里持续好几个小时。美国娱乐体育节目网把每一个平台上的每一个节目里的广告时间卖给想和"周一晚间橄榄球"节目粉丝接触的赞助商，这大笔的收入就是保证美国娱乐体育节目网把全国橄榄球联盟转播权从美国广播公司那里买过来的资金里的重要部分，这样美国娱乐体育节目网就不会限制"肩膀节目"播出的时间是在全国橄榄球联盟比赛之中还是之后了。

在之前的36年里，美国广播公司电视台一直都拥有全国橄榄球联盟整个赛季的转播权，但是它仅仅只能在一档三个半小时的节目里出售广告时间。美国娱乐体育节目网改变了这个局面，它通过制作比赛的“肩膀节目”，把投放广告的时间和平台都扩大了，也使全国橄榄球联盟自从2006年转移到美国娱乐体育节目网之后，电视体育栏目“周一晚间橄榄球”变得如此成功不再那么神秘了。

对制作人施压

有一种对广播网的理解是，它报道新闻并且还要对新闻进行分析评论和批评，但对于在广播网上说什么以及被谁说却是一件很敏感的事情。一个赛事或者一个联盟的组织者往往是与之合作的广播网在节目中被批评的对象，同时也给组织者带来了一种微妙且公然的压力。当为了最好的节目或最合适的起始时间与联合作者讨价还价时，广播网的制作部门会感觉到压力，这时候他们才发现，最好的一场比赛已经被排上了其他拥有转播权的广播网的直播日程表，或者干脆就在联盟自己所有的广播网上。在这种压力之下，广播网必须仔细衡量自己的选择：是继续保持这样的不干涉政策，给自己的记者和评论员以完全的自由，还是叫停这种行为以保护与合作方之间的合作关系，同时加紧对新闻和评论的限制？对于处在这二者支点位置的制作人来说，这是一种难以对付的平衡。

当广播网在2004年停播它的电视剧 *Playmakers* 之后，美国娱乐体育节目网向这种来自于合作方的压力投降了。在那个时候，美国娱乐体育节目网正在每周日晚上直播全国橄榄球联盟的比赛，同时也在制订计划决定投标制作“周一晚间橄榄球”节目。电视剧 *playmakers* 讲的是一支虚构的职业橄榄球队，这部剧聚焦在了两个有争议的话题上——毒品和性。这部电视剧赢得了不错的收视率，并且收获了一定数量的，但不是巨大数量的观众。抱怨来自于当时的全国橄榄球联盟的总裁，也是这个人促使了这部电视剧的停播。他认为，这部电视剧不是新闻也不是评论分析类节目，它虽然没说“全国橄榄球联盟”这样的字眼，但是它却让全国橄榄球联盟感觉很刺耳，也时不时招来令人讨厌的眼光。他的话可以这样推论：当数十亿计的美元岌岌可危的时候，千万不要低估广播网和联盟之间的权力关系。

当取消了播放电视剧 *Playmakers* 之后，美国娱乐体育节目网并没有失去它本来的体育电视观众的份额，美国娱乐体育节目网的节目制作部也没有感觉到要寻找一部替代 *Playmakers* 电视剧的必要。这是因为大量的比赛和表演已经填补了曾经的空缺，这样引人注目的、没有预演的故事吸引了大量的观众和粉丝。经过导演的电视剧永远也不能赶超比赛，因为比赛具有自发性，这是直播的体育节目的核心，并且比赛还具有它独特的逆转故事的情节。只要比赛和运动员一直保持刺激，球队一直保持他终生的爱与希望、轻蔑和不屑，只要直播的比赛唤醒了激情，数以百万计的观众就会一如既往地做出明智的选择，把他们的休闲时光花在欣赏体育比赛上。

小　结

广播网的工作就是获取节目内容并且发展一档节目使它吸引大量的目标受众，从而赚取大笔的金钱。

为了达到目的，电视节目制作人要扮演文化的解释者：捕捉最新的流行资讯，社会倾向以及图表数据，确保不断发展中的新内容一直和不断变化的社会兴趣、口味、平台和设备并驾齐驱。

体育节目胜过其他所有类型的电视节目的最大的优势在于，比赛是正在发生的，几乎每个人看的都是直播。这使得体育节目变成了硬盘录像机的证明，这也不同于经过剪辑和导演编排，然后才记录到硬盘录像机里的娱乐节目。因此，观众在体育节目中看到的商业信息也远远多于其他的电视节目，使得体育节目变成最具商业价值的节目类型。

为了得到一档节目，制作人可以有多样的选择，比如说：(1)用一定金额的钱在联盟或者赛事组织者那里获取一定时间和一定量的比赛转播权；(2)与广播网、赛事组织者以及赞助商合作，不仅一起分摊制作节目的成本，还分享广告带来的收益，也允许独立购买整块时间在广播网上播出一个段落或者整个赛事；(3)原创的节目，或者广播网拥有全部版权的节目，意味着广播网要独立承担所有的制作节目的成本。在大多数的广播网中，这样的节目大多为我们前文提到过的“肩膀节目”，它们往往是广播网为了扩大赛季成功自制的评论、分析类节目，它们填满了比赛之间的所有空隙时间，在这些节目当中会有很多的采访、亮点以及更多的分析。

在任何一家广播网中，节目制作部都占据着中心地位。他们编排所有节目播出的时间表，保持广播网的水准和原则，同时还要和竞争的广播网进行节目之间的抗衡。在网络上播出宽带视频内容，改变了节目播出的形式，从单纯的“线性播出”，变成了好几个节目可以同时被观众看到的“非线性播出”形式。

◆话题讨论/课后作业

1. 找到目前体育节目或者是文化中的一种趋势，然后根据这个趋势拟定一个节目的框架。你提议的节目可以是对当前体育节目的一种延伸，或者是一种全新的模式。选择你节目的目标受众，并且根据潜在观众数量调查里的收看习惯和行为给你的提议提供支持。

2. 找到两个广播网购买两档节目的版权合约，比较每一年和每一个小时为这档节目付出的资金数，做出观众评级数据，判断哪一家广播网购买得更值？哪一些因素会增加或降低其价值。

3. 挑选你最喜欢的一个体育节目或赛事，你自己计划一档可以成功地把观众吸引走并与之抗衡的节目。哪些图表数据可以帮助你选择你的竞争节目？你将要在什么时间段播放这档节目？

4. 联系一位专业的媒体人或者是任何一家你们当地电视台节目制作部的工作人员，问问他们，他们的工作是怎样和其他部门相互交叉的。什么样的调查研究可以影响到他们工作时的决定？在一档体育节目的所有创意、制作等一整套流程里，他们是怎样看待自己的。

5. 观察你自己一周时间里观看电视的习惯。你是否会同时看电视和网上节目？讨论一下这两种平台之间的节目是怎样相互交叉或分离的。什么样的网页内容会让你感到更加享受和有兴趣？电视上播放广告的时候，是不是你正在网上最活跃的时候？

第七章　电视体育节目的制作

运动是人类生活的缩影。

——霍华德·坎瑟儿

提要

- 讲述体育故事。
- 每场比赛的利害关系是什么?
- 向观众展示激烈而不可预测的比赛。
- 体育难以预测的本质。
- “知名的”与“不知名的”。
- 吸引观众,服务观众。
- 电视体育的“工具箱”。
- 电视体育制作者的角色。
- 比赛结束而节目继续。

每个生命都充满着精彩的故事,关乎成功或者失败,关乎挑战或者阻碍,关乎目标的达成或从未接近目标,关乎破而后立与自我救赎,关乎任务完成得圆满或有缺憾,关乎人们遵守规定或者逾矩甚至挑战公平。每个生命有起始、有中途、有结束,其中有庆祝也有失望。当然我们中的乐天派希望每个生命都充斥着爱,至少去追逐一种激情。

当生命相互交融,当热情和目标碰撞出火花,会展现出一幕幕戏剧、悬疑剧。制作电视体育节目犹如研究学习所有潜在的可以展示的故事,并用一切可以利用的场景、声音等工具自始至终地用一种充满着趣味与内容的方式吸引观众,并让他们渴望参加你下一场的展示。

讲故事

每一场比赛都有很多故事，都需要电视制作人像记者一样去挖掘它、报道它。例如，一个制作人也许会去拍摄一场拳击比赛，若只是简单地去展示每个拳击选手的比赛记录和身高、体重等一些基本信息，不会吸引观众。但是若多花一些时间在每一个拳击选手上，也许会发现拳击手 A 在一家仓库有一份全职工作，每天早晨他会在三个孩子上学前为他们做早餐，然后只在晚上和周末去训练，因为他不能从比赛中挣到足够的钱去养活他的家庭。

有了这样一个故事，你就可以给观众一个理由去支持这个选手，他的名字也许无人知晓，但观众可以知道他是一个真真实实的人，一个去奋斗、去拼命工作追寻自己梦想的拳击手 A。他在比赛中的遭遇，他赢得比赛还是输掉比赛，对观众便有了意义。

人的社会属性注定每个人都会对他人感兴趣。这是人的本性。除此之外，还有什么能解释明星成为家喻户晓的人物、电视和杂志上名人被上百万人热捧的追星文化呢？我们对他人的兴趣，使我们更想了解自己喜欢的运动员的生活，他们在做什么，何时成长的，他们是如何进入这项运动最高级联赛的，他们在竞赛中的表现如何，以及他们在职业和个人生活中面对的种种压力等。

如同团体运动一样，个人运动如拳击、网球、高尔夫等，也充满着人们追逐孩童时梦想的美妙故事，人们在这个过程当中遇到挑战并努力克服困难的故事；老将努力保持竞技状态并无私地向具有无限潜力的下一代新秀传授经验的故事。

然而，一些电视直播节目并没有深入挖掘这些故事，他们关注的是运动员当天的表现，所以他们会给观众一个带有细节的图像。例如：赛跑最后 86 码的冲刺、一个击球手一次打点的得分，或者一个得分后卫 5 次助攻并得了 9 分的数据。只有好的制作者才懂得深入挖掘并将运动员活灵活现地带到观众面前，赋予运动员情感并让其变得更有趣。通过添加一个简短的小片或三分之一画面的图像给观众提供一个关于运动员传记的简单信息，使运动员不再是那个背后只有数字的家伙，而是一个活生生的、有血有肉的人。

如果我知道有位运动员是我的老乡，我立即便会关注他在这场比赛中表现得是否出色；在随后的赛季里，如果我得知他竟然和我是一个母校的校友时，我会马上成为他的粉丝。也许一个简短而快速的介绍，我便知道“这是他两个月理疗后的首场比赛”，或“她是五个女孩中最年轻的，她常常要在篮球场上和她的姐姐们较量”，然后我当然希望她能赢。花时间去提前记录或现场采访，更能还原运动员的日常生活，如果他们能分享成功哪怕仅仅是一个微笑，每个观看比赛的人便能更了解他们。如果节目做到了以上这些，由此让观众更加在乎比赛及其结果，这些观众将会成为节目的忠实粉丝。

什么是至关重要的?

每一场体育比赛的直播都是一次战斗。虽然比赛接近尾声，但结局仍旧充满悬念。制作人的责任是告诉观众，为什么观看体育比赛很重要，为什么要花时间来观看比赛，而不是去做别的事。制作人要搞清楚的关键问题是，“什么是至关重要的事”。比如，在一场比赛中应该注意看什么情节和攻守的对应关系，以及比赛和结果会对球员和球队产生什么影响等。为了使这些问题清晰地展现在观众面前，每场比赛的开场必须清晰简明地介绍以下内容：

- 球队竞争对手和历史。
- 赢或输意味着什么——排名升降，季后赛的席位，进入全国大学生体育协会的机会，与老竞争对手或新球队再进行一场比赛，连续失败，是一个全新的开始抑或是曲终人散。
- 比赛本身的看点——进攻线上经验丰富的球员，防守线上的两名菜鸟选手和两名有两年经验的选手，两名全明星运动员在内线交锋，足球队员在顶级守门员的阻挠下奋勇进球。
- 观众的希望——巨大的能量、精准、策略、控球、多样的技巧，世界上最好的运动员在顶级赛事上超越常人的非凡表现。
- 对比赛结果产生影响的因素——个人、阵容以及战略的影响，教练或经理的任职时间，联盟的战绩，参加季后赛的几率，甚至是对团体或国家的影响。
- 球队在该球场曾经有过辉煌还是惨败，球队占有主场优势或是一场败北的对抗赛。

遥控器进一步促成了电视观众的善变。所以，即使在节目开场适时介绍了以上所有内容，但为了照顾到中途换台观看比赛的观众，还需要定时加入介绍。广告之后或是比赛小节之间，这些信息就起到了报告进度的作用。比赛开始后如何进行解说？预期的进攻线上的猛攻是否变成了防守线上的逆袭？如果是，原因为何？一个期望表现出色从而一鸣惊人的球员是否达到了预期？如果比赛失利意味着提早失去参加季后赛的资格，那么球队需要做什么才可以"从失败中获取成功"？在每场比赛的中场休息中加入比分及赛况可以使比赛变得更有意义，也可以使中途换台的观众与从头观看的观众一样融入到比赛中。

那些尊重自己播出的比赛并且乐于将其与球迷分享的制作人一定会努力向观众展现他们无法亲眼看到的内容，以此增加观众观看比赛的愉悦感：

- 经常被忽略的瞬间。一个瞬间发生的极微小的动作可能预示着接下来要发生的事情。
- 高水平的体育比赛中错综复杂的细微变化。比如一个专业接球手在调转方向时速度的变化，拳击手肩膀轻微放低改变了接下来出拳的方向，抑或是一个网球冠军发球时屈膝深蹲以加强力量和速度。

仅仅告诉观众发生了什么是远远不够的。真正重要的是告诉观众球员和球队是如何以及为什么胜利或失败的。一旦了解了那些区分成功与失败的因素和好与更好的细微差别，观众就会更加注意眼前所发生的事，而不仅仅是盯着"击败和落后"或者"回合和分数"了。

在一个很长的赛季中，制作团队很容易陷入一种模式中，每制作一场新的比赛看起来好像就是一种简单的重复。为了避免这种毫无新意的重复，最好的建议就是永远不要满足于常规，而要发掘新的故事和角度，用新颖的方式传递给观众。最好的制作人是要拥有好奇心和创造力的，而这不仅仅体现在赛季开始，而是贯穿在所有的比赛中。

体育比赛的不可预知性

体育比赛引人注目的本质就在于它的不可预测性。你最喜欢的并不总是赢家，所以你必须仔细观看比赛的每一个环节。像巴尔的摩小马队在第三届超级碗输给纽约飞机队；似乎是不可战胜的世界重量级冠军迈克·泰森在1990年遇到“克星”詹姆斯·道格拉斯，连续遭遇四场败绩等。你永远不知道下一刻会发生什么，所以制作者需要为“一切皆有可能”做好准备。

一开始就要了解每一个参赛运动队的一系列情况，提供故事情节和制作可能性。主要包括：

1. 比赛场地。即进行比赛的体育场（无论室内还是室外）举办过哪些值得称道的比赛，或者是否是第一次举办这项运动或比赛。
2. 竞争对手。面对的团队或个别队员，包括每个团队的背景、历史和球员，还有他们以前是否有过交手。然而，在个人运动如高尔夫球或网球比赛中，大明星可能会减少或失去聚焦，不太知名的球员可能被推到聚光灯下。所以需要更多的前期准备，涵盖几十个竞争者。
3. 利害关系。这场比赛的结果意味着什么？获胜的团队会首先进入季后赛或赢得一个季后赛席位吗？连胜或连败的成绩是否被打破？首发队员如果表现欠佳，他（她）会处于被换下的危险境地吗？如果这是菜鸟队员的第一次机会，队员将如何应对压力？
4. 规则。比赛是如何进行的，哪些行为属于合理冲撞，哪些行为是犯规的。
5. 开始时间。当赛程开始后，第一个球或每小节比赛结束前，有多少播出时间。
6. 比赛的预定长度。如果比赛提前结束或延长，比赛总体时间如何分配，还要做什么。
7. 工作人员。你要了解团队中的每个成员：制片人和导演，现场主播和分析专家、技术人员、制作助理、统计员等。
8. 行程安排。球队、球员、工作人员和摄影车到达时间。如果球队或球员来之前刚刚在很远的地方参加了一场很重要的比赛，此时便可以创作出另一个故事。
9. 天气预报。天气会影响到所有的户外活动，尤其对于高尔夫比赛、赛车、赛马或者网球比赛。制作者要知道哪些竞赛对手做好了应对天气的准备，哪匹马在泥泞的路上跑得更快，哪支橄榄球队在严寒的季节有更好的成绩。就象恶劣天气的威胁可以迫使竞赛者和电视员工改变行程一样，所有这些都会影响电视制作。

10. 摄像机和麦克风的位置。在比赛前确认一个最佳的摄影位置，制片人、导演和业务经理都能监测到摄像机和麦克风的最佳地点，以便为观众提供每一个关键动作的图像和声音。描述比赛进程最好的方式就是将影响结果的一切音频、视频都提供给电视观众。
11. 预制内容和长度。用先前的比赛视频、记录或统计信息编辑制作好片花和动画、人物、采访片段。这些都可以作为现场视频的补充，并使电视节目更加有趣。
12. 总体的广告时间和休息次数。比赛需要休息多少次以及每次休息多长时间。
13. 赞助的信息。赞助商的信息必须在每场比赛中给予展示并且准确无误。例如，这场比赛由某某赞助。钱已经提前支付给转播机构，那么它们的信息必须纳入到比赛中。
14. 推广的内容。每个即将播出节目的梗概和视觉效果，必须在比赛期间推广，推广的时间（上半场或下半场/ 赛前或赛后）以及它们出现的频率。
15. 下个环节。首发阵容，在每场比赛前预先规定的出场球员。同时，如果一个比赛时间非常长或非常短，要解释可能带来的改变。

这些是已经知晓的制作人员工作的开端。前期调研和资料需要在最后期限前收集和准备好，以满足所有要求和期望。然而为了预防意想不到的、未知的未来，同样还需要做更多的工作：

1. 场地问题。制作团队应该知道如何处理技术、设备、场地或采访等问题。当灯光断电熄灭或者背景板碎裂时制作团队应该怎么办？如果比赛因种种原因被推迟，制作团队如何填补那段时间？有预录的视频包或过去的比赛视频去应对吗？
2. 谁将成为明星？替补出场的球员可能成为英雄，这意味着制作人需要准备每个可能进入比赛的球员信息和统计数据，不仅仅是首发阵容。每名球员的图像需要在他的平均得分公布前展示出来，包括过去的最好表现，职业生涯中的亮点等。

3. 比赛的故事。制作人与整个直播团队需要预测每一个可能的结果。比赛可以进攻顺畅或苦于防御，可以是一个十连击的胜利或在季后赛出现的绝杀惨败。如果有黑马出现，将会如何影响球队、教练、球员的战绩？无论输赢是谁，每个场景都需要有准备，以满足观众获取信息和娱乐的需求。

4. 犯规。处理一个常见的处罚是容易的，但如果罕见的点球出现后裁判的权威受到挑战，需要提前做好信息和专业知识的功课。任何制作机构都不愿看到他们的评论员出现困惑和费解。

5. 实际开始时间。一个比赛可能将在五分钟后开始，但如果有个网球运动员要去厕所，开始时间是会发生变化的。赛前的烟花庆典可能留下太多的烟雾导致比赛不能准时开始。所以制作者必须准备填补开球前的空余时间或第一次暂停时的内容。如果计划突然改变，制作组的每个人都需要知道如何应对。

6. 比赛的实际长度。当棒球比赛进入延长局，橄榄球比赛进入加时赛，高尔夫锦标赛进入赛点，或网球比赛附加6:6的第五局等，每个制作团队需要知道如何继续制作。卫星或光纤传输时间需要延长吗？更多的广告将如何运行？重播广告片还是增加新的广告片？如何安排在岗位上已经待了三四个小时的员工上厕所？

7. 人员替换。疾病、家庭紧急情况、航班取消或者坏天气可能导致员工缺席，如果发生突发情况需要有备选人员顶替上去，制作人需要提前做好准备。

8. 天气。即使天气预报是阳光明媚、万里无云，但突如其来的一场雷阵雨可能影响户外比赛的顺利举行（我曾经历过一个室内比赛因为房顶漏水推迟的比赛）。

9. 技术问题。一个或多个摄像机可能会出现故障而无法正常工作，所以好的导演知道如何只用一两个功能正常的摄像机完成比赛拍摄。麦克风没有预兆地发生故障，所以需要准备足够的备用麦克风以及足够的能及时修复设备故障的工作人员。录音采访机可能出现故障不能回放，球员或教练说了什么话需要用笔记录下来，那些重要的比赛情节是不能因为技术问题而被遗漏的。

10. 对下一环节的影响。如果直播比赛都在预期的时间内进行，可能需要制作团队做赛后采访和小节分析，或者可能要求提前介绍下一场比赛。制作人需要时刻准备好应对这些可能发生的事情，规划好这些可能性可以保证实况转播得天衣无缝。这样才不会因为没有事先的充分准备而给坐在家里看电视的观众带来遗憾。

吸引观众，服务观众

所有制作的相关决定都应该从观众的角度去考虑。

这话说起来简单，但它决定了一个电视节目的成败。在体育电视方面，观众才是真正的老板，而不是有一堆响亮头衔的高管。要为观众服务，为他们提供娱乐、信息以及关于杰出球员、球队的故事。增加回放和分析会增加观众的乐趣，提高他们对运动的理解。要制作不被广告商的赞助信息打乱的体育电视节目。只有辛勤付出，才会拥有很高的收视率以及忠诚的、观看节目时间更长的球迷。制作人根据观众的喜爱而不是老板的喜好做出的决定，肯定是正确的决定。如果观众喜欢这个节目，收视率就高，也将转化为更多的广告或订阅收入，老板也会对这样的结果更满意。

电视体育的"工具箱"

所有的电视节目，包括所有的体育节目，都包含以下四个要素：

- 时间
- 资源
- 人
- 信息

如果你有足够的时间，你可以计划和开发新的方案；寻找最优秀的人才，给他们提供足够的训练；充足的预算将为你提供所有需要的资源，并且使你制作出最好的节目，包括可以在特殊的地方增加摄像机和麦克风；创新技术，提供新的、吸引眼球的动作分析方法；提升节目整体包装并且能够讲好故事。每一个电视节目都因那些有创意、肯吃苦、应变能力强的人变得更好。电视节目可以容纳的信息有：团队和个人的记录、历史、竞争对手、传记、轶事、得分数据和统计数据等。

如果缺乏时间和资源，没有足够的或具有创造力的人，并且相关信息不完整或不准确，你的节目将会受到影响。然而，无论在什么情况下，只做你最擅长的事，不做无谓的事就是你成功的秘诀。

无论预算有多少，准备了一个月还是仅一天，每个体育比赛的节目制作人都有一个工具箱，放着他或她起草的所有电视制作方案。制作人熟练地使用这些工具能做到吸引观众、服务好观众。

- 直播画面足以展示比赛的整个过程，精准的捕捉甚至能看到队员脸上的表情和戏剧性的动作。运动员的家庭、所在地、所属地区的传统文化和社区等画面也都会展示给我们。随着比赛的进行，每场比赛会变得更加重要，运动员的压力也会随之增大，灵活移动摄像机保证精准地捕捉这些细微的变化尤为重要。通过捕捉这些镜头，可以让观众感受到这些运动员是如何应对压力和享受比赛的。
- 回放一些事件发生的原因和过程，并为观众提供每场比赛详细的解说。回放从各种角度拍摄的某个重要时刻，告诉我们每个比赛的过程是如何进行的，并对接下来的比赛提出见解，传递人类面对胜利时的情感反应。
- 评论带着观众经历整个比赛，设置好"故事"发展线路并告知其中的利害关系，然后描述场上发生的变化。我们可以期待下一回合电视评论员在体育解说方面有出色的才能，但制作人的责任之一就是确定每个评论员的任务，每个人应该关注信息的类型，说话与保持沉默的时机。
- 观众席是一个嘈杂的地方，所有的说话可能都听不清楚。你不需要现场解说告诉你"这个地方太吵了"，制作人已经布置好充足的麦克风去采集观众对比赛的精彩反应了，电视观众仅从音频中就可以感知到重要时刻的来临。如果球员进场的掌声稀稀拉拉，电视观众又看到现场的观众人数很少的话，他自然会知道这场网球比赛并不那么重要。
- 球员相互碰撞的声音，球击中门框的声音，脚踢到球的声音，教练训斥或鼓励球员的声音，都能帮助电视观众了解比赛发生了什么和将会发生什么。

- 音乐增加感觉、辨识度和体育电视的戏剧性。很难想象几十年前“周一夜间橄榄球”节目没有音乐会是什么样子。音乐是一个欢迎标志，欢迎你从广告中重新回到精彩激烈的比赛中。音乐强调并放大了情感，但不能喧宾夺主以致分散观众对比赛的注意力。

  对流行音乐的使用严格地受监管机构以及歌手本人的限制，为了一些音乐能够重复播放而不需再次付费，电视台通常会购买音乐作品的使用权。
- 采访通过直播或预录插入到电视播出中，可以用来推进故事情节和解释某些行为或背后的反应。人类是通过语音、语调以及面部表情等来读懂人的情感的专家。通过选择问题的构成、使用问题的回复、何时展现出采访的主题或打断正在讨论的视频，制作人将更大的兴趣点和信息逐渐加入到整体的节目中。
- 屏幕上的图像提供有关竞争对手的信息，帮助观众对选手进行比较，并给观众更多的思考空间和更广阔的视角。设计精良的图片将故事情节和运动员联系起来，增加节目的维度。
- 得分数据框。美国广播公司和美国娱乐体育节目网转播 1994 年足球世界杯期间，一个数据表的引入改变了美国人观看比赛的方式。不管观众何时收看，都能立即知道比分、比赛所剩时间。第五节比赛的 4∶5 发球肯定要比一开始的 4∶5 发球更重要。随着数据接口技术的改进和发展，更多的瞬时数据被添加到每一节的比赛中。你可以在每一节比赛中看到投球、传球和推杆。
- 技术的革新发展提高了电视体育直播的质量。从简单的需要反复播放运动员录像进行分析的“屏幕战术标记”技术，到计算机系统跟踪球的速度和轨迹或允许制作人“旋转”比赛的场地，技术可以帮助完善观众对动作的理解。导演和制作人最重要的决策是利用新的技术提高转播的效果及效率，而不是去分散观众的注意力，影响观众对比赛本身的关注，如果那样只能是浪费观众的宝贵时间。用于制作的预算越多，应用于电视节目的技术就越多。但增加一些无关痛痒的技术并不会转化为更高的收视率。

最好的体育转播是将评论、精准的分析与比赛场地、参与者的影像（直播和回放)、音频有机地结合起来,通过增强视觉和听觉的效果增加娱乐性。电视转播好似充满激情的交响乐,每个乐章都是它的重要组成部分,并且出现时机也是至关重要的。就如管弦乐队只有一名首席、一名指挥家,体育电视转播的制片人和导演就是这样两个角色,他们调用每一个设备,充分利用每一环节,组合成一个有凝聚力的艺术形式,给每位观众传达大量富含智慧和情感的信息。

岗位与职责

在美国制作的电视体育节目,无论是当地有线电视台制作的高中橄榄球比赛还是超级碗,都需要有专业的团队合作完成。比赛的规模越大,越需要有各种特长的人投入到工作团队中,并在体育节目制作中有效履行本岗位的职责。

图 7.1　全国广播公司"周日夜间橄榄球"转播车内。制片人弗莱德·高德利坐在导演德鲁·爱斯科夫和技术导演杰夫·巴特勒右边
来源:全国广播公司周日夜间橄榄球

制片人

制片人负责节目的内容和质量。你可以把制片人比作团队的教练。他(她)是负责创意策划、制作团队的领导,为所有人员提供方向和指导。制片人制订比赛播出计划,包括详细的提纲、用什么元素呈现、结构顺序等。之后,他们根据故事情节的发展分配职责。

制片人的决策将影响每位观众的观看体验,影响的人数以千计甚至以数百万计。故事、解说词、文档和图片的选择对于记录一场比赛是十分重要的。如果忽视了对球队或球员未实现的期望的解释,或者为什么球队或球员超出观众预期,那么观众对这场比赛的感觉将是不完整的,甚至更糟糕的是,观众的感觉是不准确的。制片人负责为每位观众的需要提供最好的选择,并告诉观众完整的、无偏见的体育故事。

制片人是直播比赛中主要的讲故事的人,引领评论员解释要点、选择回放、强调或分析原因以及比赛的胜负,并选择何时插入图片或所有其他预先制作的内容,如访谈摘录。这些会增加观众对刚发生的事情、比赛或赛季的进展情况以及球员情况的理解。

制片人也负责节目的预算。当问题出现时,他(她)必须基于预算作出决定。体育赛季运行几个月,一个星期的额外支出通常可以用未来几周节约的经费来抵消。如果只有一次比赛,预算受限往往很多。

导演

导演负责视觉报道和电视节目的呈现。你可以把导演看作执行制片人的"四分卫"。导演要安排放置摄像机的最好角度,以捕捉运动员的每一个动作。之后,他(她)要同所有摄像师商量拍摄计划并解释说明可能遇到的所有情况。例如,每个摄像师需要知道如何拍摄在20码以内的橄榄球或另一端20码线外的橄榄球。导演在每个摄像机固定好位置后分配具体的任务:拍摄得分的球员、沸腾的人群、各队的教练,或者单打独斗的防守球员,或者球员投球的远近。导演主管的是技术人员并要和运营经理一起制订制作计划,解决比赛中遇到的疑难问题以及任何操作性问题。导演还要根据制片人的要求监督所有前期制作内容的混合制作,如与自然声音、叙事音频、音乐、图像等元素的混合视频,并确保视觉效果。

技术总监

技术总监用技术实现导演的创意并将视频呈现在电视上，就像一个人根据要求按键弹奏钢琴一样，并且连续弹奏数小时。技术总监必须知道电视转播车或控制室座位上的切换器的功能，并记住每个输入开关的位置。钢琴只有八十八个键，而电视转换器要多得多。

运营经理

运营经理负责检查每一个体育场馆，为整个技术团队招聘技术人员，检查每个摄像机和麦克风的位置、移动转播车停放点、传输设施、临时办公室。在许多情况下，运营经理需要同导演和制片人一起计划后勤工作。此外，运营经理还需要弄清电缆所需的长度，为员工提供住宿、用餐和停车场，找到有安全通道的居住场所，以防火灾或其他紧急情况，并找到或预装一些卫生间等设施。

一旦到达现场，运营经理便要落实技术设施的设置、安装、测试，并根据所有需求来解决问题。他(她)需要在电视转播运行前进行一个小预演。他还需要提前和主场球队或主办方沟通好，以便每个工作人员能被准许进入体育场、公园、舞台等需要进入的地方。

制片助理

故事的推进是通过画面的连续播放进行的，制片助理从制片人那里获得要推进的故事并研究如何让故事贴合比赛。他们在直播开始前用数据、历史资料等来讲述故事。最好的制片助理可以用自己的体育知识以及自身的经验添加新的故事线来完善故事。

比赛前几天，制片助理要根据过去的比赛预制图像，通过能够实现彩色及三维效果的各种复杂的软件和硬件，直接与来自现场的官方数据连接在一起。制片助理头天晚上可以在飞机上或者酒店里制作这些图表图像。

在直播的过程中，制片助理可以持续不断地为制片人提供与比赛相关的图表，通过数据接口，数据可以不断地被检查和更新。随着比赛的进展，可以创建新的图表比较不同球队的数据，或者比较当前比赛和以前比赛的数据，为每场比赛的每位球员制作表格。这些图表的使用概率很少超过20%。

制片助理与专业的采访记者一起工作，编辑和制作场景及有趣的片段，并为每场比赛制作视频。大多数制片人都是从制片助理晋升的，因为他们工作中展示出了讲故事和从多个层面、多个角度看比赛，以及在高压环境中与同事们协调工作的才能。

导演助理

导演助理的主要工作包括制作电视转播中用到的视频和对每个部分时间轴运用的调控。这些工作可能由一个人做，但大部分时间这份工作被分成了两个部分：视频导演助理和播控导演助理。

视频导演助理的主要职责是和摄像组一同采访球员、教练并为训练季、主办城市和校园拍摄视频，接着与编辑、技术人员一起制作与过去比赛相关的图表和音乐等元素。导演们一般让这些助理做一些制作前的准备工作，而导演自己却在发布会上或者其他场合工作。

在电视直播的过程中，这些导演助理通常在视频区帮助制作人分析回放画面，编辑一些从比赛中提取出来的有趣、新鲜的镜头。

播控导演助理则是连接电视转播车和电视台控制室的人员。在整个直播过程中，播控导演助理负责让这个沟通连接一直保持开放状态，记录比赛应该开始的时间，帮助导演记录录制视频之前需要准备的内容，以及负责一些商业活动的准备。播控导演助理同样需要记录所有在比赛中插播的广告名单，他们与制片人一同工作，确保所有赞助商提供的商品或电视台的标识在比赛直播中没有遗漏。

15台摄像机以上的大型比赛直播制作往往有一名导演助理，称为“标准化”(ISO)导演助理。这名导演助理作为制作者的第二双眼睛，监视着每台摄像机的运行情况以及拍摄视角是否正确。标准化导演助理一旦注意到哪台摄像机没有按要求布置便会通过无线麦克风立即通知制作者。这个职位的另一个重要职能便是在比赛的过程中根据球场的变化重新分配各个摄像机的任务。例如，在一场橄榄球比赛中，橄榄球被运到比赛场地的一边，那么所有的摄像机可能都被要求将镜头朝向那一边，而另一边可能就没有摄像机镜头覆盖，一旦攻守方互换，球开始向另一方移动，摄像机的任务也要随之改变。

电视导演往往来自于导演助理和技术导演群体，因为这两个职位知道各类导演的工作是如何开展的，以及制作者、运营经理、转播车或转播室中的工作人员是如何协调配合的。

制作助理

每次电视直播制作都需要至少一名强有力的、可靠的制作助理做支撑。制作助理通过观看直播视频要找到值得编辑和注意的完美投篮或其他有娱乐性质的元素，然后这些漂亮的投篮片段便被剪辑到磁带或软盘中，以供视频剪辑师、制片人、助理导演之后使用。制作助理也被要求去挖掘一些相关素材，帮助制片助理去制作每场比赛的图像图表。制作助理还可以被派去商业合作部索取赞助商的标识等赞助信息，并以“由……为您带来”的形式引入比赛直播。

很多制作助理虽然并不随制作组外出，但是他们是电视台和身在外地的制作组之间传递相关材料的纽带。他们的职责是通过各种方式来支持制作顺利进行。最好的制作助理在任务交给他之前便能主动地提供想法和找到更多的视频支持制作。当制片助理、导演助理的职位出现空缺时，那些有创作力和有想法的制作助理最先得到晋升。

执行制片

执行制片的任务是为每场比赛设置一个总体的目标。他（她）是一个具有创造性和领导力的人，指挥大家去创造、计划、设计一系列新的节目，或对需要吸引观众的节目进行更新。执行制片负责招聘导演、制片助理，制作助理等职位的人才。

执行制片还需要与项目法规部门沟通，确保与其他组织签订的合作合同能被电视台认可并准确履行职责；他们还与市场销售部门联系，确保产品的版权转让给公司带来利润；与审计部门一起在项目开工前做预算，并根据观众的数量以及节目的复杂程度分成。执行制片必须从电视台的角度，而不是某个团队或某个部门的角度看待节目。执行制片的职位类似于“总经理”。

比赛结束后

比赛结束后，制作团队的工作并没有结束。其实，比赛刚结束的那几秒钟、几分钟是十分宝贵而且重要的。一个强有力的开始也意味着一个强有力的结束。在节目开始前先引出故事线，在结束时必须有圆满的结尾。无论预测是成功还是失败，制作者都应该出面解释原因。

一场比赛不应该提出一个没有答案的问题，如果告诉你这支球队在七月份拿到了第二名的纪录，那么你便想知道谁是最好的。如果介绍这场比赛的头号明星是大学历史排名第三的球员时，你可能还想知道的是，那他现在成为第二名了吗？观众需要一个完整的答案，所以最好的制作者不会留下一个模棱两可的答案。

一个成功的电视节目将结果的意义延长是非常重要的。这场胜利意味着什么？下一场拳赛会是世界级别的较量吗？下一场比赛是不是一支老牌劲旅对阵卫冕冠军？这支球队距离季后赛只差一步还是将要打破他们的不败纪录？我们观察到了哪些突出的个人举动使某个运动员得到了新的成就？失败对于失败者意味着什么？一个成功的赛季宣告破灭，首发的阵容是否会改变，或是教练、经理将被炒鱿鱼吗？

无论电视直播制作团队制作什么，都不能忽视观众的需求。要知道坐在电视机前花费两三个小时宝贵时间的观众必须感到这些时间是值得的。如果让他们感受到尊重并从中得到乐趣，他们才会继续观看。

小　结

制作电视直播节目首要的也是最重要的是讲述关于人和球队的故事，他们的成功或失败以及背后的原因。能让观众快速对比赛感兴趣的办法就是告诉他们有关竞赛双方的情况、其中的利害关系以及将要发生的事和重要性。在准备过程中，制作团队应该用所有的摄像机、麦克风和经验去分析发生了什么事情，解释为什么成功或为什么失败，让观众从中得到信息以及娱乐。

一个成功的电视节目必备的特点：

(1)报道比赛的准备时间足够充足;(2)预算足够完成制作;(3)雇用的员工具有足够的知识、经验以及创造性;(4)比赛双方的各类信息整合。

直播的比赛是难以预测的,会出现戏剧性的、难以预料的情况,所以需要制作团队的每一个人员结合以往的经验,为那些不可预知的情况做好准备。制作团队中的制片人如同球队的教练,导演如同橄榄球中四分卫。如果他们把自己最好的状态调动起来,将会带动所有工作人员利用一切资源共同为球迷呈现场上发生的事情及原因,告诉他们是哪两个球队在进行这场比赛,为球迷解答所有出现的问题,并把结果告诉观众,使观众高高兴兴地享受整个过程,并继续观看下一场比赛。

◆话题讨论/课后作业

1. 采访制作团队的成员,询问他们为坐在电视前的观众做了什么,每场比赛前需要做哪些准备,以及他们是如何和制作团队中的其他人相互配合的。

2. 查看接下来的体育直播日程并选择任意一场,然后把你对这场比赛了解的情况和不了解的内容列一个单子。如果你是制作者,你会如何准备?

3. 观看一场体育直播并记录在头两节讲述的故事,把这些故事记在笔记本的左边,在右边记下这些故事是怎么发展、怎么结束的。

4. 班级讨论今年最佳的体育故事,电视节目是如何讲述这个故事的?是什么让这个故事难以忘怀?你还记得它的解说员吗?你会在意是哪家电视台转播它的吗?

5. 分析比较不同电视台转播同一个体育比赛的情况。他们是如何运用以下元素去转播体育比赛的,然后哪个电视台在哪些方面做得更好?

a. 直播

b. 重播

c. 音频(自然声和音乐)

d. 解说

e. 采访

f. 图表

g. 数据

h. 技术优化

第八章　体育解说评论员的演变

评论员的工作是详述、阐明、强调和欣赏。

——基斯・杰克逊

提要

- 体育评论员的工作。
- 实况报道的基本原理。
- 分析员做什么。
- 发挥人才作用：从记者到煽动者。
- 打破肤色和性别障碍的先驱。
- 成为一名体育评论员所需的素质。

30多年以来，基斯・杰克逊是美国实况比赛转播杰出的广播员之一。他是美国广播公司大学校园橄榄球的广播员，第一位美国广播公司《周一晚间橄榄球》栏目的实况报道主持人，美国体育比赛实况转播协会名人堂的一员。自20世纪20年代以来，在所有电视或广播的现场解说员中，他幽默、精练的解说可谓极具代表性。

然而，随着广播媒体的发展，不同类型的人才不断涌现。没有改变的是为观众服务的责任，但是不同体育人才的工作以及他们所在的广播电视节目定位会有很大的差异。体育解说评论员要是能按基斯・杰克逊的路子走，不管他（她）有什么分工，肯定不会错。

体育解说评论员的工作

详述(amplify)

担任实况比赛报道的体育解说评论员，对正在进行的事件相关内容进行叙述、描述和详述，为观众提供多种信息拓宽他们的思路。他们通过添加背景和统计数据，交锋和场地的历史，对竞争者的批判性分析，运用到每个动作、一组动作或者比赛的战术，进而对参赛选手的竞技状态展开评论分析。解说评论员总是能了解到整场比赛的背景故事，并全方位地解析每个运动员及每支队伍，这样才让解说的存在更有意义。

图 8.1　基斯・杰克逊
来源：经盖蒂图片社同意引用

"amplify"字面的意思是"把音量放大些"。当他们的脸无法被待在家中的观众看到时，体育解说评论员的确需要让他们的声音更洪亮些更激动些。在出镜解说方面，天才的优秀解说员除了通过语言，还可通过他们的眼神、面部表情以及手势来丰富语言进行交流。当他们开始在镜头之外解说比赛时，视觉交流的部分就会消失了。为了补偿这种画面的缺失，评论员确实需要增强他们的音量和激动的程度以便他们的声音听起来更加有趣和吸引观众。

用解析比赛细节和故事线来提高体育广播节目的质量，造就了体育解说员与播音员的不同。后者的基本工作是告诉场内球迷在一场棒球比赛中谁马上要击球，接下来要发生的事情和橄榄球的远近，以及谁犯规或进球得分了。

阐明

体育解说评论员是一名指导，他告诉观众正在发生的事，责任在谁、如何发生的以及发生的时间和原因。新闻记者回答这些问题时是平淡和简单的。对于那些现场评论直播的记者来说，他们的故事是说出来的，不是写下来的。他们的工作是生产和消费同时进行的，不像报刊记者，可以重审、修改稿件后发表出去供人阅读。因此，他们对说话的内容、如何措辞以及音调高低必须更加重视。

解说评论中为了阐述得体，体育解说评论员必须熟知这项运动，它的团队、参赛者、此项运动的历史以及规则，这一切都始于好奇。在比赛开始的前几天评论员提出大量问题以及通过做调查研究找出答案，最好的天才体育评论员是那些做足了功课的人。娱乐体育节目电视网的主持人迈克尔·梯利柯曾表示在橄榄球赛季里每周要用70个小时的时间去准备一个要求三个半小时完成的“周一晚间橄榄球”节目的实况报道。

停顿

如果读一本没有标点符号的书会是多么的困难。停顿的逗号或句号区分上下文不同的思想或话题，感叹号加强语气，下划线突出重点，问号提出疑问。体育解说评论员通过改变语速、音调、语气和音量的方法给电视节目加上停顿，将报道个人比赛的重要性和艺术性渗透到四分之一、一半、一段时期或者一整场比赛的新闻报道中。当竞赛接近尾声的时候，他们分析比赛的每一个成分如何影响即将发生的结果，并以此设置悬念。

有时在比赛中最好的解说，就是没有解说，让观众自己去感受比赛现场的画面和声音传递出来的一切。当一方经过努力获取冠军的时候，观众们想听到的是运动员狂喜的呐喊和人群的欢呼声，而不是一个体育解说评论员喋喋不休的讲述。伴随着停顿对于电视体育的巨大影响，人们意识到了“留白”的重要性，他们清楚何时去“展示”，何时再次说话，判断刚刚发生的体育事件。

欣赏

节目是否受观众欣赏是区分最好与良好评论员的重要因素。各行各业的人对工作的热爱程度存在着明显的区别。在体育解说评论中观众能够辨别出哪个报道员对讲述故事和报道事件充满了热情，也会辨别出他们是否热爱他们所从事的运动项目，是否真正尊重在场上或是在场边的参赛队员，理解他们为提高成绩所学的技巧、所下的决心和所付出的辛勤和努力。这些评论员的愉悦和兴奋是能够传染的，在一个非常个人的一对一交流形式中他们的享受变成了观众的享受。

细想一下，解说评论员参加体育比赛报道会得到报酬，在比赛场地拥有最好的座位，能接触到最深层次的研究和最精确的信息，但是听他们的解说时好像他或她并没有在享受这样的体验。他们可能只是在详述、阐明和停顿，如果他们没有乐趣的话，就不会把工作完成好。

帕特·萨默罗尔，他从事体育评论员的职业跨越了50年，他引用导师、名人堂的广播员史蒂夫·里维斯说的一句话很好地证明了这个观点。那句话是这样说的："我们不是来自威斯敏斯特大教堂的广播节目，你可以拥有幽默感。这不过是一场比赛，你依然可以享受它。"

实况报道

在电视体育的初创阶段，评论功能仅仅体现在对比赛的实况报道上。比尔·斯特恩、雷德·巴伯以及其他每一位早期阶段比赛实况报道的评论员都是单独工作的。没有人专门来解析比赛、谈运动员的私生活或是讲些奇闻轶事，没有可即时重放的录像论述比赛或演示技巧，没有场外记者或工作人员挤满主持人的工作室，也没有退役的运动员和教练来补充他们的观点或新的情况。报道体育的电视台和广播网工作者认为用一种声音来告诉观众正在发生的事情和相关的人就足够了。

在21世纪，现场解说的实质仍是早期广播员所做的工作，但是随着覆盖范围和讲解范围的扩展以及技术创新速度的加快，它变得更加困难。这项工作关键的元素是：

- 描述事件。讲述正在发展的和正在解决的故事，并显示出权威性，这种权威来自良好的准备，掌握所有消息源，做好应对任何突发状况的准备。
- 因果联系。解释在紧要关头发生的事件及其原因，它的结果将会对个人和团队，乃至城市发展和大学教育产生影响。
- 构建行为。通过提供人物、事件和时间的答案建立起每一个场景。

不需要使用大量的词语来传达信息，因为没有必要告诉观众已经在电视荧屏上看到的内容。构建行为并不要求电视实况报道的评论员努力描述每一个行为（例如："投球！"或者"他正在向右跑"），那是广播电台要做的，而不是电视。

此外，构建行为也要求通过频繁的"重置"来告诉那些正在收看的观众是什么比赛、分数怎样、比赛的场地、发生在紧要关头的事情，以及他们将听到的是谁的声音。

- 确定比赛走向。将当前的活动与那些在先前比赛或赛季中的行为，个人或团队的过去进行联系与比较。
- 扩大和加深。带给观众更有意义并让人感兴趣的相关统计数据、背景信息和奇闻轶事。
- 通过创新和分析获取信息。鼓励批判性的评论、对比和意见。与那些来自教练、管理人员和其他运动分析师的多元观点进行比较。
- 提供观点。实况解说员充分了解该项运动，知道哪些人是球星。但他也是一名观赛者，理应有他（她）的个人观点，但必须声明是以个人视角做出的评论。电视广播网或电视台的主要评论员说的话很容易被误解成代表合作实体的官方言论。
- 直接通信。实况报道广播员经常描述自己是"交通警察"。他们控制信息的流动从公开的表演到实景拍摄，到赞助商的组成和商业广告，到不同地区的各色人才的商品推销，到伴随最后得分和完美一投表演的结束和即将到来的下一场表演。
- 使运动员人性化。向观众介绍屏幕上的个体人物，讲述他们成功、失败和受鼓舞的故事。这会使观众关心比赛中发生了什么以及这些人发生了什么。请把他们的名字念准确！
- 保持谦逊和表示尊重。保持冷静，沉着应对分析家、采访对象和相关官员。尤其重要的是当你与那些持有不同意见的实况报道广播员或者广播网工作人员，或那些拥有不符合主流思想的人交谈的时候。
- 报道即时新闻。如果新闻在比赛中发生了，如果一个球员被交易了，一个总教练被禁赛了，一个事故或其他干扰事件发生了，实况报道广播员自动地就变成了新闻节目的主播。一个最好的例子就是在 1989 年 10 月 17 日旧金山发生地震的时候，当时正在烛台公园为美国广播公司报道世界职业棒球大赛的艾尔·麦克尔斯就调整了他的报道。

- 顾全大局。全面看待当前的比赛，因为它关系到整个联赛或体育运动其他赛事的结果和报道。权衡一天中与其他体育新闻的相关性。

在一个对美国橄榄球联盟电影的采访中，艾尔·麦克尔斯把他做实况报道的工作描述为帮助人们理解在球场上正在发生的事，力争把所有的事实和数据放到“一个环境的框架”中。他说，编辑的过程至关重要：

> 什么最重要？在那里有太多的信息。你想要做好充分准备进入一场比赛。我认为我们都想这样，让比赛顺利进行，然后伴随比赛一起报道。我们和广播员一样了解世界上关于7号橄榄球后卫的最好故事，但是如果他没有参加这场比赛或者他与这次比赛相关的部分没有关系，又该如何报道这种新闻呢？我们努力去做的是参与进去并说，“看，我们知道这个”。如果这个选手突然有一条大新闻或被卷入了一场大的比赛中，我们就可以参与进去，使他个性化，使他对于普通观众来说变得更加有趣。

分　析

分析员的角色出现在20世纪50年代，是作为一个“颜色”评论员开始的。这个在大型比赛广播电视中第二个发言人最初的任务是负责讲述盛大比赛的环境和中场乐队。在比赛期间他们给比赛的主讲人“添色料”。比赛结束后，他们通常被派去更衣室采访。甚至在“增色”评论员把他们对比赛的分析加入广播电视之后，他们中的大部分仍旧要在播音室里多待几分钟以便能够在现场做赛后采访。

1963年对录像即时回放系统的运用永久性地改变了分析员的工作。当体育行业的一个专家、一个之前的参赛选手或者运动员，能够用一个重放来解释比赛和与运动员或与球队相关的错综复杂的情况时，广播网络人员便迅速失去了对传统的“增色”评论和中场乐队的兴趣。

分析员工作的关键要素是：

解释为何如此的原因

这是使用录影即时回放经常要做的事情。放映如何工作？移动的部分是什么？为什么选择在比赛的这一点上进行放映？它成功或失败的原因是什么？一个运动员的表现水平是如何将他或她与其他人区分开的？

预计变化

用当前的事实、趋势、统计资料加上历史和倾向来预测即将到来的比赛，让观众看到期待的所有事情。这不仅仅只是预测一下谁会获胜，还有获胜的方式及原因。并且，当电视播出期间所预计的变化没有发生时，分析员可以用手头的新证据来解释发生的事件和原因。

预计变化的职责也要求分析员帮助导演和制作人制作他们的报道计划，分享信息来帮助导演决定以下情况该使用哪个摄像机：这些信息包括团队如何部署他们的队员，几个队员如何相互配合来进攻，或者个别运动员如何明确地移动来提高他们的效果。它也会帮助制作人员决定哪些运动员或团体需要即时重放来增加比赛如何取胜或失败的故事。

解释变化

报道是发现势头或者解说发展趋势的变化，分析是描述什么造成了这种变化。最好的分析员能迅速发现比赛中的发展趋势。例如，“三码下来不到四码的距离，十次中有九次他们都把球传给了往回跑着的‘A’”。然后向观众展示防守如何符合这个趋势，这将会使比赛看起来更加有趣。

规定变化

当运动员或团队达不到他们的目标时，由分析员决定向观众解释需要改变什么来反败为胜或扭转局势。分析员的视野不仅需要注意比赛场上正在发生的事情，还要注意即将发生的事情。他（她）必须把所有能夺冠制胜的知识运用到符合规定的工作当中，使运动员或团队取得成功。

增加深度和质感

对于一般粉丝来说，有关运动员、球队、比赛场地和竞争对手的信息和奇闻轶事能使电视体育广播更加有趣。从对运动员和教练的采访中、从参加他们的训练中、从专业的调研中以及从在比赛场地或者穿过体育场的简单行走中分析采集相关信息。

约翰·麦登在全国橄榄球联盟广播台做分析员的时候，会拿着一本黄色拍纸簿到赛前练习的运动队中去，并做观察记录。如果在之前的赛季中他曾见过其中一个或两个球队，这也没有关系，他还会看到一些能为比赛解说增加深度和质感的新东西，他会与制作人员和导演分享他的观察帮助他们规划和准备。

做出区分

训练有素的分析员能够洞察最顶尖运动员与他的队友、对手的不同之处。他们能让我们了解球员或球队的特点、强项和弱项，以及如何出类拔萃。

能够区分出最好的表现者的思维是一种“精美的错综复杂”。在许多体育报道中你看到世界上最好的表现者在于他们所做的事情。当某个队员或团队突然提升状态，在赛场上有精彩绝伦的表现时，分析员如果敏锐地在第一时间讲述给观众，那么你将开始看到这些“精美的错综复杂”。观众看到的细节使观看经历更有意义，即是一种享受。

比较

分析员拥有运动员训练和之前每一场参赛球队比赛拍摄的视频片段，作为直播的准备。他们已经观察了过去的表现、过去的赛季，队员之间的和不同对手之间的不同组合。在转播中，分析员能够因此将他或她现在看到的情况与队员或球队在过去对抗相同或不同的对手时如何处理的类似情况做比较，或与他们播放过的非常相似的早期比赛特定时刻情况做比较。

分析员能够从他们在实践中看到的事情分析出什么正在起作用，以及什么已经影响着比赛的走向。他们能够告诉观众每个教练的策略不同，在相同球队或对立球队中不同队员的行为和反应之间的差异，甚至竞争者是如何处理压力、胜利和失败的。

那些在退役或受伤之后离开比赛成为电视分析员的运动员或教练会突然发现他们自己站在了“另一边”，为不同的球队分析比赛。现在他们的工作包括舆论引导和批评，有的时候会涉及自己之前从事运动项目的同仁和教练。那些与分析员有着良好人际关系的运动员和教练通常心态会比较放松。不过，当分析员将批评的矛头指向他们的时候，他们的内心会很不舒服，拒绝配合他们认为是"叛徒"的分析员做任何未来的采访。

分析员的工作在许多方面是代表观众的。提问并回答观众想要知道的关于比赛和运动员的问题，展示给他们比赛是如何进行的，特别是怎么获得成功的。为了做好分析，分析员必须切断与过去的联系并真诚地分析每一位运动员和教练。那些对观众漫不经心或不认真准备、轻视转播效果的分析员终将被要求高的制作人从直播间踢出去。

先前取得巨大成功的运动员现在担任电视分析员，他们会比较自己当前的工作与曾经的运动员时光。为每个比赛紧张地准备：观看比赛记录，研究过去的表现和趋势，与运动员和教练会面，与专业人士一起谋划策略。为比赛那天的准备而兴奋，当分析员拥有这种对比赛的兴奋和热爱时，他（她）就会在电视上获得成功。

丰富人才的角色

在 20 世纪下半叶 21 世纪初，美国的体育报道手段和内容逐渐丰富，对于拥有各种能力的评论家的需求也增加了。在 20 世纪 40 年代末 50 年代初，当地方电视台开始做新闻联播的时候，体育主播职业应运而生。几代体育主播报道了比赛结果、说出相关重点，并且采访了运动员和教练。从最小的电视市场到主播在康涅狄格州布里斯托尔体育中心的亮相，这份工作多年来一直在逐步发展。

20 世纪 60 年代，兼职记者初次登台。他们首次亮相的机会缘于制片人对评论员故事化的深度挖掘感到不满以至失望。联盟和组织对记者在比赛现场采访进行了场地限制，记者们用扩音器来保持记录紧张的气氛。但是当有突发事件发生时，被记录下的比赛画面和声音丰富了报道的内容，成为最好的故事素材。

在现场电视报道的兼职记者与那些报道现场比赛新闻的体育记者之间有一个区分。对于大部分后者（体育记者）来说，他们的"战败"是由体育运动或是由地区而定的。他们的报道是每天、每周或固定时间的新闻报道以及网上转载。兼职记者需要成为“自我编辑”的专家，使评论和采访尽量简短，以便他们不需要从现场比赛中抽出时间来写作。任何电视广播和演播台并不要求比赛现场的体育记者成为杰出的采访者、写作家和编辑家，但是他们需要分享他们的现场报道，大部分战地记者都要在第一时间迅速编辑和制作自己的内容进行传播，这些报道不受现场比赛的时间限制。

电视体育记者和一般记者的作用相似，只是要具有自己明确的特征，那就是专栏作家。这些强大的记者发表自己报告的观点以及对新闻故事、人物和争论的首次个人报道。他们在初期，被看作是随笔作家，并且他们的描述建立在先锋者的工作上，例如，杰克·惠特克、海伍德·黑尔·勃朗、黑沃德·科赛尔和法兰克·狄佛，他们的写作和观察水平是杰出的。娱乐体育节目电视网成功的系列剧《抱歉打扰》基于托尼·柯恩海瑟和迈克尔·威尔邦两位专栏作家的洞察力和观点。贯穿他们或集中或冲突的独立思想的主线使表演引人注目。

主持人与比赛实况报道评论员的职能渐渐地完全区分开了。当美国广播公司在 1969 年播放第三届美国橄榄球超级碗大赛时，科特·高迪主持了比赛并做了现场实况报道。到 20 世纪 70 年代对于媒体来说是家常便饭了。随着赛前、中场和赛后报道的增加与扩展，球迷的观赛欲望不断得到满足。这样也为网络工作者提供更多的商业机会获得额外的收入，演播室主持人和现场活动主持人都被列入体育工作人才之类的名单之中。

不论在演播室还是在比赛现场，赛前主持人都会向观众介绍即将上场的运动员和教练。主持人对时间的把控更加自由灵活，而实况报道评论员相对较为受约束。一场比赛当中，仅有的几次停顿无非就是几十秒到几分钟，因此关于运动员的生活采访是不适宜出现的。主持人的作用是把比赛看成是大事件的一部分，大的事件包括：联盟、其他比赛对本场比赛的影响或者本场比赛对其他比赛的影响，以及这项运动本身的重大问题。主持人也许可以提供许多值得讲述的题外故事，但是在现场报道的繁忙阶段这是不合适的。

主持人另一个重要的技巧是使无组织变得像是有组织的。提前准备一个赛前报道提纲，这个提纲像是一个新闻报道那样有顺序地列出所有要素、它们的来源，以及每个要素所需要的运行时间。但是中场休息和赛后报道在不同的时间显示出多样的结果，其中一些精彩片段已经准备好并且等待着半场或最终结果的出现，感觉好像是在一个火车站有几列火车都汇聚到了一个交叉路口。这种保持镇静并且自然地从一则无稿的新闻过渡到下一则的能力是一个强大演播室主持人的素养。

主持人做的一件最重要的事是为他们的演播室分析员做好铺垫和准备，这是体育电视人才的另一个分类，在过去的几十年一直在改进之中。它是比赛分析员职业的混合物，比在演播室里的分析员拥有更多的活动范围和时间来讲述一个故事，演播室分析员的评论在比赛之中必须限制到一两句话。现代演播室分析员的源头可追溯到1975年“今日国家橄榄球联盟”在哥伦比亚广播公司的初次登台。布伦特·斯伯格接待了演播室的常客厄夫·克劳斯、菲利斯·乔治和“希腊”吉米·斯奈德。厄夫·克劳斯曾经做过运动员、教练和比赛分析员，在那时他把经验带进了哥伦比亚广播公司的演播室。菲利斯·乔治专门研究采访和专题节目，斯奈德的关注点是球员变化和预估比赛的结果。

自1975年以来，演播室分析员专业的数量已经多样化了，并且没有迹象表明这种多样化将会结束，除非运动本身停止发展。演播室的专家可以通过私下联系的网络联盟“会员”来发表评论。他们集中于指导比赛策略、介绍裁判和规则、阐述分析球员受伤、球员选择方案、奇幻的比赛、规则和行政管理事件、比赛日天气状况，或者风格和文化主题。

电视体育已经成为引起争端的地方。自从第一次霍华德·柯塞尔激怒穆罕默德·阿里，又责骂“奶油小生”梅里迪斯，指责梅里迪斯为代表的运动员分析员的“运动服统治”。“运动服统治”(jockocracy)一词是由美国历史上最著名的电视体育解说员之一霍华德·柯塞尔于1985年提出的。他把过去赛场上的运动员、教练员或官员担任电视体育解说顾问这一现象称为“运动服统治”。他认为，这是一群“身着过去的运动服的家伙，他们在比赛中陈词滥调的使用是最起码的错误”。今天，“运动服统治者”体现出的对体育赛事的过度诠释颇有荦荦大端之势，似乎唯有在术语和深度剖析上高人一等方能服众。捣乱分子有些时候嘲弄和刺激甚至威胁他的搭档，甚至一起评论的同事，目的是吸引大家的注意，引发那些热爱讨论的观众的激情与火花，使它成为炙手可热的话题。并且，无一例外地，捣乱分子也会专心致力于把注意力吸引到他们自己的身上来，使他们自己更加出名。

制作人的挑战是以他们明确的广播电视现场报道要求挑选合适的角色和最好的人才。如果制作人把一个比赛实况评论员和两个分析员安排在演播室里，但却没有使用一个兼职记者，那么当突发事件在球场内或场外出现的时候，他或她在演播室是束手无策的，更不知对观众如何表达。

1995 年 1 月，我在澳大利亚墨尔本担任娱乐体育节目网的网球协调制作员。当时的三个初级网球评论员是克里夫·德赖斯代尔、弗雷德·斯托利和玛丽·卡里略。正在直播的是网球的四大满贯比赛之一——澳大利亚网球公开赛，他们三人整齐地坐在同一个评论演播室。尤其玛丽·卡里略在她两个同事激励之下的评论富有深刻见解并令人愉快。

因为人手不足，我们找来一个兼职记者。当皮特·森柏斯在其中一场我们正在播放的男子四分之一决赛中遇到了吉姆·考瑞尔的时候，考瑞尔赢得了前一回合，森柏斯反过来赢得了后两回合。在第十五回合的时候，皮特·森柏斯不知为什么开始哭泣。因为他的泪水，他赢得了很多人的同情。这一时刻考瑞尔来到网边问森柏斯他是否还好。

我们不能充分讲述场上，正在发生什么事和森柏斯为什么要哭，因为三个评论员都在靠近赛场顶部的电视演播室里。我立刻让玛丽·卡里略摘下耳机走下去到球场边弄清楚事情的细节。几分钟后她返回来告诉观众，皮特的哭泣是因为他的教练蒂姆·利克森，他的教练被诊断出患有脑肿瘤。当一个球迷高声大喊："为你的教练比赛吧。"引起了森柏斯悲痛的情绪。令人惊奇的是，在第十五回合他继续比赛并以 6 比 3 的成绩击败了考瑞尔。蒂姆·利克森在 1996 年 5 月去世，享年 44 岁。

证明球场上没有眼睛和耳朵的广播电视是多么难以为继，在之后的重大网球比赛再也不会缺少一线记者了。

在电视转播的另一端，演播室报道中有一个主持人和四五个分析员会在下一个该谁说和说什么的问题上产生困惑。分析员会因为没有充分利用好一个比赛或话题感到痛苦，因为其他所有的人都要分享他们的广播时刻。一两个真正优秀的分析员比四五个普通的分析员更能使演播变得精彩，这些分析员有些是好的记者和善谈的交流者，有的可能只是有名而已。

先行者

讲述体育评论元老的故事可以写成一本书。之前，我们已经提到了比尔·斯特恩、雷德·巴伯、吉米·麦基、布伦特·穆斯伯格、霍华德·柯塞尔、基斯·杰克逊等，他们中的所有人都应该有他们的传记。厄夫·克劳斯也应该有。

在体育电视最初的32年间，即从1939年到1971年，公众看到做评论的都是白人。没有聘用过少数民族在电视上做体育运动的广播工作。1971年当美国娱乐体育节目网聘用厄夫·克劳斯担任美国橄榄球联盟地区比赛广播分析员的时候，情况就改变了。

从1961年到1966年，厄夫·克劳斯先是在费城老鹰队作为一名防守后卫，之后被交易到了洛杉矶公羊队。他作为老鹰队的队员两次参加全明星赛。1969年，他作为一名教练再次回到费城老鹰队。1970年，他退役了，但在老鹰队中继续担任助理教练。克劳斯在下一年加入了哥伦比亚广

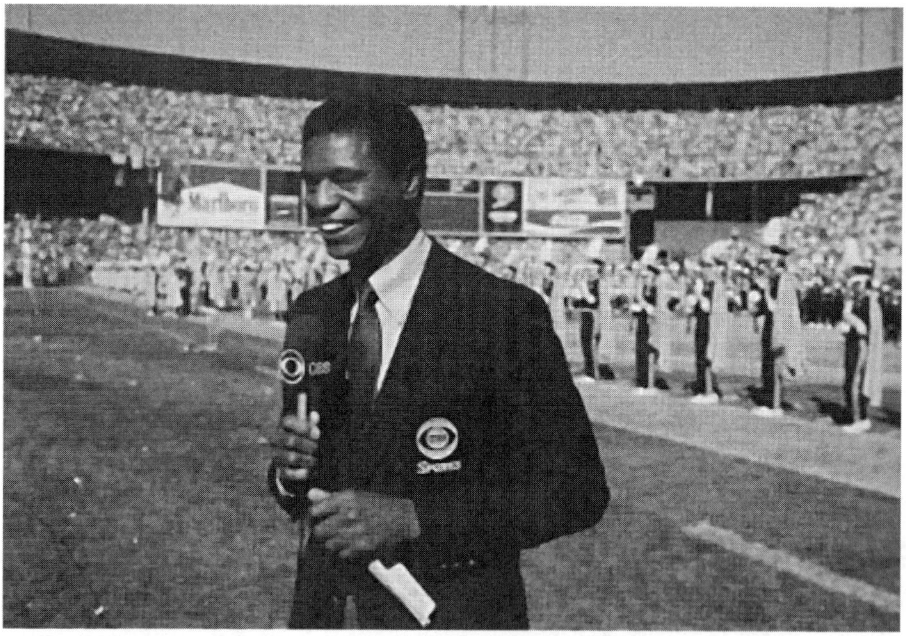

图8.2　厄夫·克劳斯，第一个成为美国国家广播台体育广播员的非洲裔美国人
资料来源：格瑞特图片

播公司并在接下来的23年一直从事广播工作。他通过1975年的一个名为“今日橄榄球”的体育节目被公众熟知。在这个节目中他是一名实时分析员。

2009年，厄夫·克劳斯获得了由美国橄榄球名人堂颁发的比特·洛兹尔广播电视奖。在发表获奖感言时，克劳斯说：“我一直很享受橄榄球这项运动比赛策略包括如何打破别人的进攻和布置防守的思考。”所以对克劳斯来说从运动员到教练再到电视评论员的转变是很自然的。但是克劳斯说，在他结束运动员生涯后，曾想过做一名普通的管理人员而不是走进电视台。

克劳斯作为少数民族第一个成为在国家电视台体育部门工作的转播员，加之他的开创性工作，致使成千上万黑皮肤的年轻人把这个工作视为一件可以激励他们和为他们打开通往知识、教育和沟通方法的大门。

由于简·贾斯丁和多纳·德·瓦罗娜的参与，年轻女性也同样能成为体育评论员。1963年，贾斯丁高中毕业的第二年，她首先在哥伦比亚电视台的下属电视台做记者，她被称为“周五教练”因为她常常预测周六的大学生橄榄球赛。当贾斯丁进入哥伦比亚附属电视台——迈阿密频道，她成为一名受人尊敬的体育记者并得到了第一份体育广播任务。贾斯丁对分配任务不满意，所以在哥伦比亚电视台只待了一年。她抱怨最多的是采访那些啦啦队队长和运动员妻子。

多纳·德·瓦罗娜作为游泳队运动员代表美国参加1960年在罗马举办的奥林匹克运动会时只有13岁。她在1964年的东京奥运会上赢得两枚金牌并被美联社称为年度世界杰出女运动员。1965年，当瓦罗娜从游泳竞赛中退役时年仅17岁。美国广播公司将麦克风放在她手里，从此她成为了第一个在美国广播电视工作的女性体育评论员。

1988年，多纳·德·瓦罗娜为美国广播公司报道了韩国汉城奥运会赛事。同时，她还为美国广播公司晚报和晚间新闻做报道。她同网球传奇人物金恩一起创立了女子体育基金会，并在1976－1984年期间担任该基金会的第一任主席。

图 8.3　简・贾斯丁
来源：脸谱网

图 8.4　多纳・德・瓦罗娜
来源：国际游泳名人堂

成为一名体育解说评论员

就全国来说，得到一份在电视台播报体育的工作是年轻体育爱好者和男孩女孩们的梦想。对具有运动天分的人来说，很有可能实现这个梦想。但只有很少一部分人符合所有条件，并且足够幸运地在合适的时间合适的地点被发现潜质，获得这样一份实况转播的工作。

下列标准是作为一名成功的电视体育评论员最基本的要求：

- 对体育感兴趣并且具有广泛的体育知识。
- 对一项或多项体育运动具有专业知识。这些知识来自于自身是一个体育运动的终身粉丝与对运动员的过去和现在、运动队、历史、规则、场地以及同一时期重要问题的研究。
- 自信。当灯光和摄像机准备就绪时，实况转播的天赋立刻显露出来，他们信心满满，因为他们知道手中的信息是最可靠、最权威的。他们根据这些做出的报道没有任何人能模仿或超越。
- 性格。电视观众喜欢传递体育信息的人。他们希望得到可靠的消息，同时也希望体育评论员也像他们一样热爱体育运动。感受与交流比仅仅谈论体育更加有乐趣。
- 真诚。电视观众可以在五秒甚至更短的时间里识破虚假。一名成功的电视评论员，会在他的声音、面部表情，最重要的是眼睛中显露出真诚的态度。几乎每个人都会在说话的时候注视对方的眼睛，不论是面对面还是通过电视。所以，如果评论员是真诚的并且相信自己说的话，这一切都会从眼神中表现出来。

- 谦逊。这是对所有体育人才的要求。体育报道的魅力是要赞赏别人的工作与能力而不是自己。打个比方，当鲍勃·卡索斯拿自己的身高自嘲，他显示了自己的弱点反而让人觉得亲近。因此得到更多人的喜爱。
- 随机应变。电视直播中存在许多无法预料的变化和突发事件。评论员需要对当时的情况作出快速恰当的反应，可以增加内容来缓解紧张氛围。这样的能力是很难学到的。
- 耐心。一名顶级的评论员在直播画面出现时，能及时把事情搞清楚。在他们口中不会有急躁的语言和局促的呼吸，耐心成就了他们的评论，无论此时发生的事有多突然。

一名成功的体育实况转播员一定也是一个努力工作的人。这在学校和其他专业领域都得到了验证。当然，在体育电视台也是这样的。这就需要对工作尽心尽职和对体育始终不渝地热爱，以及对每个任务的研究与解读。研究有时候包含上百页的资料：规则、背景、分析和报纸及网络提供的报道。忙碌于家、赛场和演播厅之间一点都不刺激，也不轻松。大清早就有关于当天晚上比赛的会议，然后晚上还有关于第二天节目的会议。如果篮球锦标赛和网球大满贯在同一天举行，需要在这两场比赛之间忙碌，连上厕所的时间都没有。毫无疑问，这是一件艰难的工作。只有那些一直努力工作的人才会成为下一代人的偶像与榜样。

最后，有一个关键，即使你百分之百具备上述专业技术，一旦丢掉了这个关键，就将成功无望：即在电视上做体育直播的人要有出色的与人沟通的能力。他们要长时间地与同事、制作人、研究人员、技术人员和助手一起工作。他们要一起面对挑战，一起辗转于各地，一起滞留在机场。

体育评论员会经常与选手、教练、指导人员和他们管理人员沟通交流。也会经常像他们采访别人一样被人提问和采访。

总而言之，关键就是要对每个人表达真诚的尊敬。请求别人的帮助而不是要求别人的帮助;感谢给你提供便利与帮助的人,不要认为你得到的一切是理所当然的。要一直保持对体育运动——那个你少年时候就盼望进入的行业的热爱。

小 结

电视体育评论员通过将现场比赛的实况转换成戏剧性的解读与评论为观众服务。正如美国体育广播公司退役运动员基斯·杰克逊所说:“这项工作就是详述、阐明、强调和欣赏”。评论员通过增加关于比赛和运动员的信息以及把比赛放到背景环境中进行详述。他或她通过回答记者提出的各种问题来阐明情况,这些问题包括:正在发生什么,怎样发生的,以及谁的责任。一个带有兴奋的感叹号的停顿,或者用比赛现场和运动员的声音来加入故事的停顿,会使现场电视报道增加戏剧性。并且,最好的评论员会带着对这场比赛的热情与那些在电视机前观看比赛的观众分享亲临现场的愉悦和享受。

体育电视开始的时候,评论员唯一的工作就是在比赛现场做实况报道。“增色”评论员被加入到重大比赛中开始于20世纪50年代末60年代初,他们向观众讲述这个盛会和比赛现场周围的一切事物。1963年年末即时回放技术的到来催生了现代体育电视分析员,通常情况下是一个能够用重放的录像来仔细分析和解释正式比赛之前的运动员或教练。

最近几十年来,几种新的人才应运而生,为体育节目增添了神韵和趣味。随着体育比赛的增多,现场报道的比重增加了,这就需要有更多的人来分析解读比赛事件。任何评论员都要对体育充满热情,并具有愿意在晚上或周末加班努力工作的品质。并且需要自信、个性、诚挚、谦逊、头脑灵活、耐心和杰出的人际交往能力。少数全面拥有良好品质的人成为了电视明星,他们的名字被全国球迷熟知。

业界对那些打破了体育电视存在种族和性别歧视的先行者们有一份感激之情。美国广播公司的多纳·德·瓦罗娜与之前在地方电视台后又在哥伦比亚广播公司工作的简·贾斯丁,是第一批成为美国体育评论员的女性。1971年当厄夫·克劳斯从专业橄榄球队退役并开始为哥伦比亚广播公司工作的时候,他成为了第一个在全国广播网报道体育的非洲裔美国人。

◆话题讨论/课后作业

1. 你认为当前谁是最优秀的比赛实况报道主持人？利用这一章节中工作素质要求的清单，解释你认为这个主持人什么地方做得比其他人要好。

2. 利用这一章节对这份工作关键要素的描述来为你认为最好的电视分析员做相同的解释。

3. 调查以下其中一位体育电视主持人的事业发展轨迹。他们如何开始播报的？他们为哪个时段的哪个事件做了报道？他们对这份职业长久的贡献是什么？

雷德·巴伯

吉米·麦基

柯特·高迪

布伦特·斯伯格

霍华德·柯塞尔

多纳·德·瓦罗娜

4. 观看任何电视转播体育赛事并做笔记，记录评论员是如何影响你的。他们为你理解正在发生的事件起到了什么作用？他们对过程和原因的解释是怎样的，或者他们告诉你运动员做了什么？

第九章　国际体育赛事转播

体育是属于每个人的。

——现代奥运会的创始人皮埃尔·德·顾拜旦

提要

- 比较国内外体育节目。
- 国际版权协议。
- 主转播机构的作用。
- 主转播机构提供各种有效电视信号。
- 什么是独立的、单边的信号？
- 主转播机构模式的转变。
- 国际广播中心。
- 海外制作电视体育节目。

1960年罗马奥运会、1964年东京奥运会、奥地利因斯布鲁克冬奥会这些在国外举办的奥运会的报道和1961年美国全国广播公司每周周末播出的“体育大世界”节目，把美国人对世界各地体育运动的胃口刺激起来了。这是横跨大西洋和太平洋通讯卫星的发射和海底越洋光纤电缆铺设的结果。从国外来到美国的体育项目和美国本土的体育运动看起来有很大差别，有时甚至具有异国情调，绝对“外国”。但与美国本土的体育项目转播节目相比，它们的图像和声音一直不十分清晰或不同步。这是因为欧洲网络使用不同的广播技术制式标准PAL制，必须转换为美国的NTSC制式，PAL制的分辨率线数较少。

为美国电视观众制作的国际体育节目确实打开了我们的眼界和开阔了我

们的视野。我们发现,一些在美国国内被认为是“非主流”的运动项目,如网球、足球、赛马等,在海外很多国家却是主流的运动项目。有些运动在美国国内几乎没有电视转播,如板球、英式橄榄球和一级方程式赛车等,在北美以外的大陆却有上百万忠实的粉丝,拥有著名球星和昂贵的电视转播合同。在美国,拥有最大的粉丝群体和最有价值的电视转播的主流体育项目,如橄榄球和棒球,却只有少数几个国家有些许兴趣,而从事这项运动的人更少。我们文前引述顾拜旦的名言显然是有问题的:不是所有的运动都适合每一个人。

抛开体育项目类型和比赛地点不说的话,电视体育节目的基本要素却相差无几:通过语言和图像告诉人们充满戏剧性的、有趣的、真实生动的故事。我们使用的术语可能会有所不同:我们的评论员或播音员在许多国家被称为“主持人”。我们能在镜头里看到在现场的主持人,是由于电视转播车的实况转播。美国电视专业人员所说的“现场采访”,在美国之外的英语国家称为“recce(速探)”。在非英语世界,翻译得更是五花八门。但是,不管术语是什么,全世界制作体育节目人员的目标是一样的:给数百万热情的观众传播引人瞩目的电视体育节目。

当美国的电视网为本国观众去海外制作电视节目时,或者当外国广播公司来美国把体育赛事报道发回自己国家时,不同文化对体育的不同认识使节目变得更加有趣。每个国家和每个电视网以自己的方式制作节目,当他们共同努力为很多国家制作国际体育赛事时,有三个共同的基本点:(1)国际版权协议;(2)主转播机构;(3)国际广播中心。

国际版权协议

在第六章,我们讨论了电视转播权是如何发挥作用的:一个电视网或电视台根据合同规定给赛事组织者或联盟支付一定数量的费用,获得整个比赛的独家电视转播权或超过特定时间的播放权。电视网或电视台付费取得国内体育赛事的转播权,然后承担制作新闻报道,提供所有必需的人员和技术、设备,把所有的节目传送到它的各站点和系统内的任务。

国际版权协议有不同的作用。电视机构付费给比赛组织者,获得一个特定地域的独家赛事转播权,可能是一个国家或一些国家,无论这些国家是否相邻。作为回报,这些电视机构得到如下权利:(1)通过比赛的国际公用信号把信息传递回本国领土。(2)准许一定数量注册人员进入场地。(3)在本国领土上播放的比赛节目中有播放广告的专有权。获得足球世界杯、奥运会或者温布尔登网球公开赛等赛事的国际版权协议,并不意味着允许在场地放置自己的摄像机或把自己的人员、技术、装备带进场地。因为仅仅是比赛场地的空间限制,就不允许这么做。试想,如果2010年南非世界杯上拥有电视转播权的199个国家都把自己的摄像机、麦克风和工作人员放在场馆的每个角落,那留给观众和运动员的空间就很小了。

世界杯的组织者国际足联给它的持权转播商提供公用信号,在组委会的国际广播中心,信号是可以使用的,它包含了比赛所有场次基本的报道内容。每个国家的转播权持有者,根据本国观众的需要,添加解说、图像等,制作适合在本国播放的节目,并负责确保把信号传送回自己的国家。

如果一个电视机构想要拥有更大的使用权和拥有自己的演播室、技术设施和现场制作人员,该电视机构必须为这些增加的权利支付更多的费用。全国广播公司为2012年伦敦奥运会转播权支付了11.81亿美元。因此,全国广播公司获准设立了若干个演播室和评论席,他们自己的摄像机和麦克风也可以进入一些奥运场馆。当影响节目播出计划的问题出现时或节目需要时,他们自己的报道就可以发挥作用了。全国广播公司增加了多个控制室、编辑设备和上千个需要国际奥林匹克委员会注册的编辑人员。传统上,美国广播公司支付的转播权费用占国际奥委会所有电视转播权的一半,世界上其他国家支付的所有费用占了另一半。欧洲和非洲等地区的几个国家的广播公司联合起来购买转播权是很常见的。与国际足联和国际奥委会这样的国际组织商谈价格,联合起来的电视机构比单个一对一的议价能力要强,影响也更大。比如,2009年,总部设在德国汉堡、被称为五环体育联合集团的联合电视机构以3.125亿美元取得了2014年索契冬奥会和2016年里约夏季奥运会在40个欧洲国家和地区的电视转播权。五环体育联合集团继而又反过来从40个合作伙伴中收取支付电视转播、制作设备、增强信号、人员配备以及节目信号传输等费用。

一般来讲,国际版权协议赋予广播公司的播放许可只有一次:如果站点离他们所在的地区有几个时区,他们可以选择直播或延时播出。

在所有视频的所有权回到组织者之后,广播公司几乎得不到任何比赛的重播权,在一段时间内他们使用赛事集锦也受到限制。这些限制或禁令在比赛之前已告知了所有的新闻和体育媒体。通常，非转播权持有者是严格禁止新闻报道的，直到转播权持有者的节目停播以后。这种限制还体现在 24 小时规定时间内，有多少秒的视频可以用在真正的新闻节目中。版权持有者把截止日期放在他们的视频中也是常见的。例如，全国广播公司不允许非转播权持有者在比赛开始直播后的 48 小时内使用任何集锦。转播权持有者很少允许他人在任何网络视频平台上使用集锦。他们要鼓励体育迷在他们专有的网站上收看视频，而不是在那些竞争对手或第三方拥有的网站上收看视频。

主转播机构

组织一个国际体育赛事包含庞大复杂的工作。国际奥委会必须和将要参赛的每个国家的体育组织合作，要同主办城市在体育场馆、运动员村和其他各种设施的设计与构造等方面进行合作，还包括奥运特许商品的营销。国际足联曾花三年时间协调 64 个球队参加一届世界杯的比赛。国际足联与 64 个国家的足球联合会一起共事，就像国际奥委会与每个单项运动项目的管理机构合作一样。他们还要参与体育场馆的建造或改造和门票销售。组织比赛是这些国际组织的专职业务，但转播、做节目不是。

为了处理所有电视制作事务和与转播权持有者的关系，国际组织者与第三方制作公司签订合同，或建立主管转播的分支机构。主转播机构的作用是为转播权持有者制作每一场比赛的电视和广播公用信号。因此主转播机构必须做到：

- 设计、建造、安装、运行国际广播中心，比赛结束时再拆除它。
- 设计、建造、安装、运行比赛场馆移动电视设施和设备，并选择颁奖场地或新闻发布会和采访场所等非比赛场地。
- 协调和提供每个转播权持有者所需的各种设施和服务。从选择各个场馆和摄像机发来信号的路由器，到办公设备和餐饮，范围很广。主转播机构有一个清晰而详尽的价目表，包括所有事务，甚至是一把椅子或一餐饭。
- 代表转播权持有者向组织者提出需求，例如，智利网络公司需要将其本国头号球员为主的一场比赛安排在智利晚间黄金时段进行。主转播机构不能保证调整比赛计划，但负责把这个要求提交给组委会。

- 制作各种特别节目和视频花絮，开放任何网络都可以使用的部分比赛内容。
- 协助组委会完成场馆内适应转播需求的基础设施的设计和构造。这些可能包括覆盖户外比赛（如一个主要的高尔夫比赛）的高空摄像机，增加新闻记者席位，或追加评论席。
- 每个转播场馆都提供能够显示比赛时间长度和时间节点的所有数据和比分，或者像网球比赛中，设置与得分分值匹配的发球成功率、失误率和其他跟踪比赛的统计数值。这些数据成为原始公用信号图像的一部分，同时也可连接在现场的转播权持有者的图像制作设备上。

这种主转播机构模式可以追溯到1972年的慕尼黑奥运会，在那里第一次出现了独立并区别于奥运会主办国国内播出面向全球的国际信号。德国电视一台（ARD）和德国电视二台（ZDF）组建了一个单独的团队专门制作国际信号。在此之前，以1964年东京夏季奥运会的日本广播协会（NHK）为例，其作为主办国主要的广播电视机构负责向购买了国际奥委会电视转播权的任何电视机构提供的都是其国内报道的内容。对于较小的、不太复杂的国际赛事，如为期三天的戴维斯杯网球赛事，国内主要的广播电视机构仍负责充当主转播机构，并将其报道的内容提供给任何已经从主办方购买了国外转播权的电视机构，在戴维斯杯网球赛上负责这一工作的是国际网球联合会。

电缆被切断与行贿莫斯科

在我二十多年从事国际体育电视转播的经历中，最具挑战性的事件之一是1995年12月在莫斯科举行的戴维斯杯决赛，由皮特·桑普拉斯领衔的美国队对阵俄罗斯国家队。我们要为美国娱乐体育节目网制作为期三天的赛事报道和现场直播比赛。俄罗斯电视网络ORT作为本次赛事的主转播机构来提供服务。

本次比赛被安排在专为1980年莫斯科奥运会修建的海绵球场。这个红土网球场建在一座巨型建筑的一个角落里，在奥运会之后的十五年时间里它已经很少使用，亟须清洁。

我们带来了网球评论员：克里夫·德赖斯代尔、玛丽·卡雷洛和弗雷德·斯托勒，随行的制片人、导演、业务经理、副制片人和来自美国的翻译等。伍兹电视从巴黎运来了我们租用的所有技术设备，并且在奥运赛场后台的房间里建好了中控室。

事情是在比赛前一天开始的，我们的工作人员急于测试ORT的电视信号，但俄罗斯一直把我们拒之门外。我们提出自己进行连接测试，但通过翻译我们被告知，"这可能是危险的"。

在那个周四的下午，我们的技术总监伯尼·克拉斯卡，一个生活在德国的美国人被激怒了。他在忍无可忍的情况下，自己连接了设备并测试了摄像机，完成后我们返回了酒店。

周五上午，当我们到达赛场时，发现我们的电缆已被切断，而几个小时后就要开始现场直播比赛实况。当我到达ORT，试图弄明白发生了什么事情时，得到的回答是"我们告诉过你自己连接电缆可能是危险的"。俄罗斯导演身边的一个助理直白地告诉我他的要求：要恢复连接，先要付"一千美元"现金。身处俄罗斯的我知道手里应该备一些贿赂之物，但此刻我没有一千美元现金。

在那一刻，我只能求助于在现场的克里斯托弗·斯托克斯，国际网球联合会的执行董事。我与克里斯托弗密切合作过很多次，我们的良好关系在那一天起了重要作用。他同意拿出现金来支付这笔费用。我们付给了俄罗斯人现金，电缆被重新连接，当天下午我们开始了在莫斯科的网球赛事直播。

也许是巧合，那个周末美国队击败俄罗斯队赢得戴维斯杯。

主转播机构制作多种信号

主转播机构是独立于赛事举办国的电视机构，它提供多种信号资源供已经购买了电视转播权的其他电视机构选择和使用。持权电视机构可以简单地转播由主转播机构制作完成的节目，加上自己的台标和解说评论，或者可以根据国内观众的喜好特别定制。这些信号资源可以有四种配置：

- 合成信号：包括所有的视频、现场环境声、解说员解说、各种字幕图形，以及无机构标识的得分数据。
- 非合成信号：包括视频、现场音频、图表和得分，但没有评论。
- 非合成无字幕信号：仅仅是现场的视频和音频，没有字幕表（根据需要，除了得分和必要的图形），也没有评论。
- 独立信号：是从选定的摄像机直接传送信号，如在演播室的采访信号，或从一个特定的地点拍摄的信号。

如果一个广播电视机构选择了一个非合成信号，它可以添加自己评论员的画外音。采用罗马字母标注的各种图表和得分数据，可以被大多数使用其他语言的观众理解。评论员可以在比赛现场、在国际广播中心演播室或回到自己的工作室，通过调看监视器上的视频画面加入对现场比赛解说的声音，最终完成节目制作。调看“非直播画面”是定制节目信号最经济有效的方法，节约了网络费用、差旅费和在现场国际广播中心架设制作设备的相关费用。

独立信号

如果像奥运会或温布尔登网球公开赛那样同时在不同地点或不同网球场进行的比赛，持权转播者可以根据选手和场地选择不同的比赛向国内观众转播。如果来自克罗地亚的铅球冠军正在田径场地比赛，那么克罗地亚电视机构就可以选择这个场地的画面，尽管世界其他地区的观众可能聚焦于同时在游泳中心进行的游泳比赛。如果来自日本排名第一的网球选手正在温布尔登网球公开赛的13号球场比赛，那么无论是谁在中心球场比赛，作为日本的持权转播者NHK可以在自己的一路画面信号上键入“13号球场”并展示给他们的观众。比赛场地提供的这些独立的信号，全部由主转播机构聘请的专业人士导演并制作。

对于广播电视公司来说，通过一个特定的摄像机输出一路独立的信号是很常见的，比如电视台打算插入商业广告时，可以使用一个固定在场地上空的特写镜头，或者用背景叠加图标作为下节提示。一些有更高要求的持权转播者会要求提供一些独立的画面，以便自行切入并扩充主转播机构的画面，使观众看到的节目更有针对性。唯一的挑战在于直播过程中切入这路信号时，因操作这路信号的摄像人员只能听到主转播机构导演的声音，所以很可能在直播过程中看到这种情况：摄像机镜头突然摇到另一个被摄物体或重新聚焦。由于电视节目的导演只能看到画面而听不到主转播机构导演对摄像人员要求变换拍摄对象的命令和变化镜头的命令，所以看起来电视画面似乎出现了错误。所有国际赛事的摄像人员都明确自己拍摄的对象和区域，所以他们的操作往往也更稳定，以方便持权转播机构对画面的切换。但是，如果有几个不同的电视机构同时叠加使用他们的信号，导播人员讲多种语言，摄像人员就只能听从一个声音：主转播机构导演的命令。因此，摄像人员永远不会知道电视节目是否正在直播他们晃动的或变换焦点的画面。

持权转播机构在基本的转播信号之外每增加一路独立的信号，都会额外付费。它也可以在国际广播中心设置演播室，提供节目制作及办公场所，分配和装备解说席位，提供会客室，把信号传送到最近的光纤终端，还得供应电脑、家具，甚至是饮食。当把从主转播机构的价目表上选择的项目加起来时，会发现是非常昂贵的。

主转播机构模式的转变

在 1984 年的洛杉矶夏季奥运会上，国际联合转播团队多了一个新的选择。为了给观众呈现更个性化的报道，持权转播机构在支付额外费用后可以在比赛场地上设置一个或多个属于他们自己的单独摄像机位，以便更加具体地报道自己国家的运动员。为了将这些单独的信号编辑到节目中并传送给国内的观众，持权转播机构需要在国际广播中心现场整合一套小型的节目制作设备。

1992 年巴塞罗那奥运会之前，还一直是由主办国的电视机构获得独家电视转播权。例如，1972 年德国的德国电视一台和德国电视二台一起获得独家电视转播权，而美国广播公司则获得了 1984 年洛杉矶奥运会独家电视转播权。1992 年，国际奥委会改变了规则，允许非主办国的广播电视组织承担主转播机构。那一年奥组委为巴塞罗那奥运会成立了奥林匹克广播电视公司(RTO'92)，该公司担任主转播机构，与任何西班牙电视网无关。随后的夏季和冬季奥运会，都是通过招标选出独立制作机构承担主转播机构的角色。但这一规则在 2008 年的北京奥运会和 2010 年温哥华冬季奥运会终结了。对于这两届和以后所有的奥运会，一个接受国际奥委会资助和监督的公司成为永久的奥运主转播商。该公司名为奥林匹克广播服务公司(OBS)，它使国际奥委会可以更好地控制其电视节目的内容和品质。无论哪个国家主办奥运会，该公司都保证了每一届奥运会电视转播的连续性。

设立独立于主办国国内广播电视组织的主转播机构的模式，已经被国际足联应用于足球世界杯的比赛，而且也被其他几个国际赛事的组织者效仿。

来自津巴布韦首都哈拉雷体育中心的直播报道

或许你在美国电视上看到来自津巴布韦的体育比赛直播屈指可数。2000 年戴维斯杯比赛，通过抽签，美国队对津巴布韦的第一轮比赛被安排在津巴布韦首都哈拉雷。美国娱乐体育节目网拥有美国的电视转播权，所以我参与了转播比赛的工作。

正如本章中提到的那样，任何国际体育赛事的电视转播服务历来是由东道主国家的电视机构担任。按照惯例，津巴布韦广播公司(ZBC)作为主转播机构，提供美国队的比赛信号，美国娱乐体育节目网也会从他们的转播车上接收信号。

津巴布韦广播公司 20 年才会有一两次网球的电视转播任务，而我们美国娱乐体育节目网的团队每年都要转播上百场比赛。所以从一开始我就决定，美国娱乐体育节目网应该承担主转播机构的任务，向津巴布韦广播公司提供我们的比赛信号。但提出这种建议有可能被津巴布韦广播公司的工作人员看作是一种侮辱，所以我必须使用外交辞令委婉地提出。我的策略是向津巴布韦广播公司提供三天优秀的网球报道节目，这些节目都是由美国最有经验的专业人士导演和制作的。我希望通过分享我们的专业知识和专业技术，使他们的节目更有吸引力。

经过一系列考验我的外交和“甜言蜜语”能力的电话会议，津巴布韦广播公司同意退居次席，让美国娱乐体育节目网担任主转播服务。

当时整个津巴布韦只有两辆移动电视转播车，由法国汤姆逊电子建造，是法国政府送给津巴布韦政府的礼物。这两辆转播车的分工是一辆制作电视节目，另一辆作为备用，保障第一辆转播车的正常运转。

我们需要两辆转播车进行网球报道：第一辆由我们美国娱乐体育节目网的工作人员用来制作三天的播出节目，第二辆由津巴布韦广播公司使用，在我们提供的视频信号上叠加自己的标识和评论。然而，我在比赛开始前到达哈拉雷体育中心球场时，只看到了第一辆转播车。当问到第二辆转播车的去向时，我被告知，只有一个蓄电池能用。因此，一对津巴布韦广播公司的员工夫妇把第一辆转播车开到了体育中心，取出它的电池，放在他自己的车上，再去把第二辆转播车开来。

在我促成美国娱乐体育节目网成为本次比赛的主转播机构后，我作出的第二个最重要的决定就是聘请巴黎的伍兹电视公司提供技术援助和专业人员的支持。他们能够从汤姆逊公司得到津巴布韦广播公司两辆转播车的线路图，此外，他们还带来了一个工程师。正是这位工程师的鼎力相助，才使两辆转播车和电视转播工作得以正常运行。

津巴布韦的经济在当时和此后的几年里处在恶劣的困境中并且持续恶化。国家的外汇储备很少，而汽油供应商都不愿意使用津巴布韦钱币进行交易。因此许多运送汽油的油罐车就被挡在了边境之外。

这种情况不能保障发电机提供充足电力供两辆电视转播车正常工作。伍兹电视公司的汤姆·伍兹曾经在南非负责转播赛车比赛的技术运行工作，在津巴布韦有一些朋友和熟人。通过这些关系，我们得到了一些高价的“黑市”汽油。我们的制作机房是在体育场地下的一个小房间里。这也是我们存放汽油的地方。在我的办公桌下面放了一个红色的存放汽油的大容器，我们必须非常谨慎地使用汽油。

克服了这些障碍，我们与聘请来的津巴布韦广播公司的摄像师、场地监督和制作助理，以及来自法国的伍兹电视专业人士，一起完成了这个为期三天的小赛事，“在哈拉雷体育中心直播”是我职业生涯中最令人欣慰的经历之一。

国际广播中心

当数以百计已支付转播费用的电视转播机构在同一时间、同一个地点，说着不同的语言，面向广泛分布在不同时区的观众转播时，其场面和效果的混乱程度可想而知。即使加以控制也不能完全消除混乱。于是大型国际赛事的组织者与主转播机构共同努力，构建了一个国际广播中心并指定一个国际转播团队。

国际广播中心是转播国际体育赛事时所有广播电视设备、服务、电话和网络连接、信号所在地。在这个地方，主转播机构制作每一个向外传输的内容，各转播权持有者对设施和服务的要求差别很大。

当美国娱乐体育节目网获得2003年温布尔登网球公开赛美国有线电视转播权时，我们知道将需要大量的空间作为控制室、编辑室、办公室和演播室。所以我们与全英俱乐部及其主转播机构美国广播公司签订合约，几乎占据广播中心的整个副楼。

图9.1　温布尔登国际广播中心室外的安静掩饰了室内的热闹和背后转播技术团队的辛苦，注意广播中心房顶上的工作人员和摄像机

公司根据每平方米的定价支付所需的整个空间费用，另外再从供应商那里租用设备配备到租用的房间里。从BBC配送中心，我们选择自己需要的不同球场的图像信号传到我们的控制室，起了一个绰号叫Oscar。我们一百多人在国际广播中心工作两周多，其中许多天每天持续工作10个小时。

相反，一些欧洲和亚洲的机构只有一个工作人员在温布尔登现场工作，目的是确保他们感兴趣的球员在比赛现场的音频和视频准确地传回到他们的大本营。也就是说，他们的网球评论员可以看到信号并可以在报道中添加他们的声音，使本国的球迷和在美国的球迷一样，看到网球比赛的直播。区别是各自国内电视机构的制作水平和定制节目所花的费用不同而已。

许多国际比赛场地并没有永久的国际广播中心建筑物，一般是在这些比赛场所隔开一个区域为转播服务。独立的转播权持有者可以根据需要从主转播机构处租用所有技术设备，但一般情况下，他们从独立的供应商那里直接租用设备。音频、视频信号，电功率，电话线路，宽带互联网服务，便携式办公设备，卫生间等都包含在这些设备设施中，还需要为每个必用网点申

图9.2　与温布尔登国际广播中心相邻的BBC转播团队的一角

请附加费用。

相对于永久的国际广播中心，这些联合转播团队从本质上说是缺乏组织的，但是他们有相同的功能：向所有转播权持有者提供新闻报道和节目内容。

在海外制作电视体育节目

在国外成功制作体育节目，然后在美国播出，需要一系列特殊的技术。观众对节目的适应性是至关重要的。国家不同，广播公司制作节目的方式也有区别。这并不能说明哪种制作是错的，这只意味着不同。伴随各种各样的挑战和限制，学习如何在新体系里工作是非常重要的。再多的抱怨或愤怒并不会让国外制作团队改变他们的工作方式，学会交往和理解是必要的。

与主转播机构、来自各国的组织者和外国广播公司人员沟通至关重要。它需要彬彬有礼、诚恳亲切，特别是清晰表达。如果仅做到与紧密相关的人沟通是远远不够的。整体规划、具体要求与所有可行的方案，以及后续的调整应该是所有工作中的一部分。你在家乡的数千英里外，在没有安全保障、没有同伴协助的情况下如果工作出了差错，此时整体规划与后续调整就变得更加重要了。

与本国播出总部的沟通也同样重要。在本国播出机构接收你发回信号的工作人员需要了解所有的内容、时间顺序和播出细节，工作人员需要知道哪场比赛在哪个场次，以便为广播电视、在线网络和印刷媒体制作推广内容，吸引观众。当你在几个时区之外的国家，你的团队需要知道你们所在地区的时间。

在许多方面，国际转播就像学习一项新的体育运动。你必须学习一套新的规则，对于不同的球员，你必须使用不同的设备并且投入新资源到工作中去。就像体育运动，它可以是令人兴奋和大有裨益的，为你的生活增添新的朋友和新的视角。但是，要想成功，你必须知道如何把你所从事的工作做到最好。

图 9.3　美国娱乐体育节目网在国际广播中心为转播 2010 年世界杯而建造的场景。从左到右:主持人和三位分析嘉宾

小　结

1960 年罗马奥运会的电视转播、1961 年美国广播公司“体育大世界”的开播、1964 年夏季和冬季奥运会的报道,刺激了美国公众对世界各地体育赛事的观看需求。随着对各个地方举办的重要赛事实现电视直播的期待,观众的观看需求持续增长。

国际体育赛事电视转播权协议的产生是因为很多广播公司都想转播本国的比赛。重大国际赛事的组织者如奥运会、世界杯足球赛或温布尔登网球公开赛,都建立了一个主转播机构,为取得电视转播权的各电视机构提供世界公用信号。世界公用信号的评论可有可无,叠加的图标也可有可无。主转播机构可以通过专门的场地和摄像机为转播权持有者定制单独节目提供信号。拥有国际赛事转播权并不意味着转播机构可以设置自己的“单边”摄像机,除非签订专门的协议,支付额外的费用。

国际广播中心是世界各地的每一个转播权持有者从主转播机构获得公用信号的地方。各个场馆的信号被传送到国际广播中心并被分配到路由器上，以便每个转播机构能够在同时举行的几场比赛中进行选择性的转播。选择转播哪场比赛通常基于比赛队员的国籍和他们对转播机构所在国家观众的吸引力。如果转播机构选择租赁场地和设备，雇用所需的技术人员，国际广播中心就是转播机构建立自己制作室、编辑室和控制室以及扩大直播报道的地方。

与其他国家享有的优先权、制作过程和具体做法都不同，美国的转播机构和组织者一起合作，这可能是一个很大的挑战。应对这种挑战需要广泛的技能，包括人际交往和智慧、细心、简洁地与他人沟通。

◆话题讨论/课后作业

1. 上网找到国外和美国都报道的体育节目，如足球节目、网球节目或赛车节目等。记录节目的不同之处，比较它们的制作方式有何不同。

2. 采访那些在非美国长大的人，询问他们看什么体育节目。他们还记得什么体育节目？什么是他们喜欢的或讨厌的美国体育报道？

3. 一月份进入澳大利亚网球公开赛网站，根据连续两天的赛程表，一起制定一个从晚上 7—11 点时长四个小时的电视节目计划。你重点关注的运动员是哪一个？如何解决比赛时间与当地时间的同步或冲突的问题？你需要从多少个不同的场地获得信号？

4. 写一个关于奥运会、世界杯足球赛、环法自行车赛主转播机构的调查报告。每一项比赛有多少个国家转播？哪些国家组成了联合转播机构？谁将是下一届奥运会、世界杯足球赛、环法自行车赛的主转播机构？

第十章　电视体育的观众及其成因

对于大多数人来说，行动是创造幸福的最佳途径。

——弗朗西斯·哈奇森，1694—1746

提要

- 在美国，观众观看电视的时间在增加。
- 体育运动带动电视消费。
- 影响美国人观看电视体育时间的因素。
- 非传统电视观看。
- “最佳可用屏幕”。
- 体育节目观众统计资料。
- 衡量这些观众的原因。
- 广播 vs 有线电视网。
- 更多的观看选择使电视体育节目观众分裂。
- 21 世纪电视体育节目观众的趋势。
- “时间移位”与“掐线族”。

在美国人的幸福观里，看电视是人们不工作时众多选择中最休闲的一种。爱看电视是所有美国人的共同特点。2010 年，美国的家庭电视拥有量达到了 98.9%，共计 1.15 亿户家庭、2.9 亿居民，平均每家人有 3 台电视机，并且长时间观看电视。美国人平均每天花五个小时看电视。

令人深思的是尽管我们拥有越来越多的娱乐消遣的选择，诸如视频游戏、社交网站、线上体育节目，或者简单地浏览网页，这些都可以使我们远离电视，但看电视的美国人数量并没有减少，反而增加了。本书大量统计数据来源的尼尔森公司发现从2009年第一季度到2010年第一季度，平均电视观看量每月增长了2小时。如果加上在数码录像机上观看电视节目而不是用传统的方式看节目，2010年每个美国人平均每月看电视达167小时。

但这个数字并没有使美国排在“每天看电视榜”的第一位。塞尔维亚人和马其顿人比美国人每天花更多的时间看电视。

体育在这里以至于全世界都是电视消费的首要因素。2010年在美国有超过40 500小时的体育赛事在广播或有线电视上直播，这还不包括一些体育栏目比如像娱乐体育节目网(ESPN)的体育中心节目。当你把ESPN体育台在国内的6个有线网路——ESPN、ESPN2、ESPNU、ESPN新闻、ESPN经典、ESPN业余体育播放时间加在一起，总数可以达到每年52 560小时。试想一下每天24小时乘以365天，每年我们一共观看电视达8 760小时。即便我们不睡觉，这里还有大量的体育节目在电视上播放可供我们观看。

很多重要的因素决定了我们每个人会看多长时间电视，会看多少体育赛事，或者开始固定地收看某种体育赛事。65岁以上的美国人比其他任何年龄段的人看电视都要多：几乎每周49个小时。这意味着每天坐在电视前长达7个小时。看电视的时间随着年龄的年轻而衰减，青少年12—17岁年龄段达到最低点。青少年12—17岁时平均看电视的时间最少：每周24小时28分钟。2—7岁的孩子看电视会比青少年稍微多一些：每周25小时48分钟。

表10.1　平均每人每天收看体育电视的时间

国　家	小时/分钟
塞尔维亚	5:39
马其顿	5:18
美国	5:04
希腊	5:03
克罗地亚	4:49
匈牙利	4:47
意大利	4:18
土耳其	4:17
波兰	4:14
波多黎各	4:04

来源：经尼尔森许可用于此处的有版权的信息

不同年龄段的人群看电视的方式和时间的长短是不一样的，他们对休闲方式的选择与个人的想法有着直接的联系，它取决于观众的活力以及和家庭亲属、同辈朋友的联系程度。如果你很好动不想待在家里，那么你看传统电视的时间就会减少。然而“电视无处不在”，科技的发展使更多人每年在移动设备和电脑上订阅电视节目变成可能。你要做的只是用户登录，你便可以在任何有移动数据或者宽带网的地方收看同样的节目。

这个非传统的收看方式被 25—34 岁的人所接受，他们通过网络观看视频比其他任何年龄段的人都多，绝大多数青少年是通过手机观看视频的。25—34 岁的人观看的总量以分钟为测算单位，而不是以小时为测算单位，但是他们仍然在稳定增长。尼尔森公司已经证实，一个人通过网络流量或是移动设备观看的视频内容越多，他在传统电视机前花费的时间越少。这种平衡证实，大多数人在家收看电视的比例为一百比一，在家里的电视前观看一百分钟等于移动观看一分钟。

“最有用屏幕”的理论指出在手机或者移动设备上收看将永远不会超过在家中观看的这种传统方式。值得思考的是：如果你家里有一台 50 英寸的高分辨率电视而你的口袋里有一部智能手机，你会选择哪种方式来观看比赛？答案一定不是装在你口袋里的那部智能手机。

家里电视机的数量和现代的科技水平是决定你看多长时间电视的重要因素。有许多电视或是订阅数字电视有上百个高清频道的家庭会比那些拥有普通分辨率电视和较少选择观看的家庭开电视的时间要长。尼尔森公司已经证实，同一人口资料统计的组别中与没有高清电视的人相比，有高清电视的观众看体育节目更多。2010 年，在美国高清频道电视的拥有率快速增长已超过 50%的家庭，如果高清体育节目的收视率能够保持，将来便会出现一项说明体育节目良好发展的统计。

人口统计资料中用来计算收看电视总量和节目各种类型观众数量的因素如下：

- 年龄
- 性别
- 受教育水平
- 收入水平

- 就业状况
- 婚姻状况及家庭规模
- 季节

观看体育运动比赛的主要是男性观众，但是受运动和事件的影响会发生变化。近年来，超级碗的观众中约有 54%的男性观众和 46%的女性观众。不过在全国橄榄球联盟常规赛季的比赛和美国职业棒球赛、美国职业篮球联赛、大学生橄榄球赛、大学生篮球赛以及赛车等比赛的观众中，男性观众超过 70%。例如美国娱乐体育节目网的全国橄榄球联盟直播、广播“抱歉打扰一下”等和体育运动有关的节目最受男性观众关注，观众的男女比例达到 80∶20甚至更高。

电视上的女子体育项目能吸引较多的女性观众，但是观众依然以男性为主。有较多的女性观众通过电视观看奥运会，男女比例达到 56∶44。除了奥运会之外，唯一一个女性观众长期多于男性观众的运动项目是花样滑冰。

体育节目观众受教育的程度似乎比其他电视节目观众的平均水平高一些。数据显示，29%在电视上收看体育赛事的成年人至少拥有一个大学学位。全部电视观众只有 21%能达到这个受教育程度。观众收入的不一致更是充满戏剧性：据发现有三分之一的体育观众年收入超过 10 万美元。全部电视观众只有 15%年收入超过 10 万美元。比起其他节目，男人挣的钱越多，他们看体育节目越多。高额的收入加上超大的高清屏幕促使更多的人观看体育节目。

在体育电视观众中，已婚的人比较多。非体育迷已婚的只有 50%，体育迷每 10 个人中有 6 个人已结婚。这对于针对不同观众制定不同产品的广告商来说很重要(更多关于广告内容在本书第 11 章讲述)。

不管年龄、性别还是其他统计的差别，更多的人喜欢在寒冷的天气里收看电视。电视收视率在冬天达到最高，在夏天降到最低，除非有重要赛事。即使外面的天气很好，人们也会在家里收看夏季奥林匹克运动会。如果超级碗在八月举行而不是二月，那它毫无疑问肯定是一年里收视率最高的节目。但是由于和人们争抢户外活动的时间，它总的观众数量会略微减少。随着“电视无处不在”的发展，户外活动也包括收看超级碗。

为什么要评估观众？

尼尔森公司和其他观众调研组织所收集的数据会影响成千上万个节目表演和做网络的工作人员、上百万观众的生计，以及超过10亿美元支出的决定。对于网络收视率和赞助商来说这是一个有特殊价值的解释，它决定如何有效率地把这些钱用出去，并且可以预测观众未来的趋势。为什么收视率如此重要有如下一些原因：

观众增长

当广播电视网了解到他们的哪个节目，或者哪个系列的节目正在吸引着大量的观众以及哪些节目落后时，他们会扩大优质节目的经营权同时取消表现不佳节目的经营权。通过从时间表上取消低级别的节目播出，广播电视网可以提升其每日和每周的评定等级，并为吸引更多观众的新节目提供空间。当广播电视网足够幸运地在定级评定中获胜，他们就可以增加节目数量或时长，或是创作类似的节目来吸引更多的观众。

例如，在娱乐体育节目网开始制作关于超级碗的预测及分析节目时，广播电视网从未想在大赛前制作一个将近一百小时的节目。但是在超级碗节目“竞争中的优胜”，可以制作出更多比现有节目时间更长的新节目。

“抱歉打扰一下”在工作日下午近傍晚的时候变得受欢迎，它的预测评定结果超过那些下午六点播出的体育中心类节目。所以娱乐体育节目网将“抱歉打扰一下”分割成几段穿插进“体育中心”，以这样的方式吸引更多的观众继续观看。

程序开发

准确分析出哪些人群正在收看节目，他们的关注焦点在什么地方，这样广播电视网尽可能制作出有吸引力的节目和舆论关注的话题，以此提高收视(听)率。如果一个频道有着庞大的“18—34岁的观众群”，则更有可能倾向于全新的柔道、空手道之类的节目而非PGA高尔夫锦标赛。

特定时段收视率评级数据的构建与变动，可以促进新节目的发展，帮助吸引更多按时段观看节目的观众。这些观众依据频道的时间表提前选择观看什么节目。每个频道无论内容是什么类型,其目标都是吸引观众在较长时期内收看它的节目。收看的时间越长,作为全部观众的一部分被统计的时间越长。因此一个频道如果可以找到一个途径仅仅吸引其现有观众长时间观看节目,这样不通过吸引更多观众也可以提升其评定等级。实现这个目标的最好的方式之一就是围绕优质节目进行程序开发来吸引大量的同类型的观众。

竞争及获胜

广播电视网与尼尔森信贷评级公司签订协议获得信息,这些信息不仅包括谁在看他们的节目,还包括谁在关注比赛。一些频道选择不与尼尔森公司签订协议,在很多情况下是因为这些频道的观众太少导致他们在市场中的地位受到影响。

这样的追踪可以以每半小时或每十五分钟计数,还可以以分钟计数。通过这些以分钟计的数据,程序员和研究观众的专家可以精确地确定节目中的哪一部分最能吸引观众、哪一部分不能留住观众。频繁导致观众流失的部分将很快被受观众欢迎的部分替换。当一个事件的直播终止时观众会换台这是可以预见的,但是值得注意的是有许多忠实观众即使因为下雨造成比赛延迟,他们仍然会收看全国运动汽车竞赛。分级数据可以确认哪种报道和采访能够使观众在比赛的间隔中仍保持观看或延长他们的观看时间。

美国广播电视网参与了全美车协(NASCAR)系列比赛研究观众的人口结构特点,然后决定他们是用一个吸引非赛车比赛粉丝的节目还是用一个赛车比赛粉丝喜欢的栏目来竞争。全美车协和全国橄榄球联盟的观众群非常类似,所以在全美车协比赛的同时安排全国橄榄球联盟比赛或者集锦会使很多观众换台收看比赛。

广告收益最大化

任何依靠销售广告的电视网生存和成功的关键都是以最高的价格获得最大数量的赞助和广告费。分级数据用来说服购买广告的客户,或说服流行节目的赞助商,他们的赞助和广告行为将会极大地促进公司的产品或服务的销售。广告客户在决定赞助哪个节目的时候会用到几个数据,其中最重要的数据是:他们的商业信息将会传递到的观众群体的大小和构成成分。

广告客户的目的是把钱有效地花在最好的平台上。媒体和广告客户用CPM来衡量广告的效果,CPM的含义是"每千人的花费",是用广告费除以广告接收到的千人数。CPM这个通用的衡量广告效果的指标包括电视、广播、网络、杂志、户外广告甚至体育场中的广告牌。

比CPM更重要的数据是在收看广告的观众中,有多少是他们目标用户群中的潜在顾客。举个例子,如果卡迪拉克或者雷克萨斯的目标是年收入10万美元以上的人,那他们的广告被30岁以下的妇女和购买力不足的少年看到就毫无意义,纯属浪费金钱。伟哥的制造商,美国的辉瑞制药是美职棒的主要广告顾客,因为他们知道美职棒的观众大多都是辉瑞的目标人群:大龄男性。

广播网根据每个人口统计分类的观众数量来安排每位客户广告投放的体育场地。观众主要是大龄男性的比赛,如:MLB和PGA的场地,将会提供给辉瑞制药和礼来国际。因为这些比赛的观众中潜在的顾客很多,比观众主要是妇女和年轻人的比赛要多得多。

追踪季节性趋势

收视率对未来的节目设计起到了尤为重要的作用。它会追踪几周、几个月的数据,而不是简单的一两天或者一两周的数据。当有人对自己的节目产生或失去兴趣时,体育联盟、组织者以及他们的电视网合作伙伴都会感知得到。他们要决定开赛时间,或者延长季后赛,抑或更改赛事时间之类的事,这时收视率就成了一个至关重要的因素。比如,早年的娱乐体育节目——年度卓越体育表现奖颁奖典礼,就是安排在二月份全国橄榄球联盟超级碗比赛结束一周后播出。在冬季,观众基础和体育热情都很高涨。但颁奖礼却忽略了这些庞大的观众群体,而选择与《威斯敏斯特狗舍》节目竞争,可后者常年占据晚间档。因此,颁奖礼改到棒球大联盟全明星赛播出的那一周。它的收视率还算不错,直到黑人娱乐电视台将自己的年度盛典——黑人娱乐电视奖插入同一时段。

评估改变的效果

怀着积累观众和增长财富的希望,电视网络不断改变节目长度及特点。

他们通过数据得到的反馈为他们成功与否形成了正确的报告。体育电视广播中赞助特征的数量达到了极限，也就是它们的总量太多使观众很懊恼以至于换台或缩短观看时间，为留住观众一些电视网络会强制减少赞助商家。

从电视网络角度来看，积极地改变节目，例如更换主持人、调整节目的形式和时间段安排，也可能推出一个大的宣传活动。电视网络必须作出适当的改变。当新的节目最终上线，它的等级评定结果将会告诉电视网络宣传活动的有效程度，这一结果将带来关于如何完善下一个电视网络倡议组织推广计划的有效信息。

确定净资产

一个年复一年、一贯有高数据记录的电视网会比一个在数据完成方面总是排在第三或是第四的电视网有更高的净资产，无论它们各自的资产如何。在计算媒体所有权的价值时，还有一些因素需要加入其中，例如投资回报率。但是在低级别、低预算的节目上大量赢利并不是网络成功的法则。要是全国广播公司连续几年在各项数据上能位列第一，而不是在哥伦比亚广播公司、美国广播公司和福克斯之后排在第三、第四的话，就不会在2011年被康卡斯特收购。

广播VS有线

体育运动进入美国电视并且兴盛起来是在广播电视网和广播电视台统治的时代，那时有线系统和广播电视网或是网络视频之间都没有竞争。1979年美国娱乐体育节目网的诞生并没有被哥伦比亚广播公司、全国广播公司和美国广播公司的高官们视为一个严重的威胁，因为他们掌握着一些主要体育运动和赛事的独家电视播放权，积累了绝大多数的观众。不到15％的电视观众是独立的，另外3％—4％转向公共电视。美国娱乐体育节目网正式推出时，美国只有不到20％的家庭拥有有线电视，所以任何一个节目的数据跟美国广播公司的《周一晚间橄榄球》比起来实在微不足道。

然而，随着有线电视的普及以及供观众选择的娱乐项目数量增加，观看电视网人数的比例逐步下降。1987年，当美国娱乐体育节目网的覆盖达到50％家庭的电视，黄金时段观看三个电视网（哥伦比亚广播公司、全国广播公司和美国广播公司）的观众数量超过了观看由七个网组成的一个基本有线电视网。

15 年后，在 2002 年，这些播放平台被压制了，那一年所有的基本有线电视网的黄金时段收视率甚至比四个电视网包括 1991 年加入的福克斯的总收视率都低迷。当收视率是由总天数，而不仅是周一到周六晚上 8 点至 11 点和周日晚上 7 点至 11 点的黄金时间来衡量时，有线电视处于领先地位。

自 2002 年以来有线电视节目的收视率持续每年增长约 5%，而广播电视收视率每年相反减少 5%。到 2010 年，十个美国家庭中有六个收看有线电视网，而只有四个收看电视网和公共电视。由于电视网的数量仍然很小，他们把所有观众分为更少的部分，使他们的节目在与有线电视节目比较时有更高的收视率。相比之下，在有线电视系统中有一百个或更多的有线网可供家庭选择，直播卫星(DBS)服务如迪雷克 TV 和卫星天线网络或数字传输系统(如威瑞森光纤移动和 AT&T 接收机)，因此更多有线观众被分为其他更小的部分。

然而收视率最高的体育节目与收视率最高的电视节目在竞争收视率，2010 年和 2011 年收视率前十的有线网节目都是美国娱乐体育节目网在星期一晚上播出的橄榄球比赛。尼尔森收视率数据显示，这些比赛每分钟平均有 1 500 万至 1 800 万人观看，使周一晚上的每场比赛都领先于所有其他节目，并且无论是电视还是有线网都处于它们所在周的收视率前五名。2010 年电视收视率最高的系列是全国广播公司的“星期日橄榄球之夜”，作为吸引大众的一种手段它只强调了电视体育的优势(2011 年只有福克斯电视台的美国偶像电视系列每周的观众数量比全国广播公司“星期日橄榄球之夜”的观众数量多)。

21 世纪观众趋势

时移观看

美国人在继续增加电视节目的消费，技术创新提供了新的可消费途径。1999 年 1 月的消费者电子展上推出的数字录像机 TiVo 和录像机之前，“时移观看”是有限的一小部分人用家用录像机录制节目的回放。到 2011 年，有超过50%的美国家庭有录像机，这项技术以预测的两位数速度快速增长。

2011年用户使用报告反映其媒体状态，尼尔森公司报道说有1.1亿美国人用录像机存储电视节目，可以在任意时间选择观看电视节目。对多数成年人来说，时移观看增长达到平均每月十小时以上，所以尼尔森公司想出了一种新的评估这些节目的方式。

有线电视用户下降

有线电视最活跃的时光要追溯到2011年，国家电缆通讯协会(National Cable and Telecommunications Association，NCTA)的报告统计显示那一年有6 690万户家庭订阅有线电视。报告还指出，由于来自其他平台数字视频传送服务的竞争，美国本土有线电视用户数量在不断下降。从1994年到2010年，用户数量已下降到6 000万人。

同时，像威瑞森光纤公司(Verizon Fios)和美国电话电报公司(AT&T)的U-Verse数字电视服务开始蓬勃发展，此举同样使高速宽带网络服务的用户数激增。由此，如迪雷克TV和卫星天线网络(Dish Network)等卫星直播服务也加入了行业竞争。2001年那种有线电视一家独大的场面成为历史，也就不难究其原因了。

然而像美国娱乐体育节目网、USA及有线电视新闻网这些从不采用无线传播信号的"有线"网，并没有发现有线电视订阅的地位不复存在。对他们而言，只要让节目能被更多的观众看到，那么谁来制作节目或者通过何种方式传输信号并不重要。除此之外，广播网可通过信号分销商的月租费以及出售广告位获益。自1979年无线电视系统成立以来，美国娱乐体育节目网一直依赖于该系统。一旦有线电视系统突然消失，受众会选择订阅卫星直播或数字视频服务，美国娱乐体育节目网及下属供应商将会面临严峻的生存问题。

有线中断

超过一半的美国人正在有规律地收看有线电视，康姆斯科信用评估公司——一家检测数据世界的领头羊，曾报告在2011年1.8亿有效用户每个月平均使用18.5小时的流媒体。尼尔森的调查数字却要小得多：1.43亿用户每月使用时间或许低于4小时。但即使是这167小时中仍然只有少量的时间是美国人用来观看传统电视的。在许多装有高速宽带而且可以非常好地改善网络电视质量和方式的家庭中，大约有 10%到 20%将所有的固定电视观看转移到了网络上。

宽带的普及和快速增长的网络观看电视节目已经导致许多人取消订阅有线电视、卫星或数据远程通讯，只保留了宽带链接，他们选择网络观看电视节目。全国大约有四分之一的观众选择网络观看电视节目，这类观众被称为“有线中断者”，约为 10 万到 20 万个家庭。在 2011 年的第一季度仅有 0.18%的电视家庭，即使这是一种趋势，电视工业整体上将继续观察它，因为它对订阅利润有潜在影响。

美国娱乐体育节目网表示在体育爱好者观看群体中，87%的观众是“有线中断者”。那些通过转播游戏、赛事来获得巨大利润的联盟、协会、组织让消费者绕过拥有版权持有者使用免费网上直播变得非常困难。如果这些版权持有者的电视网络合作伙伴因为“有线中断”遭受收视率下降和订阅费降低的危机，他们的版权价值也将相应下降。

可以在网上免费观看的体育直播节目的平台，比如哥伦比亚广播公司、“三月疯狂需求”应用包和娱乐体育节目网可以为观众提供观看比赛的机会，这些平台通过增加可观看节目的屏幕数量来增加总的观看数。网络观众见证网络商业化和推广的发展。网络观众也不用交订阅费。哥伦比亚广播公司和全国大学生体育运动协会喜爱“疯狂三月”大学篮球锦标赛因为它迎合百万粉丝的喜爱，但可以负责任地说，有线电视体系、卫星电视和数字电视经销商在小心地发展着。如果越来越多的组织者在未来增加了类似的网络直播赛事应用包，取消有线的使用，对于那些既不想每月再付电视服务账单，又不想错过最喜爱的体育运动队的粉丝来说，将更有吸引力。

小　结

在电视机上看体育节目一直很受欢迎，但是由于多样化的分销服务，在各种各样的视频平台上看体育节目的观众数量一直不稳定。世界职业棒球大赛的观众数量从 1978 年稳定的 4 400 万降到 2011 年的 1 660 万观众。这些失去的 2 740 万观众并没有停止观看体育节目。他们只是改变了爱好去看其他的体育节目，或者是只看精彩部分，不去花费三四个小时看一场棒球比赛了。1978年是世界棒球大赛评选最好的一年，也是世界棒球大赛在体育中心创立“精彩文化”的一年。

对于所有粉丝都会选择观看的体育节目并且观众的数量在戏剧性地增长，没有出现任何衰退的迹象。这对观众总数和人口统计总数，体育组织、联盟、运动队的所有者和电视网络、广告从业者，还有把电视节目传送到观众家里的分销服务来说是非常重要的。当这些体育节目产业知道了观众在看什么和为什么观众选择看这些电视节目，他们可以有效地利用各种资源去抓住目标观众，并用最多的屏幕播放观众想看的节目。

◆话题讨论/课后作业

1. 持续一整周写收视率日记，以十五分钟为单位记录你的电视收看情况。你一个星期看几个小时电视？其中体育类节目所占的比例是多少？有多少看传统电视直播以及网络回看？

2. 调查电视网络和通信公司提供的最新“电视无处不在”技术。他们是怎样将它推销给体育观众的？有多少美国观众使用了类似于“收看 ESPN”的选择。他们的人群特征又是怎样的？

3. 做一个关于“尼尔森公司如何调查美国电视收视情况”的报告。他们如何解释多位观众观看同一节目？他们提供了哪些关于户外(体育迷们在酒吧或其他除自己家庭以外的地方)收看的信息？

4. 就以下几项球赛而言，球队间的总决赛收视率有什么影响？把你在最近五年数据中的发现做成表格。

超级碗

世界系列赛

NBA 决赛

斯坦利杯总决赛

第十一章　广告和赞助

广告是商业的生命。

——美国总统卡尔文·柯立芝，1923—1929

提要

- 体育和广告的首次接触。
- 广告传播体系。
- 为什么体育节目中会出现广告。
- 借用体育中的“情感资本”。
- 包含体育内容的广告代替了商业广告。
- 超级碗：广告的圣杯。
- 广告的有效性及其评估。
- 广告综合交互平台。
- 体育广告的潜在陷阱。

广告成为体育的一部分比电视要早得多。1869 年，纽约市的第一个棒球制造商派克和斯奈德公司开始印刷赠送商品卡片，卡片上一面印有棒球队的照片，另一面是他们产品的广告。从 1870 年代到 1880 年代，商品卡片成了流行的广告形式。对于数以千计的收藏家来说，把卡片放到剪贴簿中已成为一种爱好。

棒球卡片开始在全国大量发行并成为全国性广告是在 1880 年代。那时，古德温、“老法官”牌烟草商等，开始把印有棒球运动员的卡片放在香烟盒里。卡片实际上起了包装的作用，烟草商希望此项举措能促使那些追随这项新型运动的人群购买香烟，提高“老法官”的销售额。

21世纪，广告商有了各种各样的传播设施和传播体系，这都是在“老法官”棒球卡片的基础上发展而来的。

- 广播公司和有线电视网、电视台的电视广告。
- 电视节目和系列授权中的赞助。
- 体育场馆、竞技场和比赛的冠名权。
- 体育场地的招牌和电视报道中插播的电子虚拟招牌。
- 广播广告和赞助。
- 网页广告，视频、搜索引擎和社交网络等在线广告。
- 智能手机和平板电脑等移动设备。
- 报纸和杂志广告。
- 赛事节目和门票上的广告。
- 直邮广告和优惠券。

不管采用哪种方法，广告商的目的就是借助体育比赛或体育明星的情感资本，使其品牌与体育活动、成就和运动激情之间建立联系，以及与体育迷的热情之间建立联系，并且随着时间的推移，使其品牌和产品融入体育比赛的正面影响或者代言球星的卓越表现中。正如美国领先的广告机构创始人李奥·贝纳所说，好广告不仅能传播信息，而且能够满足大众的心灵欲望。

体育节目中为什么出现广告?

绝大多数的美国人每天都会看一些电视节目。电视在所有传播媒介中使用率排在首位。正像我们在第十章中阐述的那样，大多数人观看他们喜欢的节目或者一个新节目的时间都是以小时计算的。体育给广告商提供了忠诚的、核心的观众，这些观众比任何其他节目类型的观众都具有可预见性。无论是谁，只要他是某个特别球队的粉丝，或者是关注自己校队的大学生，都喜欢选择电视观看自己关注的球队的比赛。这种忠诚度要比对那些喜剧、连续剧或真人秀节目的忠诚度高得多。从锁定目标观众来讲，广告商依靠体育迷，比预测娱乐节目的收看人群和首秀时间更加可靠。

体育赛事的即时性、不确定性和鲜活性的本质特点决定了90%以上的电视观众在观看比赛时的表现因赛事的变化而变化。

通过数字电视观看体育节目，意味着广告信息被看到的可能性更大，因为观众不能使用快进键略过广告。这并不意味着体育观众没有利用广告时间去看其他正在播出的节目。为了应对这个挑战，广告商更希望通过冠名、赞助、广告牌、标识系统、植入广告等各种形式的广告，把他们的赞助产品和商标纳入到电视体育节目中。

体育内容中的广告

广告信息作为体育内容的一部分，对潜在消费者产生的影响更大。把商业品牌和体育内容一体化的新方法正在不断地应用和发展。广告商为增加的播出付费，但他们把它看成是与目标人群促进联系和加强认同的附加值。下面是目前的一些应用方法：

授权

授权是指给一项体育赛事添加一个名称，比如“发现杯橘子碗”或“美国电话电报公司的圆石滩职业—业余配对赛”。公司给体育赛事的组织者支付冠名费用并签订合同，合同内容包括要从转播体育比赛的电视机构合作伙伴那里购买一定数量的广告等。

与给某项比赛冠名相比，广告商愿意给更有优势的全程转播体育赛事的节目冠名。电视机构把冠名打包，比如“雪佛兰赛前秀”或者“丰田半点播报”。在这样的节目中，既包括主办者的名称、广告，还包括在节目开始、中间和(或者)结束时的广告。

冠名

冠名是一种适用于体育比赛场所命名的授权形式。2011 年，在大都会人寿保险以 400 万美元与“纽约巨人”和“纽约喷气机”签订了 25 年的合同后，新的梅多兰兹体育馆变成了“大都会体育馆”。虽然这些钱都不是直接给电视机构的，但是所有的球队和联盟都要求广播公司在提到室外或室内体育场馆时加上赞助商的冠名或者给予其一些特权，比如精彩集锦的使用或者进入体育场馆的许可。

赞助

赞助与体育赛事的名称或电视转播有关。玫瑰碗赛会组织者从来没有同意赞助商把他们的名字放在玫瑰碗字样的前边，但却可以把玫瑰碗字样的后边给赞助者使用。所以，从 2011 年到 2014 年，每年比赛的全称都为玫瑰碗比赛由 Vizio 特约赞助。Vizio 的销售总监兰迪・韦尼克对《广告周刊》说：

> 体育爱好者，尤其是橄榄球迷，是品牌不断发展壮大时对我们至关重要的观众。成为这项"所有杯赛中的顶点杯赛"的特约赞助商为我们创造了难能可贵的机会，使我们能在新年时节向无数球迷观众展示我们的风采。通过赞助比赛，也给我们提供了巨大的潜在市场，大批消费者在假日采购高峰时期购买我们的产品，为观看赛事做准备。

电视赞助的特征决定了广告要有具体的内容。当你想到"凉爽"这个词的时候，库尔斯希望首先想到他们的啤酒。因此，多年来，他们一直赞助美国娱乐体育节目网的"世界体育中心"节目，实现了库尔斯足够凉爽的愿望，从首发阵容到整个比赛都是为了销售啤酒。一些电视节目喜欢转播全国运动汽车竞赛协会的比赛，是因为它有更多值得赞助商投入的优势。但过多的企业赞助会给电视节目生产者提出一个新的问题，要在正常播出的节目中加入赞助商品的广告是需要时间的，不然这些时间会用来讲述一场体育比赛的进程或者刚刚崭露头角的明星的故事。太多的赞助广告占用了故事性的内容和体育迷想看到的比赛时间。当赞助商希望在节目中包含更多的赞助信息时，专业体育节目制作人面临的一个最大挑战就是在广告和节目内容之间维持平衡。

广告牌

当广告商买到体育节目中的广告播出权时，他们还要为节目内容中的广告牌额外付费，以此来告诉观众节目正是"为你而做"(或者依靠商业赞助一方来专门解说："为你传播""为你制作""为你服务"，或者其他恰当的说法)。伴随着品牌标识或者一个短视频/动画片和主持人声音的结束，画面中的广告牌与观众建立了比每一局比赛之间的简短广告或比赛暂停时的广告更紧密的联系。这样，赞助商往往只需要支付广告牌的费用即可。

标记

体育场里的招牌常常放在摄影机能够拍摄到的地方，位置越好，电视上看到招牌的机会就越多，比赛场地管理者的索价也越高。标识系统也常放在演播室的座椅上，并且在电视屏幕中显示的是在嘉宾后面或一侧。当电视广告出现时，这些标识有助于强化品牌意识和知名度。

虚拟的标识是通过电视设备合成的，常出现在棒球比赛中本垒打的场地后方，足球、橄榄球场地或其他许多地方，就好像它们真正被画在场地上一样，但在比赛现场的观众是看不到这些的。广告客户为此向电视机构付费，但无论如何，广告客户事先都必须与比赛组织者、场地管理者、联盟或者球队签订协议，得到允许。如果电视机构试图用虚拟标识去覆盖或替换场馆里已经出售给当地或地方球队赞助商的标识，是要很慎重的。

标记还会出现在运动员的服装上。美国赛车协会和欧洲足球队毫无疑问是这种广告的首选，其他的体育项目也正逐步跟进。国家橄榄球联盟的一些球队签订了协议，同意在他们的训练服上印上某个公司的商标。联盟经常会收到在球队比赛服上印刷广告的利润丰厚的报价，有时也会拒绝。也许将来可能因为要价太高会使在队服上印商标的经营策略不再延续。

植入广告

植入广告可以很精准，像咖啡杯上的商标，或电视柜和记者招待会桌子上的苏打水、矿泉水；也可以很明显，像巨大充气苏打罐，或全新的一部车，或一辆停在球门区或者球场边线可以得到最大曝光率的卡车。

覆盖式广告

覆盖式广告是指在比赛画面上叠加图形和标识，让整场比赛都充满了广告的内容。在一个击球手步入世界棒球大赛赛场的同时，一个带有塔可钟标识的图形可显示在屏幕的下方；解说员可以这样解说比赛实况："如果他击中了本垒打，所有美国人本周三可以免费得到一个墨西哥玉米饼"，这就是广告。当更换投手时，画面上会出现电话公司的商标和图形，并伴有画外音:“候补队员区的电话由某公司赞助。”这是你看到的覆盖式广告,它有无穷的潜力。

整合型广告

整合型广告也许让人分不清哪些是体育内容,哪些是商品信息。体育事件中的要素渗进了很多广告,被广告覆盖,给人们造成的印象是它们是一体的,是一回事。把比赛过程作为背景,把现场解说作为声音的广告,其声音和画面都是经过精心设计和编辑的。整合型广告的一个案例是在“世界体育中心”,在那里,可以坐在直播室,和播音员一起看着体育节目,喝着广告中宣传的咖啡,吃着广告中宣传的食品,听着电视里正在播放的体育中心的主题音乐。更多的商品正在把它们的广告投入电视里,这样将直接针对目标受众,与受众的特点完美统一。

表 11.1　2009 年体育广告排行榜

美国橄榄球联赛	百威啤酒
美国职业棒球联赛	辉瑞制药
美国职业篮球联赛	德国电信
全美冰球联赛	威瑞森无线通讯
大学橄榄球赛	日产汽车
大学篮球赛	美国电话电报公司
美国赛车联合会	斯普林特通讯公司
男子高尔夫	礼来艾高斯有限责任公司
网球	盖可保险
足球	大众汽车

注:与跟踪广告主更青睐哪种体育赛事相比,电视观众的情况统计呈现的信息更多。如果在一项体育赛事中投入最大资金的公司是生产治疗性功能障碍药物的公司,如辉瑞制药和礼来艾高斯,那么,显而易见这项赛事的观众群体偏向老龄男性。

来源:引自尼尔森资讯,许可引用。

各种广告媒介把商品品牌从比赛之外的固定场所转移到了比赛活动中,广告的插入可以把观众的注意力从比赛活动中拉出来转向广告。以前只能在赛场外的停车场或暂停时间播出的广告信息,如今能够进入到比赛现场和比赛过程中,与电视直播内容共同分享观众的注意力。广告商意识到商品品牌要与运动项目、运动队和运动员的价值紧密联系在一起,这种紧密的联系在“情感资本”的帮助下可以更好地发挥作用，可以吸引目标市场的体育迷，广告商愿意为此增加投入。

超级碗：广告界圣杯

每年度，广告界喜欢的最杰出的赛事无疑是超级碗。如果想在年度最大的比赛中推广自己的品牌，超级碗是最好的选择。超级碗是每年度最多美国人观看的节目。观看超级碗，就像美国人的一个节日，他们在这个节日中为许多欢乐的事情庆祝：比如橄榄球比赛，比如与家人、朋友一起聚会、狂欢。然而，还有上百万观众观看比赛的动因是看商业广告。在超级碗，每购买一次30秒广告就要花费300万美元甚至更多，给商家带来了巨大的压力，也给那些负责制作广告信息让人们记住并产生购买欲望的创意与营销伙伴带来了很大的压力。

根据负责全球广告和市场调查公司“坎塔尔媒体”的研究，从2001年到2010年十年间，超级碗共收入16.2亿美元。16.2亿美元购买了850份商业合约，占超级碗电视转播的425分钟，超过7个小时。超级碗每年的广告费用要超过棒球冠军联赛的所有商业宣传费用，也超过进入全美大学体育协会男子篮球最后四强比赛的费用。

超级碗是全美收视率最高的电视节目。在高收视率带动下，不少广告商选择在超级碗比赛期间进行宣传。2011年2月，第45届超级碗在绿湾包装工队和匹兹堡钢人队之间角逐，市场调查机构尼尔森公司表示，平均有1.11亿人次持续观看了本届超级碗，总收视人数为1.629亿人次，超过一半的美国人收看了超级碗。每年，观众都会看到更多商家的更多广告和电视机构对其节目更多的宣传。有一个词可以概括一档电视节目中的各种信息：凌乱（clutter）。

“坎塔尔媒体”研究发现，2001年，哥伦比亚广播公司转播的巴尔的摩乌鸦队与纽约巨人队进行的第35届超级碗的争夺中，共有82个广告，用时40分钟15秒。每30秒的平均价格是220万美元。2011年，第45届超级碗还拥有60分钟的表演时间，广告时间增加到了48分钟，期间播放了115个不同的广告信息，每30秒广告的价格增加到了300万美元。

超级碗的15%—20%的广告时间是用来作为电视机构宣传即将播出的

节目的。如果电视机构把这段时间卖给广告商的话，预计超级碗每年超过2亿美元的广告费还将增加额外的5 000万美元。牺牲节目的推广得到额外的利益是非常诱人的，广播电视网同那些购买广告时间的公司一样清晰地看到了将信息传递给如此巨大的观众群的价值。

表 11.2　超级碗的广告统计数据

2008年2月第42届	每分钟9 750万观众 每30秒广告270万美元(福克斯) 千人成本:27.69美元
2009年2月第43届	每分钟9 870万观众 每30秒广告300万美元(全国广播公司) 千人成本:30.40美元
2010年2月第44届	每分钟1.065亿观众 每30秒广告290万美元(哥伦比亚广播公司) 千人成本:27.61美元
2011年2月第45届	每分钟1.11亿观众 每30秒广告300万美元(福克斯) 千人成本:27.02美元

来源:Kantar媒体

30秒300万美元的广告价格看起来令人吃惊，但当你把这一数字与观看它的1亿多观众联系在一起时，千人成本才27.02美元。每送达1 000人所需要的成本，或者叫千人成本，是广告主衡量所有媒体的标准。如果一个企业想在全国产生广泛的影响，超级碗是唯一的选择。“坎塔尔媒体”研究发现，所有在超级碗做广告的企业中，有三分之一的企业会把每年广告预算的10%投入到超级碗的转播中。

那么，这就有了一个广告效果的问题。一个企业是如何从39个或者40个广告商中脱颖而出的呢？像百威啤酒这样的品牌对这个复杂问题的答案是：在比赛中购买多个广告时间并且力争播出最新的、有创意的、能够让人记住的商品信息。然而，不是所有的企业都有像安海斯－布希英博这样的广告预算规模。另一个阻碍超级碗广告效益的是它的忠实观众的规模。超级碗巨大的观众规模无论男女老少、收入高低、教育程度高低都包括在其中。在电视观众中，女性的比例常常占40%—45%。如果一个企业把目标受众定位于男性、特殊的年龄段或特定收入人群，那么应该投资受众规模小但目标客户大的体育项目，而不是购买超级碗的广告时间，这样会使广告预算的利用更加充分。

有效的广告

广告的目标是针对最大数量的潜在消费者，把每一美元都花在促进他们购买产品或服务具有说服力的信息上。电视是最有说服力的广告媒介，这也是美国每 10 美元广告费中有 6 美元花费在电视广告上的原因。

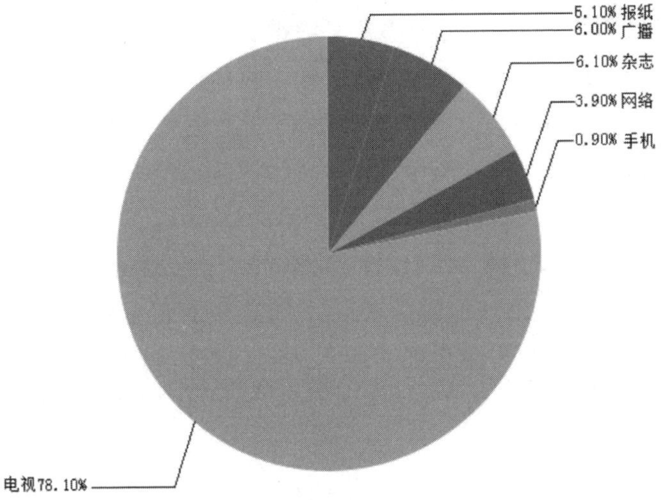

图 11.1　电视广告在 18 岁以上的人群中是最有效的
来源：2010 年 TVB 媒介比较研究网络公司消费者调查

无论如何，用体育作为一种广告载体，不仅是考虑广告送达的观众总数，还关系到广告客户和产品的品牌识别：依靠运动员和体育比赛，产品的名称和最好的属性会因为精彩的比赛和丰富的情感被人们称赞和记住。当体育迷们与品牌建立起了联系的时候，广告客户获得了品牌价值，这种价值超过实际的销售数量，因为它深入到消费者的心里，与消费者建立的是情感联系。这非常重要，因为人们购买行为的决策往往是感性决策，而不是理性决策。

成功的体育广告要求在商品品牌与体育项目、赛事或者代言的运动员之间建立一定的联系，其目的是把那些受欢迎的运动项目或受爱戴的运动员的态度和特点赋予到商品品牌上。精密钟表的制造企业会把自己和那些精确度非常高的运动项目联系在一起，比如高尔夫、网球。这些运动的地位独特性与制作精良、价格不菲的钟表的特性是一致的。卡车和轮胎的制造企业要和那些具有坚固性和耐久性特点的运动相联系。那些在产品功能上无法与运动项目或代言的运动员建立一致联系的广告客户就是在冒险，他们的媒体推广活动效果就要差一些。

寄给一千人的直邮广告费用较高，大约是250美元；电台广播每千户的广告费用较低，10美元；电视黄金时间段的广告费用是平均每千人成本20—30美元。价格很重要，但广告客户需要了解得更多，而不仅仅是每一美元的花费有多少观看人数。

广告客户的目标市场与总观众数目的百分比是关键因素之一，这就是体育节目只对部分品牌的广告有吸引力的原因。体育人口的情况一般是可以预见到的，其中主要有(1)男性，(2)喜欢运动的年龄，(3)某个球队的忠实观众，这保证了电视观众的相对一致性，就像回到了窄播的概念。如果能够保证体育节目中的广告比其他娱乐节目中的广告对目标市场的吸引力更大、目标更集中，广告客户更愿意把费用投放到体育广告上。这就是体育节目的黄金时间段每千人成本在35美元甚至更多，比任何其他节目的黄金时间段高5—10美元的原因。

体育的季节性特点对广告客户来说，是另一个优势。因为即使是同一群人，他们不同时期的消费意愿不同，广告效果也不同。为人们提供愉快的假期服务的航空公司和旅游服务业一般在曲棍球或篮球比赛中购买广告时间，雪地轮胎和除雪机的制造商也是如此，因为那个时间段正是这些产品销售的高峰时期。夏季运动，比如棒球、网球和高尔夫等，可能有许多同样的观众，但转播这些运动，是无法从与这个季节不相适应的任何产品中得到广告费的。

另一个衡量广告效果的因素是广告占有率。每一个广告客户都需要知道，他们在同一类型的所有广告信息中所占的比例。这一点在体育中表现得更为突出。假设他们要把目标受众定位在使用产品种类非常有限的男性身上，比如山姆亚当啤酒的制造商可能把目标锁定在有很多潜在观众的一个特殊的运动项目上，但是，如果其竞争对手已经在那些比赛中占有一半甚至更多的份额，山姆亚当的广告占有率就很小了。他们的广告战略将可能转移到另一个具有同样目标受众的运动或比赛中，在那里，他们品牌的广告占有率会更大一些。

广告份额超出节目中广告实际影响的主要是社交媒体。调查公司把跟踪每次在脸书、推特或者其他社交网络上提及品牌的过程，叫作“听”。某个品牌可以与人们提到竞争对手的次数相比，测量出他们自己广告活动的效果。决定广告在社交媒体或者博客所占比例也可能是关于产品内容正面或负面的评论，因为不是每一个产品或服务都会得到轰动热烈的好评。

为了达到最佳的广告效果，专业的做法是做一个整体的规划，通过多样化的平台，传递品牌信息。几项调查研究显示，无论在电视节目、在线视频音频或者印刷媒介中，如果广告信息强化了产品的定位、标识等，人们对那些品牌和信息就具有明显的、更多的关注和回忆。在一系列体育用品上印刷品牌商标，并通过所有的平台传播出去，增加了传播的范围，同时也更加紧密地把广告客户与那项运动捆绑在一起。

体育广告的潜在陷阱

公众对一项运动、一个运动队或者一个运动员的认同，能够显示出极大的市场优势，当然，前提是对他们的认知是正面的。如果人们的认知从正面的转变为负面的，体育的不可预知性和体育明星的不完美能够快速地削弱市场优势。当负面新闻充斥时，或者当上一年的冠军或优胜者在下一年失利了，广告客户从运动项目协会或运动员协会获得的原有的感情投资将会消失。但已定稿的，经过配音、编辑的其他表现形式的广告则不容易受到负面报道的影响。

服用兴奋剂、致命的损伤、欺骗、非法赌博或假球、金融违规操作、劳工纠纷和罢工等，这些可以对公众舆论产生不利影响，使体育的地位下降。比如，1994 年棒球赛季，运动员的罢工迫使最后几周的比赛被取消，甚至波及了那年的世界职业棒球大赛。全国橄榄球 2004—2005 赛季也因罢工取消了。很明显，这是广告商不愿意遇到的事儿。

运动员品牌代言人更为脆弱不堪。任何公司都不希望与他们产品有关的运动员(比如在他们的食品包装上出现或者代言正在销售的运动鞋的运动员)被逮捕或者牵连到丑闻里,这样,所有正面积极的作用性和已经增值的品牌价值会突然像噩梦般蒸发掉。

一些专业的调查组织通过评估体育名人对品牌的吸引力、对消费者购买意向的影响来为广告和销售行业服务。这些调查机构包括发明了一种名叫Q标准的市场评估公司、戴维·布朗指数、尼尔森公司,以及所有评估体育人物名声和受欢迎程度的公司。

老虎伍兹继迈克尔·乔丹之后荣升为美国最受欢迎的运动员,他也是与品牌签约中价格飞涨的领袖。但在2009年感恩节他遭遇车祸和被披露婚外情后,这一切都发生改变了。负面影响飙升,正面形象下滑,老虎伍兹代言的几个品牌终止了与他的合同。这些不可预知的大逆转凸显了像惠氏公司和耐克公司这样的广告客户的智慧:当一个运动员突然从英雄变为人们憎恶的对象时,替换产品代言人,是减少他们债务的必然行为。

小 结

体育节目中的广告可以让一个品牌的产品或服务得到球迷高度认同和好评:比如性能优越、果敢、忠诚、团队合作,面对挫折不屈不挠,还有充满活力。广告客户通过分享他们赞助的运动项目、运动队和运动员的那些激动人心的胜利和非凡的、鼓舞人心的成就带来的欢乐和激励,积累情感资本。在不同类型的体育项目与需要做广告的产品之间,最好是具有共同的特征。

体育观众比其他电视娱乐节目的观众更具有可预测性,而且他们可以像在现场一样观看比赛。体育迷对他们喜欢的运动队和运动员是忠诚的,这就为广告客户提供了可靠的基本观众,这些观众是通过多种多样不断扩展的传播平台了解体育广告的。

越来越多的广告客户看到了把他们的信息直接和电视播放的体育内容相结合的价值,而不是在比赛间歇中简单地占用一些商业广告的时间,这样会模糊广告内容和播出节目内容之间的界限。

超级碗是每年美国收视率最高的电视节目,观众超过1.1亿人次,身份多样。“最大的比赛”变成了特色鲜明、让人难忘的创意商业广告的展览,有40个或更多的广告客户,广告标价确定为每30秒300万美元或者更多。

测量广告成本的CPM，叫千人成本，是将广告送达1 000名观众的成本计算单位。最有效的广告是把目标定位在那些最有可能购买产品或服务的特殊观众身上。目标观众越集中，广告的传播效果越好。多次在多个平台发布、针对潜在观众的广告整体方案，要充分考虑广告对品牌的影响力，并能引起观众的回忆和作出购买的决策。

体育的不可预测性和对运动员行为的不可控，决定了品牌不能把自己绑定在一个已经签约的运动员，特别的运动项目或运动队上，那样对一个品牌是有风险的。

◆话题讨论/课后作业

1. 观看一个小时的电视体育直播，记录你看到和听到的商业广告数量。共有多少个广告客户？有多少信息是出现在节目内容中而不是在插播的广告中？

2. 对比电视上不同体育项目的广告内容。哪些广告在一种以上的体育项目中内容是一致的？在每一个项目中，广告的目标人群是哪些？

3. 拿一个你经常购买的产品，根据你所了解的使用人群，和他们与你分享产品价值，为该产品设计一个完整的广告活动。你把它投入到电视体育节目、在线视频或其他的数字软件、广播或者印刷媒介的广告中，预算分别占多大比例？

4. 调研超级碗转播的收视率和广告的历史，找出历史上重要的具有里程碑意义的收视率和广告创意。论述1984年苹果“老大哥”在超级碗所做广告的影响。

5. 论述签约的体育名人是如何影响你对商品的印象的。是否有体育明星影响了你的购买策略？如果有，是如何影响的？

第十二章　力量和经济

让我赚大钱

——《甜心先生》中的主角罗德·迪德维尔，卡梅隆·克洛伊编剧

提要

- 内容所有权的力量：组织者、联盟、体育协会和团体。
- 电视播映权合同。
- 电视行业的力量。
- 控制录像用途。
- 电视对大学体育协会重新调整的影响。
- 大型联合传媒企业的协同作用。
- 体育电视的网络直销。
- 职业体育运动队的媒体所有权。
- 电视配送服务的力量。
- 转播许可和“必须执行”。
- 演出者的力量。
- 免费中介机构改变了体育力量的平衡。
- 体育代理人的力量。
- 马克·麦科马科和 IMG 模型。

体育电视行业中的力量，像大多数生意中的力量一样，源于掌控。各种各样大量的组织和个人控制着内容、规则、资产、资本、生产和分配。这些团体与拥有大量观众的明星、他们的经纪人、政府机构以及粉丝合作并分享控

制力。内容、规则、分配、资产或资本并没有控制力，除非它具有吸引和保持大众支持的能力。

内容的力量

组织者、联盟、体育协会、球队拥有由美国体育内容构成的赛事和系列节目。那些掌控能产生大量观众和收入的赛事的人最具实力。全国橄榄球联盟和它的球队拥有每场比赛的内容：季前赛、常规赛、季后赛、锦标赛、超级碗。他们设定游戏规则，包括每队多少人、穿什么队服；他们安排赛程：谁和谁比，在什么时候。在美国，每个专业联盟在相同的方式下运转，并且有同等的掌控力。

全国大学生体育协会是一个拥有并掌控 33 个国家级男子、女子锦标赛的组织，包括广受欢迎的“三月疯狂”男子篮球赛。比赛很成功，因此 2014 年的电视播映报道权在 2010 年以 108 亿美元售出。四场半决赛和决赛更是一票难求，粉丝不得不通过买乐透希望能买到一张票。

国际奥委会和国际足联是两个最权威的全球性体育活动组织者。国际奥委会负责奥运会，包括夏奥会和冬奥会每场比赛的每一分钟，拥有“奥林匹克”的名称以及它的五环图标专属权。国际足联负责男子、女子的世界杯足球赛，以及选拔球队参加四年一次的世界杯资格赛。

体育活动的组织者有的负责一个年度的赛事，像高尔夫大师赛是奥古斯塔国家俱乐部的唯一赛事，有的负责一系列赛事，比如东南联盟和大西洋海岸联盟橄榄球赛由这些团体和成员学校负责。

每个体育活动的组织者决定比赛的时间和地点，影响当地和国家的经济。国际奥委会和国际足联关于哪个国家将举办奥运会或世界杯的决定对这些国家有巨大影响，反之，对那些申办不成功的国家也会产生巨大影响。

组织者选择他们在营销、赞助、体育馆建造、交通、供给和服务，以及电视行业等方面的合作伙伴。并没有政府机构和法律规定他们一定要和谁合作，也不保证电视播映权的最高投标者和任何服务的最低投标者会中标。选择权是组织者独自的决定。

为了获得最多的电视观众并且避免与其他重大赛事竞争，年度体育活动的赛程表受到极大的关注。每年将大师赛安排在全国大学生体育协会的最后四场比赛之后的周末，对于奥古斯塔国家高尔夫俱乐部是很好的选择，但它不一定会遵守这样的安排。奥古斯塔俱乐部有实力选择它想要的任何一个周末，不管什么时间，即使这样会与其他体育赛事发生冲突。大师赛可以使与它有冲突的体育赛事改变比赛时间。

组织者、联合会以及有一定实力的球队还会决定新闻媒体，以自己想要的方式播出、报道比赛，甚至比赛怎么打都可以自己决定，而电视网只有在向赛事组织者购得版权的情况下依法行事。如果一个协会想自己自由选择比赛时间，如上午、下午或是晚上，都没问题，但这样他们获得的版权费可就要缩水了。如果电视台方面指出，按照赛事主办方计划的时间进行比赛，将无法获得足够多的观众和广告收益，那么电视台就不会出更多钱去购买转播权。协会主席不会在经济收益上开玩笑，他（她）可不想回去跟球队老板说："本来我能让咱们多赚他几百万美金的，但我觉得比赛的开始时间更重要，所以就拒绝了。"如果一个协会主席要是敢这么说的话，恐怕他就该卷铺盖走人了。

与内容所有者签订的播出合同上明确说明了多少场比赛将在电视的哪一时段播放。如第六章"电视上的体育节目"中讨论的，这些合同涵盖每一个极小的细节，包括：

- 摄影位置、边线和寄物柜的使用。
- 组织者同意的广告商名单和每场比赛中可以卖出的广告时间。
- 哪个赞助商、图标和图形能或不能被加在现场比赛中。
- 电视网为赛事准备的程度。
- 双方在社会媒体网站、互动比赛、现场报道或精彩视频在网络上如何合作。
- 当比赛正在进行或在等待结果的时候，可以被电视合作商利用的每场比赛精彩部分记录的数量。在所有权利回归到组织者之前这些精彩部分可以使用多久，如何得到以前比赛或活动的历史性档案影片。
- 商谈合同的发展和更新的过程。
- 电视网为了招待客户、高管、顾客，用来免费发放或为了购买物品赠送门票的数量。

主办方可以批准或拒绝媒体证的申请，也就是说他们可以决定谁可以进入到场内媒体区进行采访、记录、摄影、看比赛等相关活动。在里面他们还能采访球员、教练、其他人，总之就是能采访到任何主办方负责的相关事宜。如果你是个评论员或者专栏作家，但主办方认为你的言论不够客观、过于极端的话，你会被拒发媒体证并禁止进入媒体区。然而他们无法剥夺你的人身自由权利，你依旧可以买票看比赛然后写文章，只是主办方不会让你作为媒体免费看比赛，更别提去媒体区、包厢或者是新闻发布会了。

运动产品的公共利益和需求越大，内容控制权和所有权所带来的力量越大。观众需求的减少会削弱组织者的力量。

电视行业的力量

媒体有扩大体育运动的影响、需求和流行的力量，它协调内容持有者和媒体的相互依赖关系。体育运动的电视节目对电视网络很有益处，因为它吸引了一大批忠实的粉丝观众。网络通过向广告商出售体育节目中的广告时间来赚钱，广告商以此锁定这些粉丝为潜在客户；通过网络公司播放平台向体育粉丝、购买节目的有线电视公司或其他经销商收取月费。每一个播放平台电视网承担的体育赛事能够帮助他们确定他们的媒体品牌。哥伦比亚广播公司的标志性赛事之一是高尔夫大师赛，从 1956 年开始转播。全国广播公司给自己加上奥运网络的品牌，因为从 2000 年开始它是每届夏奥会和冬奥会的转播公司。福克斯网的成功定位缘于福克斯在 1994 年通过高于哥伦比亚广播公司的出价获得转播权。

在互利关系的另一方面，团队、联赛、组织者获益是因为电视向更多人介绍了他们的运动和明星，由此增加了他们的吸引力和价值。每年向活动注入数百万美元的资金，电视网给内容所有者的付款代表了运动的生命力。签署一份电视权利协议也保证了体育组织者、联赛和团队营销信息的广泛散布，这将有助于建立粉丝基础和售票。

没有比美国娱乐体育节目网和全国橄榄球联盟的合同更好的例子了，它从 2011 年起延续八年，每年 19 亿美元。全国橄榄球联盟的所有者平均地分享电视收入，所有合同里的 32 支团队，每支团队每年从美国有线体育电视网收到 5 亿美元。作为交换，美国娱乐体育节目网接受每年转播 17 场“周一晚间橄榄球”的比赛和一些季前赛的权利直到 2022 年。即使网络支付了比福克斯、哥伦比亚广播公司或全国广播公司的双倍还多，但是它没有权利去转播任何一场超级杯赛。然而，它得到的是全国橄榄球联盟一年 365 天的转播内容的权利，在所有媒体平台中，包括美国娱乐体育网站的主要权利。对全国橄榄球联盟、球队和队员不断的新闻报道和分析是联盟从来买不到的有价值的宣传，它对支持和建立全国橄榄球联盟粉丝基础的影响是不可估量的。

当不止一个电视网为了一个活动或一季赛事竞标时，利益归于内容所有者，比赛经常增加竞标价钱的数额。然而，如果网络选择不去竞标电视节目的权利——从改变他们的目标观众到追求更便宜地去购买或生产能产生更高利润节目的其他形式——体育运动可能会失去和电视网络的共生关系下的所有利益，包括他们年度收入的主要部分。

控制录像用途

电视网保护他们买到的这个难以取得的权利。如果“比赛的图片、描述和数量”在竞争的电视台或网站很容易获得的话，那么电视节目权利的价值将会被打折扣。对于在电视播映权合同里包括的一场赛事的每一个电视节目，播映权所有网站颁布一系列“新闻入门指导”，它分配给协议包括范围里的每一个电视台和网络视频网站。

购买一季比赛或像奥运会赛事播映权的公司，有权力去决定如何以及何时让非播映权所有人可以使用电视节目录像。大多数播映权所有者会在直播结束前禁止非播映权所有人使用精彩视频。场上比赛结束时仍不允许使用，直到版权通告出现在屏幕下方比赛才算结束。当播映权所有网站宣布赛后的采访和分析结束的时候就可使用了。

持有播映权的网站也有权力决定录像的多少秒可以出现在什么类型的节目里（经常只有真正的新闻广播）或者是在什么时段使用。例如，全国广播公司允许非播映权所有人在他们的新闻中使用不超过两分钟的奥运会精彩视频，并且只在原始电视播出后的 24 小时内。在 24 小时后，只有全国广播公司能使用这些视频片段。播映权持有者和组织者想让他们的比赛有最广泛的新闻报道，从而为他们的现场比赛吸引更多的观众，但他们也不想失去可能会选择观看由非播映权所有人而不是现场赛事制作的精彩部分节目的观看者。

大学体育协会重新调整

21 世纪初，电视播映权费用的提高与为了营销而扩大观众群体两方面的原因促成了大学体育协会的重组。如果一个拥有一项主要运动项目的大学能够继续派出相同数目的球队，雇用相同数量的教练，保持支出几乎不变，同时通过加入一个拥有良好媒体播映权协议的体育协会能增加每年几百万美元的收入，为什么不考虑重组呢？

这是内布拉斯加大学在 2010 年 6 月宣布它将离开 Big12 体育协会并将在 2011 年伊始加入 Big Ten 体育协会时提出的问题。国税局存档的一份文件显示 2009—2010 年内布拉斯加大学接受了 Big12 电视播映权收入中的 930 万美元。同年 Big Ten 体育协会 11 位成员中的每一位得到 194 万美元，总共2 140万美元的平均份额，两个协会在电视收入方面差距巨大的基本原因是 Big Ten 网络(BTN)，它作为 Big Ten 和福克斯的合资企业于 2007 年建立。Big Ten 播出电视节目一天 24 小时，一年 365 天，超过 4 000 万的用户。它的内容几乎是每一个没有被美国娱乐体育节目网、美国广播公司或哥伦比亚广播公司播出的 Big Ten 的体育比赛。网络售卖广告每年利润超过7 000万美元给体育协会的成员学校分享。

此外，美国娱乐体育节目网每年支付 Big Ten 一亿美元购买在娱乐体育节目网或美国广播公司播出 41 场直播橄榄球赛的权利，直到 2015—2016 赛季。哥伦比亚广播公司每年支付 2 000 万美元购买直播大学生篮球比赛的权利，他们的合同扩展到 2016—2017 赛季。Big Ten 增加的收入来源使 Big Ten 体育协会的会员资格更加有吸引力，它激励了 Big12 和其他体育协会去建立新的电视节目安排从而最大化抬高了各自的底线，并且使得高校积极寻找最好的机会来获得大学体育的更高利润。

图 12.1　Big Ten Network 的标识
来源：Big Ten Network LLC 惠允

协同作用

媒体群体的力量直接关系到单个媒体所具备的媒介网络和平台的数量。通过协作关系，他们联合起来要比各自单干更具影响力。公共平台促成的合作关系，会促成各方的优先合作、帮助彼此改进各自的成果。美国娱乐体育节目电视网(ESPN)营造了体育宇宙中心，围绕它有ESPN、ESPN2、ESPNU、ESPN新闻、ESPN体育、ESPN广播、ESPN. com、ESON3、ESPN杂志、ESPN移动以及ABC体育。这些全部相互充实，不管节目在何处以何种方式被看到、听到、读到，甚至被人提到，他们都会定位为潜在的客户。

再看康卡斯特全国广播公司环球的协同合作，他们就把"周日晚间橄榄球"上演的揭幕战最大化地推送给可能的观众群体。"今日秀"直播比赛现场，协同的还有CNBC、MSNBC、E!、天气频道、"直通好莱坞"节目、Telemundo(美国西班牙语电视网)以及其他11个康卡斯特地方体育台和233个具有合作关系的全国广播公司当地电视台。康卡斯特全国广播公司环球电视网还拥有全国广播公司体育频道(前身是Versus台)、高尔夫频道、USA电视台、Bravo台、SyFy台、Oxygen台，以及环球影业及其主题游乐园。美国新闻集团旗下有福克斯电视台、时代华纳以及维亚康姆旗下的哥伦比亚广播公司电视台，都是具备多平台的媒体。当然他们雄厚的资产也是惊人的。

无论何时，这些联合企业中都有一个当务之急的工作需要确定，例如增加一系列或一项特殊活动的收视率排名，它会通过各种各样的传送系统确保每一个潜在观众在多个场合和不同形式下得到信息，从而将观众发展成几百万人。协同作用的力量是联盟和组织者想要从媒体合作伙伴那里得到的，所以它可以增加内容的价值。

体育电视网上直销的力量

或许体育中首要的力量和协同作用是针对内容所有者、联盟或团队来讲的，它也是针对能报道运动和赛事的媒体来讲的。经济方面，"网上直销"是指在一项交易中取消了中间人。通过取消中间人，联盟、团队和组织者把媒体的力量增加到了他们早已拥有的内容力量上来。控制自己电视网络的联盟、团队和组织者有效地取消了作为中间人的媒体，媒体将独立地决定内容和新闻故事的相对重要性。直接向观众发送信息并且没有中间人来分析、质问或批评你的行为能力，不需要征求反对意见，从而达到直接影响公众观看与选择的目的。

每一个职业联盟都建立了自己的广播网，如 1999 年的 NBA TV（全国职业篮球协会），2003 年的 NFL Network（全国橄榄球联盟），2007 年的 NHL Network（国家冰球联盟）和 2009 年的 MLB Network（专业棒球联盟）。地区体育网为自己球队所拥有也是很普遍的。能吸引几个州观众的大学体育协会加入拥有自己网络的组织。

除了球队的总经理、教练和队员们，同一个组织还会给电视评论员和制片人支付薪水，电视化的趋势也成了联系球队与公众的纽带。打个比方说，如果球队总经理做了一笔有损特许权的愚蠢交易，你就会知道与他有着同一个老板的评论员们会把他批得有多惨。而在由你球队控制的电视网中，就能得知新换来的球员比被换走的球员表现得更好。

球队最终的成功使所有人获得更多的利益，所以任何损害组织的成功与形象的批评或新闻是不可能成为由该球队控制的网络节目的一部分的。这不是说联盟与独立的、对节目有影响力的，并且拥有电视播映权的电视网之间没有经济合作。每年网络与联盟的权利协议价值几百万美元，他们为了彼此的成功相互依靠。在不被联盟拥有或控制的网络里，观众将有机会看到和听到更多公正的报道和客观的批评。

一些简单的例子可以说明：棒球投球最好的摄像机镜头来自中外场，用接球手和裁判员框住了投手和击球手。摄像机的镜头越长，镜头里的那四个人拉得越近，这样观众才可以清晰地看见他们的动作、表情和反应。然而，如果球队的当务之急是售出下一赛季的球票，广告牌安装在房间门牌的后面，有电话号码，有点击买票的网址，你就可以确定一个为球队所有的电视网工作的导演需要指挥摄像师去扩展该镜头，由此宣传的信息在场地随处可见。这是一个很多粉丝都不会注意的细小的变化，虽然镜头的重点不再是捕捉和传送最好的、最有力的画面给电视机前的观众们，但是球队可获得更多的商业利益。

另一个细小的例子：宾夕法尼亚州和俄亥俄州都是 Big Ten 体育协会的一部分，它拥有 Big Ten 并与福克斯体育网合伙。当关于在宾夕法尼亚州性虐待的指控，或俄亥俄州橄榄球运动员用奖励和纪念品交换文身的消息传开后，这些消息没有在 Big Ten 网络上传开。

公正地说，作为一个新闻采集实体，Big Ten 网络不代表它自己，但关键是没有一个被联盟控制的电视网会深挖这些可能对联盟或成员团队有负面影响的新闻。媒体电视台被他们所报道的体育运动控制得越多，这种类型的调查性报道将更少会有机会散发出来。

没有人比马克·奎思对此更为敏感，他在全国橄榄球联盟广播网（NFL Network）里负责节目策划和制作。“人们不得不相信他们会从我们这里得到准确性，”他说，“任何人在任何时候能指出全国橄榄球联盟网络散布错误新闻的例子，它将影响我们的信誉。”奎思说他的网络秘诀是报道新闻并且“以事实为基础加上观点”。报道劳资纠纷对于任何由联盟所有的广播网都表明他们落入了窘境。当所有人的薪资来自联盟的时候，联盟的位置和观点必须得到认同，即使只是潜意识的。公平和平衡的报道更可能来自独立的媒体。

在美国，每一个体育联盟的内部广播网都意识到他们的粉丝能够很有经验地看穿任何企图去掩饰有争议性的新闻并且明白事实的真相。球队不同程度地获得广播网和地区体育网的重点关注，比如位于纽约的 Yes 电视台，它隶属于棒球大联盟的纽约洋基队，但同时由波士顿红袜队（80%）以及冰球大联盟的波士顿棕熊队（20%）联合管理，人们逐渐意识到了争议的价值。让公众谈论关于联盟、球队或运动员的新闻是为了吸引观众关注。所以他们对压制新闻不感兴趣，但是媒体所有权人确实向内容所有者提供了设定什么议题将会被讨论，如何以及何时呈现相关信息和背景。

电视配送服务的力量

不到 10% 的美国家庭以旧的方式——从当地电视台获取电视信号。90%的家庭付费接收信号，从有线电视、卫星直播服务，比如迪雷克公司卫星天线网络，多频道视频程序供应商 AT&T U-verse、Verizon FiOS 以及宽带网络供应商处获取信号。广播内容配送的优势给予工业部门极大的力量及相应的利益。

有线电视、卫星直播服务和数字交流配置器是免费选择的，在他们提供的一批东西中哪个网将收录进来，没有法规或惯例要求他们配销体育网或特别的节目种类。市场力量和消费者需求致使配送不包括体育频道是不现实的。但是，如果他们认为能通过废除一些网站收取月费来省钱并且不丢失很多客户，一些人肯定会乐于尝试一个可选择的频道菜单。

因为有 225 万家庭用户这个最大的配送服务而让康卡斯特拥有力量。如果康卡斯特决定不再支付美国娱乐体育节目网每户每月 4.5 至 5.5 美元的“世界领导者”收取的节目费用，美国娱乐体育节目网的范围将在一夜之间从 1 亿家减少到不足 7 800 万家。因为观众减少，美国娱乐体育节目网不得不压缩它的广告费用。来自广告和用户的费用变少，广播网被迫重新评估它可以支付哪些体育运动的播映权，哪些它必须放弃。这是配送服务拥有的一种力量，根据收看观众数量多少，决定投放的定位、数量和内容。

很明显康卡斯特公司不会愿意给美国娱乐体育节目网签一张每月 1 亿美元以上的支票(收视费 4.5 美元再乘以 225 万户)。一年的时间康卡斯特公司支付给美国娱乐体育节目网超过 12 亿美元。为了接管网络的所有权并且结束支付支票，康卡斯特公司在 2004 年竞标用 491 亿美元购买美国娱乐体育节目网的母公司瓦尔特·迪士尼。迪士尼能够抵制康卡斯特公司的接管，但不能劝阻康卡斯特公司不要它的信念：公司未来的成功依赖于控制网络。

表 12.1　十大多媒体视频节目供应商(2011 年 6 月)

排序	平　台	用户数
1	康卡斯特	22 525 000
2	福克斯娱乐集团 DirecTV	19 433 000
3	碟网	14 056 000
4	时代华纳有线	12 235 000
5	考克斯通信	4 838 000
6	宪章通信	4 413 000
7	威瑞森通信	3 848 000
8	美国电话电报	3 407 000
9	有线电视系统	3 284 000
10	光明屋网络	2 139 000

卫星直播和包含了宽带视频资源的多媒体数字分配器的竞争，侵害了有线电视的生意。据全国有线电视和电信协会(National Cable and Telecommunications Association)报道，2001 年美国有 669 万户支持有线电视。然后，从高位线上平稳地下降，在 2011 年下降到 589 万户。面对减少电缆配送的事实，康卡斯特公司理应选择保守，但它却组建了一批拥有网络的人与高尔夫频道对抗。2009 年它与美国通用电气公司达成协议，用 3 000 万美元购买全国广播公司的控股权。这笔交易在 2011 年得到联邦监管批准，它使康卡斯特公司成为媒体节目和分配的巨头。公司仍然支付美国娱乐体育节目网大量的费用，增加了全国广播公司体育和高尔夫频道的内容，在延长它与美国娱乐体育节目网合同的时候，康卡斯特公司处在了一个有利于谈判的位置。

当与比美国娱乐体育节目网更小且更小权威的体育网谈判时，配送服务肯定会占上风。他们可以选择刺激这个广播网成为需要消费者每月支付额外费用的体育等级，由此限制配送，或他们可以选择不运行这些广播网。全国橄榄球联盟网很想将时代华纳有线电视的 1 220 万用户增加到他们的观众总数里，在网络问世的 2003 年前就开始的谈判，九年后仍无结果。

认识到了分配器的力量，专业棒球联盟网在 2009 年建立时就采取了不同的方式。专业棒球联盟持有网络三分之二的所有权，但他们和康卡斯特公司、美国直播电视集团、时代华纳有线电视和考克斯通信公司合作，让他们共同持有三分之一的所有权。这保证了美国职业棒球大联盟在出现的第一天——2009 年 1 月 1 日，就比已经成立了五年的全国橄榄球联盟网出现在更多的家庭里。

特德·特纳和体育职业球队的媒体所有权

体育职业球队的媒体所有权可以追溯到 20 世纪。广播网在 1964 年赛季后买下了纽约洋基队，哥伦比亚广播公司在每个周六播出棒球周赛，在棒球周赛去全国广播公司之前，哥伦比亚广播公司拥有球队已经一年了。在作为球队所有者的一年中，哥伦比亚广播公司有机会影响它播出的体育运动，与其他所有者决定分享专业棒球联盟的收入。1972 年赛季后，哥伦比亚广播公司将洋基队卖给了乔治·施坦普瑞纳财团。

图 12.2　特德·特纳
来源:Getty Images 华盖创意公司

特德·特纳带领职业运动队的媒体跃上了一个史无前例的等级,因为他将比赛视为电视内容。在他父亲去世后,特纳在 24 岁时接管了家族的亚特兰大电台和广告牌生意。1970 年他买下了亚特兰大的 17 频道,这是一个独立的电视台,因为不断重播“安迪·格里菲斯秀”而出名。六年后,17 频道成为了美国第一个“超级电视台”,特纳通过 1975 年发射的美国无线电公司的同步通讯卫星,开始向全国有线电视发送信号。

为了编排电视节目,特纳在情景喜剧的重演上增加了老电影。他在 1976 年买下了亚特兰大勇士棒球队。一年后他又买下了美职篮的亚特兰大老鹰队,并且把这些比赛加进了他的超级电视节目单中。特纳拥有不需要支付播映权费用较多的体育现场比赛。意味着他不需要买很多老电影和电视剧。1979 年,特德·特纳改变了 17 频道,由“WTCG”变为“WTBS”(特纳广播公司旗舰店)。他在 1987 年去掉了“W”,TBS 有线电视产生了,这在很大程度上依赖于拥有转播体育内容的力量。

大量媒体、报纸和广播买下了职业运动队和赛事,在他们报道或播出的产品上有了更多的控制。一方面，是商业方案起了作用；另一方面，让体育商业像通讯商业一样成功是困难的或者不可能的。但是，考虑到在过去几十年中对职业运动队的购买价格一直在上涨，把球队给一个新的所有者对媒体来说是一个很有益处的商业决定。

强制接入和转播许可

有线电视开始从社区公共电视天线系统(CATV)转变时，能接收信号的地方就不只局限于偏远地区了，而是逐渐将范围扩大至城市及小城镇。而此时联邦通信委员会推行了“强制接入”政策。从1972年起，有线电视系统被要求接入方圆60英里(后改为50英里)范围内的电视台信号作为基础的订阅服务。当地电视台担心的是，如果用户安装了有线电视却收不到当地电视台的信号，这肯定不利于当地电视台抢占市场份额。有了“强制传输”政策，电视台就可以保证被接入有线电视网，但他们无法向有线电视分销商提出索赔。

20世纪80年代，美国巡回上诉法院经过一系列的调查，认为“强制接入”政策违反了第一修正案里关于言论自由的条款。1994年，联邦通信委员会允许广播电视台向有线电视运营商收费，迫使后者必须先得到电视信号的收费许可。这就要求有线电视公司在接入任何一家电视台广播电视信号前必须先获得相应的转播许可。这一裁定可以说是给当地电视台打了一剂“强心针”，特别是对那些拥有众多电视网和观众群体的电视台来说。这让他们敢于挺直腰板向有线电视收费并在频道数量上与他们谈判(见第十三章：电视体育中的政治和政府)。

在有线电视网为广告费和用户订阅费这两大年收入而沾沾自喜时，美国广播公司、全国广播公司、哥伦比亚广播公司以及福克斯等广播电视网已经着眼于转播许可的费用了，并把它当作潜在的第二大收入来源。超过90%的用户会选择通过订阅的方式来收看电视节目，这样一来，广播电视网和有线电视网对用户来说不再有任何区别了。对大多数人来说，每个台只不过是屏幕上的一个数字罢了。那么问题来了，如果美国广播公司、全国广播公司、哥伦比亚广播公司以及福克斯囊括了超级碗、奥运会、全国大学生体育运动协会的"疯狂三月",再加上拥有比美国娱乐体育节目网、特纳广播公司及其他任何一家有线电视网收视率都高的优质节目,广播电视网间的争论就开始了:能否通过这些节目获得适当的市场收益,并通过增加电视台转播许可费的方式将这些收益汇聚起来。

美国广播公司、全国广播公司、哥伦比亚广播公司以及福克斯与其附属的当地电视台共享附加利润,此举树立了美国广播电视界的商业典范,并使他们比"生来走线不走信号"的有线电视网更具竞争力。该典范还包括取消节目供应方的权力,以最大限度地限制他们通过各种方式来提高收费。在这样的情况下,拥有自己的电视网和节目供应服务的大型联合企业才是真正的赢家。康卡斯特公司向全国广播公司电视台支付的转播许可费,其实还是流回了自己的腰包。拥有同样运作方式的还有时代华纳,它每月会向它旗下的电视网支付订阅费,包括特纳广播公司、特纳电视网、美国有线电视网以及卡通频道。一家公司立足的领域越多,那么它的影响力就越强大。

表演者的力量

电视有能力通过展示个人或团队的巨大成功并依靠几百万的粉丝来创造明星,随后是欢庆场面和微笑脸庞的特写。成为地区或国家名人的明星有能力吸引花钱的客户到活动现场或活动的电视台进行报道。明星地位可以带来比做运动员薪水更高的转让合同,比如公众熟悉的迈克尔·乔丹和肖恩·怀特,通过在电视上报道新闻和创造传奇,他们的转让价值和各自的运动能量均增加了。

每年都会有大量的杂志排名评选出他们心目中的"最有价值运动员"。高尔夫和网球等独立性很强的项目运动员拥有很好的影响力,但是他们的这些优势并不利于提高电视收视率。此类参赛者具备优势的两大原因是,球员们不会有队友来和他们抢曝光率,并且他们可以自己决定去哪儿参赛、何时参赛。对于高尔夫或网球赛事组织者来说,有无球星来参赛也关系着这项赛事办得好与不好,而运动员对于自己参赛与否有着绝对的权利。较之于对赛事的影响,更重要的是这不仅打击了收视率,还影响了电视转播权的价值。这样一来,独立的运动员们又有了强大的媒体关注度和影响力。

2008年老虎伍兹在名誉扫地之前，在每一个"最有影响力运动员"榜单上都排名靠前，影响很大。有一个例子明显地揭示了运动员的巨大力量：有一年的夏天，伍兹在全美高尔夫球公开赛的加时赛中赢了。在那个六月的周日下午，全国广播公司的现场报道收视率为10，并且在当时所有在播的电视台中占了20%。伍兹在第二天赢了加时赛却伤了膝盖，所以他不能参加那一年的下一场重要的高尔夫球锦标赛——八月的美国职业高尔夫球冠军赛，那场比赛没有伍兹，美国职业高尔夫球冠军赛在哥伦比亚广播公司周日的电视直播上只获得3.0的收视率，比起全美公开赛的电视观众，这是一个急促的下降。

依靠明星影响力的赛事比已经建立了忠诚粉丝团的联盟和团队更易受出席率、收视率、播映权价值、广告和赞助商协议方面的影响。影响组织者和媒体底线的个人运动项目明星的力量，除了他们穿名牌衣服和宣传产品取得收入之外，还有所谓的出场费、红利和特殊对待等。

团体运动队员的唯一的出场费就是他们的薪水，随着他们的明星地位和技术水平或升或降。团体运动员最大的力量是各自的俱乐部和运动员协会共同商定薪酬。运动员拒绝比赛直到拿到一份他们认为可以接受的合同之前，他们与团队和联盟之间没有什么关系，即比赛没有打，也没有播出，那就拿不到钱。在大多数商业中，在合同谈判中占上风的一方经常由城府更深的一方主导。在体育界，所有者主导是永恒不变的。

随着免费机构的出现，运动员赔偿变成了市场竞争的功能，这让明星们通过向更高的竞标者出售服务体现他们真正的价值。在免费机构出现之前，与组织者和所有者相比，球员的影响力是不重要的。

免费机构改变了体育影响力的平衡

从19世纪80年代到20世纪70年代，每个专业棒球合同都有一份"备用条款"，允许团队每年按照他们设定的价格自动地更新运动员的职业合同。让运动员几乎毫无影响力，终身与他们的球队束缚在一起。专业棒球联盟享有一个反垄断豁免，它源于美国最高法院巴尔的摩联邦棒球俱乐部和国家专业棒球联盟在1922年的决定。联邦俱乐部联合会当时作为国家和美国俱乐部联合会的竞争对手，不能签约任何来自国家或美国俱乐部联合会的球员，因为没有人能逃脱合同中的"备用条款"。联邦俱乐部联合会声称这两个已经建立的联合会违反了反垄断法，但是美国最高法院不认同。法官霍姆斯说棒球不受反垄断法的约束。

1972 年，曾于 1922 年出台的决议再次被提出，起因是圣路易斯红雀队的外场手科特·弗拉德向棒球大联盟提起诉讼，以避免自己被交易到费城人队。弗拉德认为自己和红雀队的合同期满后，有权选择对自己有意向的任何其他球队。最高法院驳回了弗拉德的诉讼，宣称棒球运动可以有特例、有个性，并声明只有国会能撤销反垄断的豁免。

科特·弗拉德没有为棒球选手赢得免费中介机构，但三年后由于多种因素废除了备用条款，并且把美国团体运动的成员引领到一个有影响力的新时代。当运动员们没能在新的团体合作协议里与所有者达成一致时，他们在 1972 年组织过一次罢赛反对棒球球队所有者。当协议在 1973 年达成一致时，一份薪水仲裁条款被包含了进来，如果棒球球队所有者不能同意他的团队的赔偿标准，允许运动员寻求仲裁人帮助，备用条款仍然有效。

安迪·梅瑟史密斯是洛杉矶道奇队的投球手，他没有接受球队的续约，在 1975 年选择离开球队。他曾找过下家，但没有任何一支球队给他报价。满腹牢骚的梅瑟史密斯开始寻求仲裁条款，仲裁人施以恩惠，表示各支球队可以在球员合同到期的一年中提出合约，但只能签一年。签约后，球员在为球队效力的一年中可以自由寻找下家。这是科特·弗拉德此前一直期盼并为之抗争的权利。

免费中介机构给了每一个运动员对事业更多的控制权，并且削弱了所有者的权力，迫使他们支付公正的市场价值或面对失去明星的局面。1975 年当梅瑟史密斯提起诉讼的时候，专业联盟棒球运动员平均工资为 51 501 美元。十年后平均工资增长到 371 157 美元，这证明在免费中介机构出现之前，所有者没有支付运动员的真正价值。

职业运动员的每次罢赛，都是产品（团队所有者和他的联盟）与运动员之间力量平衡的斗争，没有运动员就没有粉丝能在电视或现场观看比赛。每一方都想要更多地控制收入、工作规定、时间表等一系列重要的问题。1994 年因为运动员罢赛而没有举行世界职业棒球锦标赛、2004—2005 年国家冰球联盟赛没有完成全部比赛，刺激职业运动的媒体播映权的资金也就消失了，在问题显现出来时，解决的办法往往就产生了。

体育经纪人的影响力

体育经纪人的影响力可以单独写成一章或一整本书。他们的出现增加了他们代理的运动员的影响力和专业知识,迫使联盟和组织者讨论哪些可能是单方面的强制性。在免费中介机构的时代,经纪人可以在场内或场外影响职业运动队,促进一个或多个明星从一支球队到另一支球队。

最有影响力的经纪人是那些代理一项运动中一组明星的人。例如,一个在美职篮里有30个或更多客户的经纪人比只代理一个或两个客户的经纪人拥有更强大的能力。他可以设定标准:在合同里包括或不包括什么,和同等球员的相关支付标准。通过在运动员内部建立共识,权威经纪人私下促成了劳动分歧的协议。他们自己的利益在分配方面是很明显的:运动员得不到钱,则经纪人得不到佣金。像迈克尔·乔丹的经纪人戴维德·弗兰克,可以通过他的客户吸引广告商到一项体育运动中,并且通过在赛场外将明星市场化来扩大运动的影响。

图12.3 马克·麦科马科(1930—2003)国际管理集团的创始人

现代体育经纪人之父无疑是马克·麦科马科,他在1960年建立了国际管理集团(IMG)。1950年早期在威廉和玛丽学院的高尔夫球员麦科马科遇见了为维克森林大学效力的阿诺德·帕尔默,1960年,当他谋划代理的帕尔默在职业高尔夫球协会锦标赛上成为最受欢迎球员时,他已经去了耶鲁法学院并且在一家克利夫兰法律公司工作。麦科马科的宣传是一年的代言和出席活动,他为帕尔默赚取了比高尔夫球员通过赢得锦标赛赚的钱还多。这是个通过握手达成的协定。一年后,看到了帕尔默的成功，于是那个时代高尔夫的其他两名顶级球员杰克·尼克劳斯和加里·普莱耶也与国际管理集团签了协议。这是世界上最大的运动员代理公司的开始。

麦科马科的巨大成就是他将自己的构思巧妙地融合进每个级别的体育运动中，并且具有使利益和影响力最大化的远见。这就是著名的“国际管理集团模型”，它被人复制了很多次，但从没有人复制到像麦科马科那样的成功。

- 开始时他代理运动员个人，然后他创造或买下比赛让他担任主角。
- 国际管理集团售卖这些赛事的赞助给广告商，也做营销、品牌管理和许可。公司向全世界的组织者和联盟扩大了这些服务，像全英草地网球俱乐部、英格兰足球超级联赛和职业高尔夫球手协会、液化石油气协会女子高尔夫球赛、美国高尔夫球协会、美国网球协会，并且通过国际管理集团学院的分配，还有全国大学生体育协会和200多所大学。国际管理集团的范围已经达到了这样的境地：它的体育运动目录的客户和合作商名单已经超过250页。
- 国际管理集团的附属公司，跨世界国际公司，通过包装赛事和节目报道，成为了世界上最大的体育电视的独立制作商（2003年麦科马科逝世，国际管理集团被泰德·福兹曼的私人股本资产公司买下后，TWI更名为国际传媒管理集团）。
- 在很多案子中，由国际管理集团制作的电视节目或由其他公司提供给国际管理集团的客户和组织者的电视节目，播音员是由国际管理集团的客户自己负责的。
- 为了保证年轻的人才进入国际管理集团生产线，公司建立了国际管理集团学院，训练有前途的运动员，他们中的很多人无疑会在某一天成为专业客户。国际管理集团训练了来自80个国家的超过12 000名运动员。

国际管理集团在体育商业的每一部分中都承担着角色，这意味着在国际管理集团的每一级别都要承担任务和费用，并且为了客户和合作商，它的结构使公司有能力去影响变化和创造协同，如果它不同时是内容所有人、媒体制作人和经销商、代理人、销售、品牌创建 、售酒代表、体育协会和研究机构的话，那就不可能实现了。

小　结

体育电视的影响力来源于控制。拥有配套的相关联盟、团队和组织者控制着他们的比赛将如何举行并在哪个广播网播出，以及比赛的规则和日程。内容所有者和他们的媒体合作商有共生关系。所有者可以扩展粉丝基础得到关注和提高，增加可以补给商业的巨额电视播映权费用。电视网和电视台得到可以吸引大量忠诚观众和广告商的电视节目，广告商将花大价钱得到他们目标市场中的观众。

已经建立了自己的电视网络的联盟和团队通过“网上直销”增加了内容上的影响力，“网上直销”废除了在联盟与团队和粉丝之间作为“中间人”的媒体。内容所有者在他们拥有的广播网上传送消息和报道，比起由独立广播台拥有的媒体传递的消息，可以减少批评。

控制电视节目配送的公司可以选择把某一网站提供给观众，并且为他们的频道安排和服务专业层次设定用户费用。控制影响广播网达到观众的规模，以此影响广播网付给它的广告收入。

运动员和表演者有源自他们自身的影响力，让他们的粉丝现场就座或坐在电视前。在个人运动中，运动员的影响力与运动本身的影响力是不相称的，因为他们能决定何时何地去比赛。一场比赛中明星的影响力将增加出席率、收入和收视率。明星选择不参加的比赛在该项目里相关数据会急剧下降。随着免费中介机构的出现，团体运动的运动员受到了更多的影响，从盛行于 20 世纪 70 年代的契约地位上得到了提升。

运动员联合会的创设使他们有能力去终止联盟的关系以及提高其现场比赛的收入，并达到他们认为公平的商讨协议。运动员经纪人聚集力量，通过代理同一个联盟的几个运动员，或通过建立像国际管理集团这样的公司，直接融合代理、营销、销售、品牌管理、许可、媒体和运动员发展于一体。

然而，体育最终的力量是取决于大众，赢得粉丝的支持与拥护，力量就是你的。拥有强大上座率和收视率的体育节目才能收取更高的播映权费、卖出更多的广告和赞助、建立新的场地和体育馆，并且在新的市场里有新的发展机遇。对粉丝不予重视或作出他们不喜欢的改变，上座率和收视率将下滑，伴随着的力量削弱，赚钱的可能性也会下降。

◆话题讨论/课后作业

1. 选择一个联盟或组织讨论它在电视方面的历史。它的活动第一次出现在美国电视上是什么时候？谁是它的媒体合作商？这些年它的电视观众和出席数据是如何变化的？电视在它的流行方面扮演了什么角色？

2. 选择以下其中一项，解释它为什么会在体育商业中拥有最大影响力的原因。

a. 联盟和组织者

b. 运动员、联合会和经纪人

c. 电视网络

d. 配送服务

3. 比较在联盟所属电视网上的一场赛事报道或新闻故事和同一赛事在非联盟控制的网络上的报道或新闻故事。有没有在一个报道上强调或删除，而在另一个报道上没有强调或没有删除的话语？你能找出提升质量的报道吗？哪个广播网做得更好？

4. 选择以下大型联合资产传媒企业中的一个，讨论它如何把握协同作用的机会并且分析一个部门的优先如何影响了另一个部门。

a. News Corporation/FOX

b. The Walt Disney Company

c. Comcast/NBC Universal

d. Time Warner

5. 通过电视网和媒体调查体育职业球队和赛事的所有权。哪个最成功？广播网所有权是如何影响团队和联盟的比赛的？

6. 找一份现在"最有影响力的"或"运动方面最有能力的"人员名单，然后讨论为什么某些数字在顶部而不是别的位置。你同意这样的排名吗 ？如果不同意，你将如何重新排序或调整它们，为什么？你认为体育运动中谁是最有能力的那个人？那个人如何实现了价值的最大化？

第十三章　体育电视中的政治和政府

体育运动系统是社会及其政治制度的副产品，让政治远离体育只是一个童年的梦想。

——皮特·海恩，英国议员

提要

- 体育及其政治象征意义。
- 体育作为政治论坛的角色。
- 体育作为表明政治立场的渠道。
- 1936年柏林奥运会与抵制奥运。
- 体育作为政治的舞台。
- 1968年墨西哥城奥运会和1972年慕尼黑奥运会。
- 体育明星和政治偶像。
- 经济使体育政治化。
- 公共和私人资助体育场馆。
- 美国大学生橄榄球赛和最高法院。
- 联邦通信委员会。
- 媒体所有权的限制。
- 公共电视节目。
- 必播节目和转播许可。
- 国会成员。

如果有一个体育乌托邦，绝大多数球迷会希望它是一个充满节日气氛和壮观场面的地方，所有的比赛都是技巧与意志的较量，还有最好的运动员和团队，我们欢呼并享受每一次纪录的刷新、每一个新的高度、创造出的每一个更惊人的成绩。在体育乌托邦里，政治和政府没有任何作用。但是我们每个人都很清楚，没有这样的地方。

体育及其政治象征意义

体育比赛并不仅仅是一个简单的竞赛，它们起着塑造和表现一个地方、区域和国家形象的作用。在体育比赛中最重要的是追求胜利和永不服输，政治也是如此。胜利者用获胜告诉所有的挑战者，自己的城市、地区和国家比别人的更好。它设置了最高标准，为达到目标就要付出最艰苦的努力，持之以恒克服所有的障碍并最终取得胜利。对于世界大部分地区和数以百万计的美国人来说，橄榄球就代表着美国。成功是建立在超群的力量、团队合作以及将自己的意志强加于对手的基础之上的。最初作为"国家消遣"的棒球，它的象征意义是与美国国家价值观的建立联系在一起的，青年男女们在旷野和牧场上竞赛，不管出身如何，都努力工作和不断超越，终将获得成功的回报。

政客们不会忽视象征的力量，同时也不会忽视一个能够接触有潜在选民的巨大受众群体的机会。威廉·霍华德·塔夫特总统于1912年开启了一个连接政治和体育的传统：抛出棒球赛季的"第一球"。坐在看台座位上的塔夫特和其后的历届总统呈现的是一个面带微笑、像大多数享受比赛的普通人一样的正面形象。当总统走下看台来到赛场，在投球区投出"第一投"时，它的象征意义改变了。此时总统是"一名球员"，一个与优秀运动员并肩站着的同伴，他们是经过精心挑选得到特别许可的少数踏上赛场的人。对报纸的照片来讲，坐在看台上是最佳选择；而投掷区的用力一投更适合电视报道。

体育作为政治论坛

第一投是象征性的，除了领导人公开分享他或她对体育的热爱以凝聚民心之外，基本上没有任何其他政治信息。然而，任何聚集成千上万现场观

图 13.1　威廉·霍华德·塔夫特总统投出 1912 年棒球赛季的第一球，他开创了一个历史

来源：盖蒂图片社授权引用

众和数以百万计电视观众的场合都可能被个人或组织当作向观众表明他们政治立场的论坛。这可以从三方面个来论证。

政治立场的体育事件

在整个 20 世纪和进入 21 世纪以来，有许多借助体育赛事的举办、时间的安排和竞争对手阐明政治立场的例子。1936 年在柏林举行的奥运会其实就是一个政治声明的舞台，使非洲裔美国短跑运动员杰西·欧文斯第一次赢得了四枚金牌。1931 年，在阿道夫·希特勒掌权的前两年，国际奥林匹克委员会(IOC)选择了柏林而非巴塞罗那获得奥运会的主办权。当希特勒的第三帝国逐渐暴露出残酷的独裁统治、践踏人权以及威胁非白色人种“雅利安人”生命的本质时，国际上出现了强烈的抗议，要求奥运会离开德国。

1933 年，美国奥林匹克委员会主席是埃弗里·布伦戴奇。当他最初听到德国的犹太运动员被迫害并将被禁止参加比赛的消息时，他说，“如果个别国家由于等级、信仰或种族的原因限制参加比赛，那么现代奥林匹克运动复兴的根基将被破坏”。但是，在德国人精心策划邀请布伦戴奇1934年对德国进行了访问之后，他成为美国选派运动队赴柏林参加比赛坚定的支持者。他对那些认为派出运动队就是支持希特勒邪恶政策的人回答道：“奥运会属于运动员而不是政客。”

图13.2　巴拉克·奥巴马总统打篮球向年轻一代传递了健康、活跃的领袖形象
来源：盖蒂图片社授权使用

1935年12月的联合抵制运动土崩瓦解后，业余体育联盟(AAU)投票支持美国参与奥运会。希特勒和他的纳粹党得到了在国际舞台上展示他们声称的“自然至上”主张的机会。德国队在柏林奥运会上赢得了最多的奖牌：33金、26银、30铜，共89枚奖牌，但这次奥运会上杰西·欧文斯创造了世界纪录，共获得了四枚金牌。这也表明了最强有力的政治立场：希特勒的种族主义是错误的。

1980年的莫斯科奥运会被那些反对1979年苏联入侵阿富汗的人们视为表明政治立场的舞台，共有67个国家拒绝派队去莫斯科，一同加入了由美国总统吉米·卡特领导的联合抵制行动。参与本届奥运会只有80个国家，是自1956年澳大利亚墨尔本奥运会以来规模最小的一届夏季奥林匹克运动会。早在1974年，阿富汗战争以及随后的联合抵制之前，全国广播公司就购买了1980年夏季奥运会的转播权。为此，全国广播公司支付了7 230万美元的费用，这些费用连同其他所有为转播莫斯科奥运会电视节目付出的费用一起打了水漂。因为没有美国队就意味着没有美国的电视报道。

1994年以前，每一个国际体育赛事的举行都排除了南非共和国，表明反对这个国家实行白人至上种族隔离政策的政治立场。那一年南非举行了首次面向所有种族的民主选举，曼德拉当选总统后，南非队再次在国际比赛中受到欢迎。

体育作为政治舞台

体育赛事的观众越多，把它作为一个表明政治立场舞台回报的风险越大。1968年10月16日，全世界都观看了美国短跑选手托米·史密斯和约翰·卡洛斯在墨西哥城用奥运奖牌抗议美国种族压迫的报道。在准备奥运会的前几个月里，美国社会处于混乱状态。马丁·路德·金博士和罗伯特·肯尼迪都被暗杀了。美国的城市骚乱导致了相互指责和高度紧张的种族关系。加利福尼亚圣何塞州立大学的社会学家哈利·爱德华兹博士，成立了一个有关人权的奥林匹克项目，试图通过组织美国黑人运动员来抵制奥运会。

联合抵制没有发生，但史密斯和卡洛斯在墨西哥城通过默默抵抗来声援正受到迫害的黑人。托米·史密斯在1968年夏季奥运会的男子200米比赛中，创造了19秒83的世界纪录，约翰·卡洛斯获得季军。他们二人都是在圣何塞市进行训练的。

当他们走进体育场接受他们的奖牌时，他们脱掉了鞋子，以此表现非裔美国人的贫困。史密斯围着一条黑色围巾，卡洛斯戴着串珠，他们后来解释这代表他们对于黑人的骄傲和对"那些曾行驶在大西洋中央航线运奴船上被私处绞刑，或被杀害，没有人祈祷，被悬吊、涂抹沥青的同胞"的怀念。

国歌开始的时候，通过美国广播公司的电视转播，美国人和全球观众看到史密斯和卡洛斯，脖子上挂着有奥林匹克宪章的奖牌，两人举起一个戴着黑色手套的拳头。"我们是黑色的，我们为自己的黑色感到自豪，"卡洛斯在仪式后说，"今晚美国黑人会理解我们的行为。"但国际奥委会对此并不理解，他们立即对此作出了严厉的处罚，认为这是国内政治问题不适当地加入到了奥运会的比赛中。国际奥委会主席是32年前曾支持美国参加柏林奥运会的埃弗里·布伦戴奇。"这些孩子是错误的，"他说，"他们犯了一个很糟糕的错误。不论是否严重，为政治目的利用奥运会，我们不喜欢这样。"

史密斯和卡洛斯立即被驱逐出奥运村送回国，并被禁止参加所有的国际

图 13.3　当托米・史密斯在 1968 年墨西哥城夏季奥运会男子 200 米比赛中赢得金牌,约翰・卡洛斯获得铜牌后,他们举起戴手套的拳头,表明他们对美国国内黑人种族情况的政治立场。来自澳大利亚的皮特・诺曼获得银牌。这三个胸佩奖牌的运动员都表明了他们对奥林匹克人权项目的支持

来源:盖蒂图片社授权转载

比赛。他们在此后几十年都遭受了经济上和人身的迫害，后来他们的这一行为被世界重量级拳击冠军穆罕默德·阿里称为20世纪“最勇敢的行为”。

利用奥运会作为政治胁迫舞台的悲剧发生在1972年德国的慕尼黑夏季奥运会上。德国自1936年柏林奥运会后就没有再举办过奥运会，此次它的目的是为了展示这个国家自第三帝国覆灭和第二次世界大战结束后的变化。但当来自“黑色九月”的巴勒斯坦恐怖分子侵袭了奥运村后，这些希望破灭了。他们打死了两名以色列代表团的运动员，将9人扣为人质。恐怖分子要求释放234名巴勒斯坦人和其他被关押在以色列监狱的囚犯，同时恢复德国暴力团伙迈因霍夫集团的两个创始人安德烈·亚斯和乌尔里希·迈因霍夫的自由。

美国人惊恐而难以置信地锁定美国广播公司看着吉姆·麦凯的报道。在奥运村大厅18个小时的对峙结束后，突然响起的枪炮声使搭乘菲斯腾费尔德的布鲁克北约空军基地直升机上的所有人质丧生。全世界的观众在极度悲伤中听到吉姆·麦凯说，“他们走了，他们都走了。”

图13.4　吉姆·麦凯在1972年的慕尼黑夏季奥运会上为美国广播公司进行体育报道，还报道了导致以色列代表团11人丧生的恐怖袭击事件

来源：盖蒂图片社授权引用

慕尼黑惨案改变了国际体育比赛的电视报道，安全成为赛事参与者和观众首要的考虑因素。不同的政治主张派系会利用这个舞台把自我主张和要求向世界各地电视观众展示。因此，现在主办国选择的是从地缘政治的视角，筛选潜在目标、资格审查，加强对媒体村的封闭管理，以防止通过伪装成媒体人员掩护他们极端主张的渗透。

体育明星作为政治偶像

我们在电视上看到的运动员他们是广义上的选区政治选民的偶像。他们代表在我们的城市、州或国家长大的人；我们的民族、社会或我们大学的同乡校友之类各式各样亲密团体的成员；在贫困家庭长大，爸爸是蓝领的孩子；刚从离婚或从重伤中恢复过来的，或者自愿回乡的人们。我们祝贺运动员出众的技能，他们的决心、耐力、力量、机智和公平竞争是我们最看重的我们所选代表的品质。

那些成功地利用自己体育生涯中展现出的令人信服的领导力和积极性把选民的喝彩转化为选票的运动员，再结合上他们自身受教育的经历和公民权益的经验，使得他们可以成功地服务于政府。以下是一些典型的例子：

- 比尔·布拉德利——纽约尼克斯队的前锋，之后任美国新泽西州参议员 18 年。
- 史提夫·拉杰特——创纪录的全国橄榄球联盟的接球手，任职俄克拉何马州的国会议员 8 年。
- J. C. 沃兹——俄克拉何马大学的四分卫，他代表俄克拉何马州在国会任职 8 年。
- 吉姆·邦宁——入选大联盟名人堂的投手，曾在两大联赛中投出无安打的场次，被选为国会议员，后任美国两届参议院肯塔基州代表。
- 杰克·坎普——水牛城比尔队的四分卫，后任水牛城国会议员，罗纳德·里根总统的住房和城市发展部部长，并在 1992 成为共和党的副总统候选人。
- 戴夫·宾——入选美国篮球名人堂，雪城队队员，后在底特律活塞队多次获得“美职篮全明星”称号，2009 年当选底特律市市长。

- 凯文·约翰逊——美职篮全明星后卫。退役八年后，在 2008 年当选加利福尼亚州萨克拉门托的第一位非洲裔市长。

经济使体育政治化

没有什么比民意代表怎样花政府税收那样能引发起民众的政治兴趣和激起民愤。一些候选人当选了，不当使用公帑也可以投票免去他的职务。当税收被用来举办体育赛事、新建或维修体育场馆时，政府和体育组织就成为了合作的双方。因此，合作双方任何一方的每个行为、决策和报告都会产生相当大的政治影响力。因为政府受制于公众情绪的变化，所以这些合作关系容易随着每年选举日的到来而受到影响。一位支持体育合作对方或新球场建设项目的官员可以迅速被一个提出用好公众每一块美元好斗的敌手取而代之。媒体报道的新闻中充斥着这样的事情，突然间感觉体育比赛并不仅仅是“比赛”了。

最近就有许多例子。为修建一个新的洋基球场提供数亿美元的免税资金成为 2009 年纽约市市长竞选中的一个问题，辩论的议题是如果该项目成立的话，公众应为此支付的比例；为明尼苏达的维京人建一个新的橄榄球场的辩论成为 2010 年明尼苏达州州长选举的问题；美国证券交易委员会(SEC)曾调查迈阿密公共融资为马林鱼队建设可伸缩屋顶的棒球场是否违反了联邦证券法律。与很少量的由私募资金建设的体育场馆相比，绝大部分以公众名义筹措资金建设的体育场馆，已经把税收补贴体育变成了一个政治问题，而这一问题几乎出现在所有有特许经营权的地方。

体育经济和它在商业电视领域对公众的影响已经导致了政府的介入，留给组织者和联盟的权力要少于电视发明之前。在美国，任何削减或限制商业的行为必然会在法庭上受到挑战。每年花在电视转播权和广告上的数十亿美元肯定了体育作为“商业”行为的存在，因此法院在判定时受到了是什么和如何实现这两个方面的影响。

表 13.1　体育场馆的公共融资

全国橄榄球联盟	
十一座体育场馆全部由纳税人资金建设：	
亚特兰大、水牛城、格林湾、堪萨斯城、新奥尔良、奥克兰、圣地亚哥、旧金山、圣路易斯、坦帕湾、田纳西	
三座体育场馆完全没有使用纳税人资金建设：	
卡罗莱纳、新英格兰、纽约(梅多兰兹)	
美国职业棒球大联盟	
七座体育场馆全部由纳税人资金建设：	
阿纳海姆、亚特兰大、芝加哥白袜、堪萨斯城、奥克兰、坦帕湾、华盛顿	
四座体育场馆完全没有使用纳税人资金建设：	
波士顿、芝加哥小熊、佛罗里达、洛杉矶道奇	

图 13.5　波士顿的芬威公园，1912 年 4 月 20 日开放，是目前棒球大联盟仅有的四座没有使用公共资金的体育场馆中的一座

在美国电视体育内容的利用率上，也许没有任何法院的裁决能比美国最高法院在 1984 年关于俄克拉何马州大学和佐治亚大学的裁决更有影响力了。这两所大学代表高校橄榄球协会对阵美国大学体育协会。从 1951 年开始，美国大学体育协会与全国广播公司、哥伦比亚广播公司、美国广播公司签订了一系列合同，当时美国大学体育协会严格控制每周末和每个季节大

学橄榄球比赛的电视转播量。最初美国大学体育协会及其成员都担心电视转播体育比赛会减少比赛现场的球迷数量，所以第一个合同限制全国广播公司在整个大学橄榄球赛季期间只能在 12 个周六的下午进行电视转播，没有学校可以例外。

随着电视转播大学橄榄球赛的流行，该项运动的形象和现场的上座率提升了，限制也逐渐放松。但是在 1981 年，美国大学体育协会与全国广播公司的合同仍然限制所有球队的出场次数在连续的两个赛季不超过六次。新成立的高校橄榄球协会代表一些橄榄球项目的学校，与全国广播公司签订了一项单独的协议，这将大大增加电视曝光率和相应的费用。作为回应，美国大学体育协会在 1981 年 9 月宣布，将按照与全国广播公司所签订的合同，对所有大学橄榄球协会的成员给予纪律处分。

俄克拉何马州、佐治亚州和他们的橄榄球协会会员的大学向美国联邦地区法院投诉 ，让美国大学生体育协会承担违反谢尔曼反托拉斯法的后果，因为它限制卖给电视网的比赛数量和价格。

地区法院的审判结果和美国最高法院的判决完全一致。1984 年，最高法院裁定，赞成高校橄榄球协会敞开大门，每年转播数以百计的比赛，大学也能够得到市场所能承受的最高利率的补偿。约翰·保罗·斯蒂文斯大法官写道，在他的多数判决中发现，“美国大学生体育协会有限制的转播计划对比赛的控制没有达到任何合法的竞争目的，这是一个引人关注的证据。一个自由竞争的市场环境比转播的比赛更重要。”政府司法部门的介入给球迷提供了更多的比赛，也使大学橄榄球比以前得到了更大的发展和更多的收入。

联邦通信委员会

联邦通信委员会出现在体育电视之前。联邦通信委员会是 1934 年依据通讯法案建立的，它负责常规的州际、国际通信，涉及美国 50 多个州、哥伦比亚以及美国所属地区。当时，这些通信只包括广播和电报，但随着科技的进步，联邦通信委员会管辖的范围已经扩大，包括电视、卫星、有线、无线和宽带等。

用于传输广播的无线电波和数据信号是一种公共资源，就像我们呼吸的空气，不属于任何个人或组织、公司或其他什么机构。电视广播的电波频谱没有界限，地方、地区或国家都可以使用。于是联邦政府作出关于如何使用、谁来使用、使用目的的决定。事实上如今并没有授予专门通过光纤或同轴电缆通信或其他设备传输的媒体可以在不受监管的环境中运转的许可。

与体育电视最直接相关的联邦通信委员会监督的领域是：

- 媒体所有权。
- 公共电视节目。
- 必播节目和转播节目许可。

媒体所有权

广播频率可用的数量是有限的，所以联邦通信委员会在早期制定了许可申请手续，通过它批准的广播频率配额的只有那些达到或超过标准的公司或个人。广播许可证的授予不是永久性的，每五年评估一次，或者联邦通信委员会觉得有必要，会有更频繁的评估，以确保满足所有的标准。

作为一个国家通讯系统的监控者，联邦通信委员会从一开始就向普通公众保证并把它作为自己使命的一部分：永远控制所有的美国人通过电视、卫星、有线、无线、宽带或任何未来发明的媒介接收的信息。联邦通信委员会的目标是通过促进竞争、地域性和多样化，保护公众利益。它施行一套媒体所有权的规定，每四年就检验和调整一次，以确保所有美国人能听到大量“独立的声音”。

当前的规定禁止在美国广播公司、哥伦比亚广播公司、全国广播公司和福克斯公司四大广播网之间的任何合并。电视台的数量没有限制，任何一个公司可以无限拥有；然而，不争的事实是，没有任何一个媒介可以允许去控制超过美国总人口 39％的市场规模。如果一个公司在纽约、芝加哥和洛杉矶拥有电视台，其市场总规模大约是美国所有家庭电视的 10％，它将被允许拥有或购买更多的电视台，但仅限于整体规模在 39％以内（39％这个数字是一个折中的数字，2003 年美国联邦通信委员会在媒体所有权方面进行了改变，控制在 35％到 45％之间。国会投票决定将限制在 35％，但受到当时的总统乔治·布什的否决,最后妥协为39%)。

联邦通信委员会管辖一个特定区域内的电视台和广播电台的数量。在一个大的指定区域内允许有两个电视台和六个广播电台,但联邦通信委员会要确认至少有20个独资的"独立的声音"在那个大区域内。

本条例对体育电视的影响是,关于转播权的竞争时有发生,当地的运动队和比赛有了被报道的平等机会,即使他们不属于某公司或未与主要媒体公司合作。当出现争议时,大多数的意见认为可以共享电视广播。

公共电视节目

联邦通信委员会"致力于培养一个强大和独立的广播媒体,为美国人提供多种多样的新闻来源、公共事务和娱乐节目"。2010年5月,当广播所有权规则开始新一轮四年检查的时候,联邦通信委员会的朱利斯·格纳科其如是说。进入电视的体育节目是"娱乐节目"的重要组成部分,这就是超级碗永远不可能仅仅在一个有线电视频道播出的原因。没有订阅服务,将看不到这个比赛。无论是联邦通信委员会委员还是参议员和众议员,都是不能容忍的,因为他们仍然是用无线电视信号的一小部分家庭(不到10%)。

过去几年中,一连串的关于公众收看体育节目的争论摆到了联邦通信委员会面前。2006年全国橄榄球联盟向美国最大的有线系统公司康卡斯特提出了特别的歧视投诉,全国橄榄球联盟声称康卡斯特网定价过高,不公平,而且只有200万用户,同时康卡斯特拥有的体育网,包括范瑟丝高尔夫频道,把观众带到了一个更高的层次。2008年10月,美国联邦通信委员会裁定支持全国橄榄球联盟。2009年5月,康卡斯特将全国橄榄球联盟广播网提升到自己广播网的同一等级,使其可以得到约1 000万家庭用户。

仅仅几个月之后,康卡斯特和它的广播网回到了联邦通信委员会的公共访问站点,那时,该公司宣布计划在2009年12月从通用电气收购美国国家环球广播公司的控股权。2011年1月,联邦通信委员会和司法部批准了该收购,但明确规定合并后的康卡斯特国家环球广播公司必须允许有线电视和宽带经销商等竞争对手合理访问它所拥有的每个广播网的站点。这将防止企业集团成为康卡斯特的独家客户。

美国联邦通信委员会还制定了条文,要求康卡斯特与竞争对手公平协商,要给不属于康卡斯特的那些广播网一个平等的机会,让他们提供自己的内容给康卡斯特的用户。

全国广播公司体育频道和范瑟丝高尔夫频道合并，让康卡斯特更加强大，在与美国娱乐体育电视节目网续约时，处在一个更强势的谈判地位。美国联邦通信委员会此前通过了一项规则，禁止那些拥有节目频道的有线电视公司向相互竞争的美国电信公司和威瑞森无线通讯等多频道视频节目分销商提供频道。康卡斯特和有线电视公司挑战这些规则，2010 年 3 月，美国哥伦比亚特区巡回上诉法院的决定对联邦通信委员会非常有利。其结果是更多公众获得了包括体育在内的更多内容。康卡斯特和所有其他多渠道分销商自己区域内的体育网，必须制作数以百计的包括比赛直播在内的节目，按市场价格为他们的订阅客户服务，向和他们竞争的电视节目接收器与纤(Fios)服务等方面争夺客户。

必载和转播许可

1972 年，美国联邦通信委员会首次通过了"必载"规则，回应当地电视台所有者的担心。那些所有者的担心是，如果人们能够直接选择接入到家里的有线网看到娱乐、新闻和体育节目，他们就会失去观众和广告收入(参见第 12 章中更多关于"必载"的经济影响和转播的条例)。

联邦法院发现"必载"规则是对第一修正案中言论自由权利的限制。有线电视运营商和特纳广播公司的挑战发生在 20 世纪 80 年代，美国国会介入此事，并通过了 1992 年的《电信法》，仍然要求有线电视公司转播当地的商业和公共电视台。但是，如果在五十英里的半径内有两个大学电视台都携带同样的公共广播公司的节目，就允许他们减少多余的信号。两年后，联邦通信委员会给各电视台一个选择，或者继续保持与当地有线系统的"必载"状态，或者在一个要求有线电视运营商获得转播许可的新规则下被转播。转播许可规则给强大的本地网络分支机构和独立站点增加了谈判的筹码，他们要和有线电视公司商谈转播条款，包括频道优先权。

为内容付费源自总是不受约束的宽带，但这并不符合有线电视网这样的多系统运营商。它在 2010 年 10 月选择了从频道阵容中放弃福克斯，不再每月支付每个家庭的费用。不到一周，在纽约、新泽西、康涅狄格和部分费城地区的有线电视家庭失去了福克斯频道。类似这方面公关战线的纠纷总是与体育节目有关，如果没有达成一致的协议，观众将会错过体育节目。事实上，因为纠纷，300 万有线电视用户确实错过了福克斯转播的纽约巨人队的比赛和 2010 年世界职业棒球大赛的前两场比赛。在第三场比赛的第一投时，同意福克斯回到有线电视阵营的和解书生效了。

影响数百万人的问题，不可阻挡地引发了众议院的议员们提出了立法补救措施，他们或是出于真诚关心民众的目的，或是渴望从不满的选民中赢得选票，或两者兼而有之。马萨诸塞州的参议员约翰·克里把在转播许可争论期间保护消费者的立法草案送到了联邦通信委员会主席手上。如果数以百万计的观众在未来受到类似服务中断的影响，尤其是现场直播的体育节目被中断，毫无疑问这个法案会像开始那样在国会中获得进展。

与国会的关系

国会在体育电视争端方面的利益和介入程度，与该行业在观众和收入方面的发展成正比，并同样带来了产业扩张。一个重要的里程碑是 1961 年的《体育广播法》，我们在第四章已讨论过。它允许在多个州单独拥有球队的联盟作为单一实体与电视网络谈判转播权，而不用担心违反联邦反托拉斯法规。

随着 20 世纪 80 年代末 90 年代初有线电视进入大多数美国家庭，现场直播的体育节目开始转移到美国娱乐体育节目网、特纳广播公司和其他付费使用的广播网，一些代表在美国国会上提出立法限制“从免费电视到按次计费的虹吸现象”。联邦通信委员会在 1975 年采用了这个规则，限制有线电视或订阅服务提供保护广播电台的程序设计，但这些“防虹吸”的规定在 1978 年被美国联邦上诉法院驳回，认为这些规定在美国家庭影院公司与联邦通信委员会中是无效的、武断的、多变的。

这一裁决并没有阻止一些代表的努力，他们试图赢得国会的同意，给有线电视的体育节目施加压力，但没有成功。尽管数百小时的体育节目只让在有线电视台播放，但有线电视生产能够证明，体育节目制作量呈增长趋势，并没有下降。

在国会讨论没有结果之前，越来越多的人通过付费电视观看体育节目引起了更广泛的争论。在华盛顿特区，众议院监督和政府改革委员会的中心话题也是体育。2005 年，该委员会举行关于在棒球运动中使用违禁药品

图 13.6　2005 年，在华盛顿地区，众议院监督和政府改革委员会举行关于棒球运动中使用违禁药品听证会，出席听证会的棒球运动员（从左到右）有：马克·麦奎尔、拉斐尔·帕梅洛、Curt Schilling

来源：Getty Images 允许引用

的听证会，证词主要来自前巴尔的摩金莺队种子选手拉斐尔·帕梅洛，他挥动着手指坚决否认；还有在 1998 年圣路易斯红雀队打 70 支全垒打的马克·麦奎尔，但他极和气地告诉国会议员，他不在那儿"谈论过去 "。

众议院监督和政府改革委员会在 2007 年 12 月发布了非法使用违禁药物的米切尔报告后，在 2008 年又继续他们的职责。球星罗杰·克莱门斯和他的前教练布莱恩·麦克纳米。罗杰·克莱门斯作为职业联盟的投手，在 24 个赛季中共赢得 354 场比赛，他声称他用投手的知识和荣誉保证他执行了对违禁药物的管理规定。

联邦立法关于政府对运动员使用任何违禁药品进行检测的权力在这些听证会上都没有获得通过，但值得注意的是，诉讼现场进行了电视直播，成了全国范围内的宣传。如果众议院监督和政府改革委员会严格限制如下所述仅对部分人或地区适用 X 规则第 1 条款的话，电视也不太可能集中报道：

- 联邦公务员，包括政府公职人员；美国官员和员工的职位，包括他们的薪酬、级别和退休。

- 哥伦比亚特区一般行政事务(除了拨款)。

——联邦减少文书工作。

——政府一般的管理和财政核算。

——节日和庆祝活动。

——整体经济、效益及政府的管理运行和活动,包括采购。

——国家档案。

——一般意义上的人口和人口统计,包括人口普查。

——一般邮政服务,包括邮件的运输。

——公共信息和记录档案。

——联邦政府和各州、市民的关系。

——政府行政部门的改组。

调查和干预作为该委员会的部分职责,要求它在权限范围内,在连续的基础上审查和研究制定新的或附加法律的必要性和有利条件(无论与之有关的一项法案或决议是否出台)。

吸引数百万电视观众关注的运动中,运动员冒着自己或他人受伤的风险参加比赛,他们也成为拥有数百万美元合同的国家级名人,成为各地年轻人效仿的对象,在本行业内每年有数十亿美元的经济影响,将永远受到政府和民选代表的审查。如果没有其他的合理解释,政客们不太可能错过自认为重要的问题——提高公众的公共福利,同时增加他们认识自己的机会。

小 结

国际奥委会和终生体育爱好者长期坚持的关于政治在体育中没有任何作用的观念是陈旧的和不切实际的。在体育既不是一个舞台也不是一个经济强大来源的前电视时代,或许这是有可能的,但今非昔比。纯粹的体育一去不复返了,但体育的象征意义仍然是对偶像一样的运动员的赞颂,他们代表着自己的国家、地区、种族和民族团体,和人们共享个人的历史。

吸引数百万人注意力的体育赛事常常被作为在某一城市或国家上演、拉拢或排除某些竞争对手的政治论坛。随着有了国家或国际电视报道的保证，体育也被视为一个政治舞台，可以支持不同的政治立场。在极端的情况下，通过恐怖行为危害公众的事件也时有发生，例如1972年慕尼黑奥运会的袭击事件。

大量的资金用于体育比赛、电视转播、场馆建设，自然引起政府的监督和参与。用公共资金来兴建体育场或举办重大比赛的联盟和球队，认为自己已成为监督税收分配的政府机构的合作双方。这些合作双方能否改变取决于他们支持的政府代表是获得连任还是被对手取代。

联邦通信委员会对所有电子媒体的所有权行使权力，联邦通信委员会对所有电子媒体、公众获取节目信号行使权力，影响了美国人从电视上和体育电视转播的交易中获取体育节目的方式。

当要求修改法律的声音出现时，当民意代表认为有必要进行调查或召开听证会来增强公众意识时，或把公众注意力聚焦在他们希望改变的体育方面的问题等声音出现时，国会才会插手干预。电视报道广受关注可能给政治家带来连任机会。这是一个受欢迎的连带效果。

◆话题讨论/课后作业

1. 调查1936年柏林奥运会、1968年墨西哥城奥运会、1972年慕尼黑奥运会中的一个或多个奥运会，讨论它们是如何被用作政治主张的舞台的。在这些赛事中，是什么改变了体育比赛和电视报道？是如何改变的？

2. 做一个你最喜欢的球队所在体育场馆的研究，看他们的表现是否决定着他们获得的赞助。公共资金的使用或缺乏如何影响球队在团体中获取利益的方式？

3. 研究1984年美国最高法院关于改变大学橄榄球电视转播分布的裁决，比较这个规定前后比赛的场次和单独球队出现的场次。

4. 众议院监督和政府改革委员会或者众议院司法委员会，这些不同的委员会是如何调查体育争端的？立法或改变的结果是什么？

5. 调查导致客户服务暂停的有线系统和广播公司之间的纠纷，例如2010年有线电视网与福克斯的纠纷。在每次纠纷中，体育是如何被用来作为谈判工具的？

第十四章　社会与文化对电视体育的影响

无论是集体还是个人，媒体都对身份塑造起到了一个基础性作用，而不仅仅是对既有身份的间接反映。

——本·卡灵顿，得克萨斯大学社会学博士

提要

- 体育对个人身份的影响。
  ——我们穿什么
  ——我们消费什么
  ——我们做什么
  ——我们说什么
- 运动带来的激情驱使行为。
- 电视体育中女性的形象。
- “性别之间的战争”。
- 女性体育解说员。
- 电视体育对种族的态度所带来的影响。
- 少数民族领导职位。
- 黑色四分卫。
- 拳王阿里。
- 种族和性别的报告卡。
- 吉布森和电视覆盖范围的影响。

与体育运动在区分一个民族时的作用一样，它在几百万美国人区别自己的身份时同样发挥着一个完整的作用。看看你身边的人，或者简单地照

照镜子，看看美国和全世界，体育在我们的着装上、我们的饮食上、我们每天说话用的词语上、我们度假的休闲时光上以及我们对待人种和性别上发挥着多么重大的影响。

体育对个人身份的影响

我们穿什么

对于大多数的人来说，运动员的穿着更加醒目，我们很难记得住观看一场比赛时自己穿着什么服装和鞋子，而且在普通人的衣柜里，运动服装也不占多数。

回看 20 世纪 40 年代、50 年代和 60 年代有关体育比赛的照片和电影，仔细看里面的人群，在夏天，男士穿 T 恤，女士穿衬衫，很多男士还打领带戴帽子，在冬天，大多数人穿大衣和夹克。但是你没有注意到的是，在 21 世纪，某支球队的运动衫和帽子开始在观众中流行，球迷以此来表示对这支球队的忠诚，这一现象填补了比赛中的一个空白。从一个球迷穿着普通人的衣服到他开始穿着他喜爱球队的队服或者是代表球队颜色的衣服，这样的服饰潮流，是从 20 世纪 70 年代电视体育开始时兴的。

在耐克发展的过程中，迈克尔・乔丹发挥了重要的作用，这是一个绝佳的例子，说明了电视体育和体育名人是怎样改变美国人通过服装的选择进行身份识别的。1984 年，耐克同刚刚离开大学校园的迈克尔・乔丹签订了一个合同，耐克通过请乔丹作为他们的代言人，给公司带来了总共 919 806 000美元的收入。乔丹在他的第一个赛季为芝加哥公牛队效力，随后在 1986—1987 赛季继续为公牛队打比赛。1986 年，耐克的销售业绩首次突破 10 亿美元大关，随后在 1987 年，他们迎来了又一个重要的里程碑。这得益于美国娱乐体育节目网的电视信号进入了 50%的美国家庭，在每天晚上把迈克尔・乔丹的比赛通过体育节目带给了越来越多的美国观众。乔丹赢得他的第一个美职篮最有价值球员称号是在 1987—1988 赛季，这个时候耐克也推出了它的“Just do it”广告宣传活动。1989 年在与乔丹签约的五年之后，耐克销售额达到了 17 亿美元之多，增长率超过 70%。

2003 年，是乔丹作为华盛顿奇才队的一员为美职篮效力的最后一年，耐克的销售额达到了107亿美元,这可以换算成有几百万的美国人都在穿着耐克的运动鞋,穿着有"Just do it"标识的衣服就如同他们喜爱的运动员。如果美职篮在广播网上的曝光率还是和以前一样每周只有有限的一两场比赛,并且公牛队的比赛没有成为美国人夜晚固定消遣时间的话,那么我们就可以肯定地说,乔丹对消费者的消费行为以及对耐克的销售额的影响是非常小的。

我们消费什么

乔丹对人们行为的影响远远超越了对穿着的影响,甚至还影响了人们的饮食。1991年,佳得乐与乔丹签约,使他为佳得乐代言,并且开展了"Be like Mike"的广告宣传活动。在他带领公牛队赢得第一个冠军的赛季,他也得到了美职篮常规赛和总决赛的两个最有价值球员的称号,佳得乐的销售额也远比其他软饮料的销售额增长得快。这个产品也在篮球和橄榄球的电视体育直播中得到了大量的广告时间,展示它明亮的橘色液体和绿色杯子的外观。佳得乐使观众看到了最棒的运动员在喝了他们的饮料之后变得活力四射,在喝饮料的年轻人和成年人群里,佳得乐成为一种流行的选择,佳得乐使想变得有同样活力的人感到满意。

从活力棒到高尔夫球俱乐部再到棒球帽,这样的广告宣传模式被使用了一遍又一遍。我们每个人都在为我们用的和穿的产品做社会宣传。上百万的人决定购买这样的产品,都是因为他们想模仿在电视上出现代言这个产品的明星运动员。

我们做什么

在1985年和1986年的橄榄球赛季中,人们看到纽约巨人队的表现之后,佳得乐成为社区里美国人庆祝大大小小各种锦标赛的一种方式。1985年10月20日,经过一周的训练,纽约巨人队迎战华盛顿红皮队。纽约队的教练比尔对他们队里的中卫吉姆说,对手红皮队里的杰夫打算在周日的比赛中"把你吃掉"。吉姆被激怒了,在巨人队把比分打到17∶3时,他喝了一瓶佳得乐作为复仇之后的庆祝,"我是唯一一个有胆量去做这件事而不必考虑对方感受的人",在达伦写的关于佳得乐品牌的书《第一和饥渴》里吉姆是这样说的。

在之后的赛季里，吉姆和他的队友哈森继续做佳得乐的品牌代言人，把喝佳得乐作为每一场巨人队胜利之后的庆祝仪式。在那个赛季里，巨人队以1 4∶2在常规赛中打败了对手，赢得了全国橄榄球联盟的冠军，并且出征帕萨迪纳市的玫瑰碗球场打第21届超级碗的比赛。全国观众都看见了，巨人队的教练比尔在巨人队以39∶20打败了丹佛尔野马队之后，队员们用一瓶佳得乐泼在了他身上以示庆祝。佳得乐没有做任何的市场投入，这样的举动已经彻底改变了美国人庆祝胜利的方式。

需要给这个故事做补充说明的是，在吉姆把佳得乐泼到教练身上的一年之前，芝加哥熊队的教练迈克是佳得乐在全国橄榄球联盟的第一个代言人。1984年11月25日，当熊队以34∶3打败维京人之后，前锋史蒂夫和汉普顿是这场比赛的当事者，但是他们并没有做这样的恶作剧，在成千上万的超级碗观众面前也没有发生这样的事情。

当电视关掉之后，我们在电视里看到的体育比赛会直接影响到我们在休闲时间里的选择。从早些时候开始，电视里的比赛和球星就会影响小孩子选择他要参加的体育运动，这些数不清的选择也改变了他们的人生轨迹。

表 14.1　美国高中生体育运动参与人数

男生的运动项目	参与人数	女生的运动项目	参与人数
1. 橄榄球(11人)	1 108 441	1. 田径	535 672
2. 田径(室内+户外)	649 591	2. 棒球	438 933
3. 篮球	545 844	3. 排球	409 332
4. 棒球	471 025	4. 垒球(快速和慢速结合)	400 974
5. 足球	398 351	5. 足球	361 556
6. 摔跤	273 732	6. 越野	204 653
7. 越野	246 948	7. 网球	182 074
8. 网球	161 367	8. 游泳 & 跳水	160 881
9. 高尔夫	156 886	9. 拉拉队	96 718
10. 游泳/跳水	133 900	10. 长曲棍球	74 927

来源：高中生联盟国家联合会 2010—2011 高中生运动参与度调查

小时候参加过某项体育运动，是这个小孩在长大成人之后成为该项运动忠诚粉丝最重要的因素。

超过三千万的美国人都在玩梦幻体育这个游戏，他们除去每周在电视上看比赛的时间，剩下的所有时间都花在运动员选拔，运动员、球队管理以及在网络上做调查。根据统计数据、分析并推测，他们完全只可能在网上玩这个游戏。但是童子军队员和追寻他们在赛场上的表现是做裁决依据的一个重要部分。通过梦幻体育同业协会（Fantasy Sports Trade Association）的调查数据我们可以看到，在梦幻体育同业协会 Fantasy Sports Trade12 岁以上的美国人当中，有 19%的男性和 8%的女性在玩梦幻橄榄球，棒球以将近 20%的比例位居第二。这个调查数据同时还显示，玩家中受过大学教育的超过没有受过大学教育的，而且其中全职的人更多。

我们说什么

如果你不看电视中的体育比赛，你会说不一样的话语吗？在回答这个问题时想一想，你运用体育术语让对方更快理解你的观点的次数有多少。英语里面充满了“体育表达法”，这并不是什么新鲜事，在《罗密欧与朱丽叶》中，莎士比亚在朱丽叶自杀之后就写下了这样一句话：“血淋淋的刀将成为裁判”，这句话并不新颖，但是它在通常的讲话中变得流行，被人们接受，这为电视上说的话更快被观众理解做了很大贡献。

表 14.2　你在日常会话中用了多少“体育用语”

1	Touch base with.	15	“Three strikes”law.	30	Slam dunk.
2	Monday morning quarterback.	16	Strike out.	31	Take your best shot.
		17	Pass the baton.	32	Drop the all.
3	Screwball.	18	Touch and go.	33	Time out.
4	Out in left field	19	Hit full stride.	34	Kick off.
5	Step up to the plate.	20	Put on a full press.	35	Throw a curveball.
6	Get to first base.	21	Heavy hitters.	36	Hail Mary
7	Reach the goal line.	22	One on one.	37	Punt.
8	Heading for home.	23	Sticky wicket.	38	Jump the gun.
9	Double play.	24	Beat to the punch.	39	Go for the gold.
10	“Pinch hit for me.”	25	The home stretch.	40	Make a pit stop.
11	“Go to bat”for me.	26	Game on!	41	Behind the eight-ball.
12	Up to par.	27	Batting 1.000.	42	Down for the count.
13	Extra innings.	28	Knock it out of the park.	43	Hit it out of the park.
14	Overtime.	29	Knockout blow.	44	“She's out of your league.”

同样变得成一个普通用词的“口水战(trash talking)”，在职业联盟里面，“trash”的意思是在成人比赛中通过寻找和利用对方的要害处或者是敏感处来拉大与对手的竞争优势。但是这很有可能会被正在看电视的小孩模仿，使他们认为，用拙劣的方式减少竞争对手，还会增加自己胜利的几率。这样的事例发生在2008年10月的匹兹堡比维橄榄球比赛上，孩子最后被两支球队赶出了赛场，因为他们害怕这样的“Trash-talking”会带来危险。现在很多青少年体育联盟都用包括“no trash talking”的规定来约束他们的球员、家长和教练。

对体育的热情驱动行动

也许没有什么东西可以用他或她的激情对生活作出独立的选择来解释个性的了。Octagon是世界上最大的运动员咨询公司，从2005年开始，这个公司就在全球十个不同的国家开始研究是什么驱使不同的人对不同的运动产生激情。Octagon公司副主席西蒙通过观察研究，创设了一个“激情驱动”的概念，采访过成千上万的球迷之后，他归纳了12种不同的因素解释为什么人喜欢体育。他们在描述每一种行为模式的时候，基本上都能对应上社会学的影响。

Octagon公司的激情驱动研究，在2011年发布了3.0版本，销售到了广告、市场和传媒各个领域。以下就是对这个公司研究结果的一个概括，对任何一个国家任何一种运动，多多少少会有一些影响。

- 积极的感受——这是针对于某一项运动的粉丝而言的，在运动场上你参加比赛，和你的朋友以及其他参与者在一起，或者为了娱乐或者为了比赛都无所谓。
- 对比赛的热爱——从童年时，你就开始热爱这项运动，经常和父母、兄弟姐妹一起参与或者是在电视机前观看这项比赛。
- 对球队的投入——对你们大学的球队忠诚，或者最爱你们当地的球队，再或者只是简单地渐渐痴迷上某一支球队。电视给了我们可能性，不管在地理上的距离有多么遥远，我们都可以渐渐爱上一支球队。就像一个居住在康涅狄格的三岁小男孩喜欢上了辛辛那提孟加拉虎队，只是因为他被这支球队的橙黑相间的老虎标识迷住了。

- 球员的亲和力——球迷通常会把注意力放在球员身上。20 世纪 50 年代和 60 年代的棒球迷通常会喜欢 Micky 和 Mays。而到了 80 年代和 90 年代，迈克尔·乔丹登上了最有亲和力的偶像宝座。对球队而言，一个有亲和力的球员或许并不需要多有名气，你选择谁做你的偶像就体现你自己本身是这个样子的。
- 言谈和社会形象——一项运动通常会跨越年龄、性别和伦理的约束去培养其社会互动性。这就增加了这项运动的话语，增强了这项运动和球迷之间的联系。
- 令人着迷——一项特别的赛事比如美国大学篮球冠军赛或者是一年一度的超级碗决赛，因为其强大的社会影响力和媒体的参与，都会吸引大量的观众前去观战。不管这些人在常规赛时有没有关注这支球队，观众会随着比赛情绪激动热泪盈眶。
- 怀旧之情——人们对过去的球队以及球员的回忆是一个很有力的驱动。把过去特别的回忆同现在的生活联系起来，是驱使人们一生都热爱这项运动的一个重要原因。
- 运动员的激情——在比赛场上，有相当一部分运动员有非常好的天赋、才能和超人的表现，令人们崇拜。体育节目中心通常会突出扣篮、比赛最后的逆袭、持球跑动进攻、不可思议的投篮等细节增加运动员给观众带来的激情。
- 幸灾乐祸——有些人看到别人的痛苦会感到是一种享受，他们需要优越感。一场虚似梦幻足球队队员的激烈比赛，想象一下或者是赌徒向所有的 Facebook 好友和同事宣布他赢了。
- 个人的嗜好——很多球迷愿意为了他们个人的娱乐做出牺牲，比如他们专门抽时间去看自己最爱的体育比赛，省钱买球票等。这些行为包含着明显的个人成分，但是这些嗜好是在生活中一个人区别于另外一个人的重要部分。
- 归属感——很多球迷对一支球队产生强烈的“我是其中一员”的感觉是很重要的，就像国家红袜队一样，和其他有着同样喜好的人一起归属于这支球队，一起在电视机前看比赛，能给人带来很大的安慰。这里提供了一种社会意义上的连接：穿着、言谈，与群体里的其他成员思想一致使他们更好地融入这个社会组织。

- 电视/媒体的偏好——很多球迷是基于他们消费偏好作出的选择。如果他们与美国娱乐体育节目网或者美职篮或者其他任何一家能够提供比赛资源的广播网建立了联系，那么他们就很可能更多地挑选“伙伴”的广播网或录像制品观看比赛。

每个人的个性都是靠激情的程度、与体育运动的关联度在一生的时间里形成的。电视对体育比赛的报道在以上列举出来的(除了第一项以外)驱动人们激情的因素里都扮演着重要的角色，而且很明显，一个年轻人选择喜欢什么体育运动、喜欢哪个运动员，在很大程度上都是从小看电视比赛的影响。

女性在电视体育中的形象

在美国社会关于性别占主流地位和正在逐步改变的意识里，电视扮演了一个重要的角色。在我们的文化理解里，女性形象从根本上的改变源自于她们的运动技术、肌肉和持久力。在美国 20 世纪中期，需要优雅、魅力和奉献的个人运动，诸如花样滑冰、网球、高尔夫或者体操，似乎更适合女性参加。

而需要力量、耐力、速度，以及任何带有合理冲撞或者有风险的像赛车等运动，则是男性占据主导地位。

1891 年，奈史密斯改变了篮球规则，把场地分成了三部分，限制跑动的总量，这样在一年之后才有了女子篮球。1938 年，场地由三个部分减少到了两个部分，每队有六个队员，三个运动员只在自家的半场上防守，剩下的三个队员有机会去对方的半场上进攻。篮球对于女性来说，并不是一种好的锻炼形式，也不能培养社会合作，打比赛也不艰苦。1971 年才正式出现全场五对五的篮球比赛。但直到 1993 年美国中西部的一些州，尤其是爱荷华州，高中校园里还在盛行着六对六的篮球赛。

在 20 世纪后期，女性才被绝大多数的运动项目接受，才能有机会去体验各式各样的比赛项目。她们享受比赛，展现她们的力量和耐力，在当时男性占主导的社会观念里他们全权代表了女性的力量。对于很多男性和女性来说，现在这种变化对他们之前的女性和母亲观念是一种威胁。一个有肌肉的女性和一个敢于挑战以前只有男性参与运动的女性，相对于以前的社会模式来说是不适合的。

1973 年,一个真正为了性别平等的先驱运动发生了。原因是一个名叫简的女运动员冲破了桎梏,以前的种种为女性设置的障碍消失了,很多运动也为女性敞开了大门。简在网球比赛中打败了前冠军里格斯,这样的一场比赛也称为"为性别而战"。这场比赛在 1973 年 9 月 23 日,由美国广播公司

图 14.1　1973 年的"性别战争"网球比赛是媒体的一场盛况。简打败里格斯对于女性在美国体育和社会上的地位有着深远的影响

来源:盖蒂影像(已获得转载权)

电视台在休斯敦巨蛋体育场黄金时段全程直播。

里格斯在1939年的温布尔登网球公开赛中获得了冠军，但是在1973年，55岁的他极力地宣扬自己的主张，挑战女子职业网球联赛在当时的地位。他是一个典型的大男子主义者，认为女性"只需要光脚在家生孩子"就足够了，并且大放厥词说不管他在什么年纪，都不可能有女性可以打赢他。里格斯最喜欢的一件T恤上印着"World Organization for the Retention of Male Supremacy"，"保持男性霸权世界组织"首字母缩写"WORMS"。1970年5月13日母亲节那天，玛格丽特·考特站在了里格斯的对面，考特是澳大利亚球星，她比格里斯小25岁，1970年17岁那年曾获网球大满贯冠军，在50分钟的时间里，她分别以2:6，1:6输给了里格斯，全国广播公司对这场比赛进行了直播。

简一直在抗拒着来自里格斯的嘲讽，她听说玛格丽特输给了里格斯，这使玛格丽特主张实现男女网球比赛奖金平等的诉求变得遥遥无期。简已经29岁了，在1973年的温布尔登网球公开赛中赢得了女子单打和双打两项冠军。在她的职业生涯中，她一共获得过39次大满贯冠军和两次锦标赛冠军，但是无论赢得多少次冠军，这些胜利都抵不上她为性别而战来得更为重要。

简在四个打扮成罗马奴隶的肌肉男的陪同下到达了休斯敦巨蛋体育馆的黄金球场，而在她对面的里格斯，身着印着"甜爹"字样的夹克，为他的糖果赞助商打广告，被几个打扮性感的女模特用小车推上赛场。

霍华德是美国广播公司电视台一位来自"周一晚间橄榄球"节目的评论员，经常解说阿里的拳击比赛，解说风格很夸张。其戏剧化的解说给简和里格斯比赛的紧张气氛更蒙上了一层刺激的色彩。

在全世界还未达到5 000万电视观众的时候，简以6:4，6:3，6:3打败了里格斯，《纽约时报》上这样写道："她证明了女性可以在压力之下求生存，男性其实和女性一样，也会受紧张影响。"玛蒂娜后来这样评价简："她在性别之战中是一名十字军，她扛起了大旗，对于一名运动员来说，她做的一切都很正确。"《生命》杂志推举她为"20世纪最伟大的100个人物"之一，她也是唯一一个上榜的女性运动员。

简帮助年轻女性改变了她们对自己的看法，也改变了男性对女性的看法。体育解说员的位置，长期以来都是被男性所垄断的，从这个时候也开始慢慢地发生了改变。1975年，菲利斯在哥伦比亚广播公司电视台的"今日橄榄球”节目上作为主持人之一首次亮相，美国历史上男性占主导的体育解说评论开始改变了。

1971年，菲利斯作为美国小姐周游美国，在作为嘉宾上一档电视节目时，她的个人魅力、风度以及才智给节目制作人留下了深刻的印象。她除了给这档节目带来她美丽的脸蛋，还有她独具特色的故事和电视采访。在菲利斯的节目里，因为她的亲和力，运动员们都很放松，向观众展现了他们真实鲜活的一面。喜欢体育但是从来没有获得过类似简那样成功的姑娘们现在有了更多的典范——像菲利斯那样通过电视上的形象改写女性在美国文化中的定义。

电视体育对种族态度的影响

1965年秋天，电视剧《间谍》在全国广播公司电视台首播，比尔成为了美国历史上第一个出现在周末电视上并且领衔主演的非裔美国人。在此之前，美国人在电视上看到的少数民族明星仅仅只是一些专业运动员，比如弗兰西斯科巨人队的威利、波士顿凯尔特人队的拉塞尔和举重冠军穆罕默德。他们在媒体上的表现提升了人们对种族理解的进程。

成长在20世纪50年代的美国人，家中有电视机的不到10%，但是到60年代，这十年间电视的普及率达到了90%。这时候人们就开始接受不同种族的运动员可以在同一支球队里效力。1946年，当克利夫兰到洛杉矶队时，全国橄榄球联盟破除了不成文的种族歧视规定。作为克利夫兰的租借协定中的一部分，洛杉矶队也同意添加UCLA的明星球员肯尼和伍迪进队作为他们的队员。在接下来的一年里，杰克打破了主联盟从1889年开始的种族歧视禁令成为了其中的一员。1950年，美职篮最早的黑人运动员亮相：他们分别是凯尔特人队的库伯和纽约队的克里夫顿。他们的存在虽然不能说明在体育界里没有种族歧视，但是他们确实证明了来自不同背景的黑人运动员可以通过他们的技能和他们为球队作出的贡献被挑选成为球队的一员。在这些先驱出现之后的十年里，这些球队和粉丝开始扩大到了少数民族中。这些不同种族不同肤色的粉丝共同为球队的胜利欢呼雀跃，增进了美国人民的团结。

少数民族担当领导职务

在一项主要的体育运动中，少数民族担当领导的“角色”在很多年里都受到了限制。尽管非裔美国人和拉美裔人都可以出现在赛场上，但是他们却往往不能成为这项运动里的主导角色，例如教练、经理、队长或者四分卫，这些职位往往都是由白人担当的，其核心还是种族歧视占据主导地位。如果一项运动只有白人能长期担任领导职务，那么这项运动在美国就不算真正的精英管理，因为它还保留着种族歧视的残余。每当电视镜头对准四分卫呼叫信号，或者是扫到场边休息区的教练或是球队经理，等级制度就再次被提起了——这里只有白人。

自从 1946 年全国橄榄球联盟吸收了少数民族球员之后，这些少数民族球员的运动技能水平无可争议地得到了认可。但是在美国一部分白人球迷看来，他们还不具备一个四分卫所需要的才智和领导力。1953 年，芝加哥小熊队在花名册里增添了两位非裔球员名字，其中一位就是来自密歇根州的新秀威利。1953 年 10 月 8 日，他在与圣弗朗西斯科 49 人队对抗的时候上场。他是全国橄榄球联盟在破除种族限制之后第一位上场的四分卫，但是他的名字被很多人遗忘了，因为他在第一次比赛时投出的一个八大关，这也是他最后一次以四分卫的身份出现在赛场上。

在职业橄榄球中开赛的第一个黑人四分卫是马林・布里斯科，他在 1968 年赛季对阵辛辛那提猛虎队的时候，第四节比赛中表现出色，但在上半场比赛中表现不佳被史蒂文接替了。第一位为全国橄榄球联盟效力的非裔四分卫是乔，他在 1974 年赛季最开始的六场比赛中带领匹兹堡钢人队，但在第七场比赛中，他被曾夺得四次超级碗、入选橄榄球名人堂的特里替代了。这些先驱经历的挫折给那些种族歧视者以偏见的理由。黑人不适合当四分卫这样的话语刺激了华盛顿队的四分卫威廉姆斯，1988 年 2 月，他在百万电视观众的见证下，带领球队夺得了第 22 届超级碗冠军，并且还为自己获得了“最有价值球员”的称号。

在球场上带领一支球队时所需要的责任感和决策力并不是最关键的，和一个教练或者经理比起来，那都是苍白的。当比尔在 1956—1966 年的十年间，九次为球队捧回冠军奖杯时，他是波士顿凯尔特人的台柱子，接替那时退休的传奇红衣主教奥尔巴赫。比尔因此成为了美国体育运动史上第一位当上教练的非裔美国人，他当了三年的教练，直到他带领球队在他的第13个赛季获得了第11个冠军之后才离开。比尔曾获五次最有价值球员称号，还入选了“奈史密斯篮球名人堂”。

职业棒球联盟中第一位黑人教练是罗宾森，他从1974年开始成为克利夫兰印第安人球队的掌舵人，那个时候他刚刚退役。全国橄榄球联盟的第一位黑人教练是一位拉美裔人，1979年，汤姆从一个助理教练升级成了奥克兰突击者队的主教练，而且他还带领球队夺得了超级碗的总冠军。他退休之后，谢尔接替了他的位置，成为联盟中第一位非裔主教练。

少数民族从运动员转变成管理者，使黑人运动员在体育中的身份被整个社会接受了，也重建了美国人看电视比赛的观念。一个具有里程碑意义的事件悄然发生在2007年，在当年的超级碗比赛中，对阵的两队教练均是非裔美国人——芝加哥小熊队的史密斯和印第安纳波利斯小马队的汤姆。这两个人都是他们运动领域中少数民族中的精英，他们是球队的老板。在2006年也就是全国橄榄球联盟接纳黑人运动员60年之后的常规赛的决赛中，百万美国球迷评价他们的是工作能力和最终的比分，而不是他们皮肤的颜色。

改变观念

在电视出现之后的体育史上，还没有人挑战种族歧视的大胆程度能超过拳王阿里。阿里出生于肯塔基州，他夺得了1960年罗马奥运会轻重量级的冠军，那时他还只有18岁。22岁的时候，他打败桑尼再次夺得冠军，并且向全世界宣称他是最棒的拳击运动员。不久之后他就宣布加入伊斯兰民族，并且改名为Caccius X，后又改名穆罕默德·阿里。他说：“我知道我在做什么，我也明白我不必成为你们想要我成为的那种人，我对于我想做的事是自由的。”

阿里信仰的宗教禁止武装攻击他人，于是他拒绝服役参军，在这之后他被剥夺了冠军头衔。三年之后，美国最高法院判他胜诉，他终于战胜了司法部，但是这三年里他付出的代价是惨重的，他不能参加比赛甚至难以维持生计。1974年，在打败前冠军乔治之后他重新夺回了他的冠军头衔，1981年，阿里退役，在这之前他又获得了三次冠军。

图 14.2　拳王阿里正在接受美国广播公司电视台体育记者的采访
来源：已获得盖蒂影像的转载授权

阿里出现在美国体育界是一个分水岭，他对美国体育媒体的影响是巨大的，因为他百无禁忌地什么都敢说，面对镜头充满自信，他的话富有争议又很有意义，从不屈从于任何人任何事。阿里敢于冲破任何种族限制，他坚持己见，在接受美国广播公司电视台记者霍华德的采访时与之相互攻击冷嘲热讽，这个记者比阿里受过教育的年头要多，但是与阿里比起来，却没有把握自己的话语，对周围的世界不甚了解。阿里虽然并不占上风，但是他说的话震撼了全国乃至全世界认为白人至高无上凌驾于其他人种沾沾自喜的人。

虽然说体育确实从以前的不平等状况中解脱出来了，但是这里仍然还有很多事要去做。宣传场上和场边的黑人运动员就是头等大事，在播音间和录影棚里出现的黑人运动员远远少于出现在赛场上赛场边的黑人运动员。佛罗里达中央大学体育人种差异研究所每年会在全美国做一个调查研究,2011 年的调查显示,在美职篮效力的 78%是非裔美国人,但是他们只有 17%的镜头播出到电视上,因为 72%的媒体工作者是白人。这个差异在全国橄榄球联盟里更显著:67%的球员是黑人,但仅有 8%被广播报道或者电视报道。2011 年,报道全国橄榄球联盟赛事的有 79%是白人。

争议的目的不在于为了实现平等,要求任何体育运动里黑人运动员和报道黑人记者的比例要达到 1 比 1,而是应该知道这些运动项目中粉丝的构成,媒体工作者应该去服务于那些粉丝。比如全国橄榄球联盟的粉丝 79% 是白人,那么白人记者的比例就应该是这么多。争议的重点在于终结种族歧视,把黑人和妇女真正地看作是这个社会里平等的一员,帮助他们展现自己的才能,给他们机会让他们实现自己的目标。

另一件说明电视体育影响人们观念的事实就是,当你问任何一个年纪稍大一些的美国人,谁是第一个赢得网球大满贯冠军的非裔美国人时,毫无疑问,你听到的大部分答案都会是阿锡·阿什。阿锡·阿什是国际网球名人堂的一员,赢得了 1968 年的美国网球公开赛和 1975 年温布尔登男子单打

图 14.3　吉布森是第一位获得冠军的非裔美国人,她赢得了 1957 年和 1958 年美网公开赛和温布尔登公开赛的女子单打双料冠军
来源:吉布森自传

图 14.4　在吉布森赢得大满贯冠军之后的第 11 年,1968 年阿锡·阿什赢得了美网公开赛男子单打冠军,阿什的影响远远大于吉布森。因为他的比赛被电视播出去了
来源:希科克体育杂志

冠军，这两项比赛都在全国电视上播出过。但是大多数美国人不知道的是，第一个赢得大满贯冠军的非裔美国人其实是吉布森。在1957年和1958年，她夺得了美国网球公开赛和温布尔登女子单打的冠军，但是这两项比赛都没有在电视上播出。吉布森是一位先驱，是一位意义重大的运动员，是第一位进入女子职业高尔夫联盟的非裔美国人，同时也是名人堂的成员，但是她的成就却并没有带来深远的影响，因为她的比赛没有在电视上播出过。

小　结

体育的激情和在电视上的播出影响了成百万美国百姓个人的决定和偏好。他们怎么度过闲暇时光、消费什么产品、说什么话用什么词、怎么感知自我、感知他人并与之互动。通过提供平台展示：一个人只要通过自己的能力和决心就可以战胜任何阻碍，包括种族歧视。体育改变了美国社会对种族的歧视和对妇女的偏见。自从20世纪40年代和50年代，全国橄榄球联盟开始吸纳黑人运动员之后，黑人表现出了很强的能力，开始担当起领导角色，并且这样的人越来越多，这一切都在朝着种族平等迈步向前。

但是这并不意味着在体育领域种族之间已经平等了，种族歧视和偏见已经不存在了，或者说在实现种族平等方面已经没有工作需要去做了。非裔篮球运动员和橄榄球运动员在电视上的表现给黑人青年自我带来了一种错误感知，他们以为体育给他们带来了一个广阔充满潜力的向上空间，但事实却是，成为一名“准运动员”对他们来说，相比于参加别的工作，概率是非常小的。

◆话题讨论/课后作业

1. 做一个自我评价。在看完电视体育比赛之后，你对种族和性别的观念会有什么变化？

2. 调查你从事的体育领域是怎样打破种族限制的。谁开了这个先河？对运动员、球队和/或者联盟的第一年产生了什么样的影响？媒体在这中间扮演了怎样的角色？

3. 选择一名在传统男性运动领域占得优势的女性先驱运动员，制作她的个人简历，内容包括她克服的障碍和偏见、她从公众那里得到的支持程度，以及她对后来的女性运动员的影响。

4. 整理出每一个在任主流联盟里担任过教练的黑人运动员名单。你可以总结出一个什么样的趋势？这其中是稳步增长的吗？有过一些反复吗？哪一项运动聘请的黑人教练最少？

5. 从网上找到20世纪60年代和70年代拳王阿里的视频。比较他和同年代的著名黑人运动员们举止上的不同之处。讨论阿里是怎样影响了美国人对黑人的看法的，他与美国记者霍华德的采访对种族问题产生了怎样的影响？

6. 比较吉布森和阿锡·阿什的职业生涯。吉布森是怎么为阿锡·阿什开路的？阿锡·阿什赢得第一个冠军之后对社会是怎样产生影响的？

第十五章 下一步

UZ

——早期的体育中心简称为“和我们在一起”

提要

- 21 世纪的体育迷。
- 3D 电视和技术革新。
- 无处不在的电视。
- 下一个是什么?
- 点播电视。
- 变化中的受众和媒介融合。
- 结论。

从广播诞生之日起至今,技术的不断创新逐渐改变了体育迷的含义。在收音机给人们带来现场比赛的声音和实况之前的 20 世纪初,作为一个体育迷,意味着你需要去现场观看比赛,在报纸上查看比赛成绩。电视给体育迷打开了另一个视野。有了电视,更多的体育迷首次接触体育比赛不是在棒球场或体育场,而是在自己家里。随着传播媒介技术的不断发展,体育迷的演变一直是一个动态的过程。

21 世纪的体育迷

作为 21 世纪的体育迷,意味着你可以在电视上看比赛,在“世界体育中心”或者其他任何视频网站上观看任何比赛的精彩瞬间,观看比赛前关于明星及战略战术的专题节目，和比赛后详细分析比赛结果的采访节目，订购提供全天各种比赛的电视服务。作为一个现代体育迷，也包括从你的智能手机中得到最终的比赛成绩；在手机上或者你以前从未收到过电视信号的某个地方的屏幕上观看比赛和精彩瞬间；通过你喜爱的博客作者的专栏，在社交媒体网站分享你自己的感想和经历；在脸谱网站上力挺你最喜欢的球队；在推特上追随你最喜欢的运动员的踪迹；聆听体育广播电台的评论或者自己给电台打电话；玩多个体育联盟或项目的梦幻体育游戏。

随着时间的推移，体育迷每年都有新的机会横跨全球去追随自己喜欢的运动项目。1975 年，随着首个商用通信卫星美国无线电公司(RCA)通信卫星 1 号的发射成功，有线电视网和体育局域网的出现让体育迷看到了从未看过的更多的体育内容。随着直播电视卫星投入服务，人们的选择范围进一步扩展了，1994 年直播电视公司和 1996 年卫星电视公司的成立，将众多电视频道直接通过接收天线送到了人们的家里。通过广播电视互联网连接高清数字传播系统，诸如威瑞森、美国电话电报公司等系统，共同被归入了交互式网络电视(IPTV)，这是 21 世纪在视频分销市场为体育迷提供更多机会创造出来的产品。

体育迷喜欢新技术

未来几年中，体育将成为 3D 电视销售的主要贡献者。电子消费协会估计 2011 年美国 3D 电视的销售数量为 360 万台，比上一年增加 192%。与 2D 电视相比，3D 电视的销售比例稳步增长并持续上升。“体育迷是新技术的较早用户，”美国娱乐体育节目网销售和营销执行副总裁肖恩·布拉切司说，“我们认为 3D 在技术方面表现非常好。”当下一个增强观众观看体验的新技术出现时，我们有理由相信体育迷能够不断适应并且能够走在体验的前列。

在未来的几年里，我们期盼看到的新技术将不仅仅是 3D 电视，还能够有增强数字电视机功能的新设备、计算机以及所有移动设备。通过整合这些技术提高我们对电视收看和节目存储的选择，并扩展到任何其他地方，这也将为电视硬件和软件的发展创造新的市场。

技术进步也改变了现场转播体育比赛的方式。微型摄像机、麦克风、发射

图 15.1　3D 电视的摄影以拥有两个柔性焦距透镜组为特征，而非一个
来源：美国娱乐体育节目网

机和所有新的移动设备，让观众能够看到和听到以前从未涉足过的地方的画面和声音，以及被制作者和导演的创造力、被体育联盟和体育组织视野限制的内容，而他们以前只是把创新性报道作为密切联系体育迷的一种方式。视频记录和制作技术的革新不断丰富电视制作者的表现力和分析体育比赛活动的手段。超慢镜头回放和屏幕上标记战术的报道方式，在不远的将来就可能落后了。

电视无处不在

由通信服务提供商发起的“电视无处不在”行动，使得只要有无线宽带网的地方，就可以通过移动设备收看体育和其他的节目。这种全新的观看订阅的每个频道，不必坐在与同轴电缆或卫星接收器相联系的电视机前的自由，要回溯到美国人不用花钱通过无线电收看电视的时代。那时候只有三四个频道，不是上百个频道。现在通过宽带你可以随意观看上千个小时的视频，前提是你必须成为定期付费的订户，才能看到如康卡斯特这样的体育比赛转播和娱乐节目公司的预订节目，才能观看直播节目或通过硬盘录像机回看录像。

2009年美国国会批准通过了联邦通信委员会的国家宽带计划“连接美国”，在全国范围内优先扩展无线宽带。因此，联邦通信委员会正在回收那些用于电视模拟信号的公共波段。宽频可用的波段越多，美国无线电设备可接收到的录像和数据内容就越多。

无线电设备接收内容的增加，再加上互联网上直播节目和录播视频数量的不断增加，自然使得互联网用处更加广泛。2010年在线视频达到了一个新的高度，每个月至少在网上看过一个视频的美国人超过了总人口的50％，而大多数人观看的远远不止一个。来自美国互联网公司康姆斯科的数据监测和商业分析报告显示，2011年年末，超过1.83亿个美国人每个月看在线视频的时间超过20个小时。人们在互联网上观看视频的时间开始只有传统电视时间的一小部分，但每年度在线观众数量和他们的观看时间呈现两位数的增长。更多的创新加快了发展的趋势，如哥伦比亚广播公司和特纳体育频道的美国全国大学生体育协会“疯狂三月的点播”，把男子篮球锦标赛的每一场比赛都放在互联网上直播。2011年，有190万特殊用户每天在宽带上观看比赛，近70万人更多地是用他们的移动设备来收看。观看人数的数量和比赛的规模水平都比上一年有了巨大的增长。

更多的人观看网上视频催生了“用户退订”现象。订户取消了他们的有线或其他的电视接收申请，停止了每月的付费，转向了在线观看所有的电视节目。电视机与互联网的连通，增强了视觉体验，进一步加剧了“用户退订”现象。无论是现在还是将来，网上免费体育节目只限于由广告收益支持的节目和不需要巨额转播费的比赛。全国橄榄球联盟和其他重要职业运动联盟与宽带供应商签订了独家的长期合作协议，使退订的用户可以不用订阅有线节目或直播卫星服务就可以在网上购买一个季度的直播比赛。

点播电视

尽管遭遇到数量庞大的业内人士的整体反对，但点播电视节目却是未来发展的趋势。多系统的有线电视运营商通过捆绑销售电视频道的方式获取利润，就像一个顾客来到饭店，即使你只吃一两个菜，你也得为菜单上所有的菜品买单。通过这样的做法，电视经销商保证他们的运营费用能够满足各个频道生产电视节目的费用，不管服务得如何，都能持续获得相当大的利润。

调查显示，多年来大多数的观众只看他们最喜欢的少数几个频道，其余80%的频道都是无效的。如果人们可以简单地通过有线电视、卫星直播电视，或者通过网络电视挑选他们最喜欢的10到15个频道，他们就能更好地控制每个月的账单。尽管偶尔有少数改革者要求电视销售巨头推行点播电视，但是该行业的传统势力太强大了，以至于无法推行。这一改革虽然失败了，但无论如何，技术终将获得胜利。

通过宽带传送电视节目正在变得势不可当，你选择自己喜欢的节目，直播或录像，只需支付程序所记录的费用。你可以自由地收看任何你选择的内容和越来越多你想看的内容。正在壮大的数字电视消费群体，最终会像送走室内天线一样告别了捆绑销售的电视系统。

下一个是什么？

各个联盟以及其他的资源所有者未来很可能出售部分或全部的电视播出权给 YouTube，或者建立一个网上的视频合集。合集中包括所有的比赛内容，合集命名为“全国橄榄球联盟”频道或“美国职业篮球联赛”频道，观众每月付费订阅。你可以从 YouTube 的频道列表中只选择你想看的体育和娱乐节目，你的订阅费用将比你现在每个月的电视服务费要低。拥有 YouTube 的谷歌公司正在朝着谷歌电视的方向努力，用安卓系统的谷歌浏览器为各家电视带来在线视频。谷歌电视和卫星电视及其他电视供应商合作，让这项服务变为现实。随着宽带变得越来越普及，YouTube 可能变为唯一的经销商，谷歌也可能成为包括体育节目在内的点播电视的终极来源。

宽带网络电视的普及带来的另外一个好处是使用情况的追踪水平提高了，比以前更加精确。每台计算机、使用宽带的移动设备和电视都将变为可以提供数据的个人收视测量仪，例如哪些节目正在被收看，是直播还是时移节目,收看了多长时间,谁在看等等。相比之下,原来的尼尔森模型利用全美人口统计截面预测整个国家正在收看电视内容的方法就显得很不精确了。尼尔森公司已经开始监测网络活动,因为它非常希望提高测量技术,跟上技术改变收看电视习惯的步伐。

有关谁在看、看什么、在哪里看的信息越多,订制化就越有可能变为现实。电视供应商通过镶嵌在你智能手机或平板电脑中的全球定位系统确定你所在的位置,搜集关于你的数据,将毫无疑问地达成广告和销售的"精确定位"。广告主要集中在你所在区域的零售服务店,甚至包括附近销售广告产品的地理位置。他们根据人群、地区或者当前位置和收视倾向,识别和选择观众 ,并有针对性地把产品和节目定位在目标观众上。

我们可以预计,今后每年的广告费用将会越来越多地花在整合型广告和交互式广告上 。整合型广告会融入体育中,比如在节目中植入运动员服装的商品品牌。交互式广告让你在看节目的同时就可以用电视遥控器订购样品和产品。

移动广告和媒介融合

越来越多的平台提供了更加丰富的体育内容,观众逐渐分散的趋势也越来越明显。很少有人愿意在家里,在同一个时间里,与大家一起看有线或其他电视供应商提供的同样的节目。吸引眼球的激烈竞争转变了经济模式,改变了原有权力相对集中的电视节目生产模式。

现在观看在线视频最多的人群集中在12到34岁,预示着未来大多数成人很少像他们的父母那样看电视,他们将在许多不同设备的宽带互联网的菜单中随意地选择他们的节目。他们也更多地两屏同看体育节目:在电视机和联网的电脑上。网络能给他们提供关于比赛和明星更广泛的数据,还可以成为和朋友、球迷交流的一个简便工具。

一些业内观察家和圈内人士认为,如果体育只能依靠终其一生忠诚体育的体育迷,那就不会有光明的未来。他们看到年轻的一代频繁地更换工作生活的地方,他们将不像他们的父母那样,对某一个运动队保持终生的忠诚。另一些人则认为,这种流动的生活方式只会改变体育传播和消费的方式,但不会改变新一代年轻人对体育的热爱。

无论如何都不能保证下一代所关注和喜欢的体育项目都是一样的，这意味着未来的比赛和节目有了新的发展机会。传统的体育项目逐渐降低了地位，变成了第二梯队。原因或者是因为观众选择了那些新的更令人兴奋的运动项目，这些运动项目在结构上动静结合，在情节上更适合电视播出；或者是因为销售体系单一，在多样化方面做得不够。

正在改变体育电视消费的力量，势必引起更多的脱媒现象和体育内容所有权的进一步整合。那些通过建立自己的网站和交互式网络电视增强经济实力和创造新的收入来源的联盟和组织者，将能够弥补和私人网站签订的新合同中潜在减少的收入。更多的脱媒现象会出现不受欢迎的副作用，那就是更多的缺乏公正分析的片面信息传播给了体育受众。

在这个观众注意力转移的时代，成绩辉煌的媒介公司将是那些媒介融合取得最大优势的公司。在互联网和数字媒体之前，电视、广播、报纸和杂志，不同媒体报道体育都是独立的、不同的。广播节目不在电视上播出，报纸和杂志也不在他们的网站上播出广播节目。融合是不同媒介在技术驱动下的统一，模糊了媒介之间的界限。当像康卡斯特这样的电视节目发行商从有线转变为宽带，并和拥有多个网站的美国国家广播环球公司合并时，他们确保了自己的观众稳步增长，也预示着有线用户的逐渐减少。

媒介融合为企业集团传播体育和娱乐内容、跨越整个传播系统、聚拢分散的观众、到达更多的观众增添了力量，也意味着他们能够向广告商和赞助商索取更高价格的费用。不推行融合和只坚持一种产品的传播公司，不是被更强大的公司合并，就是面临利润下滑最终破产的局面。

小 结

体育改变了电视，电视也改变了体育。电视的普及使体育更加深入人心、更大众化、更有力量，也更加有利可图。犹如政治、经济和娱乐舞台的奥运会、超级碗这样的体育赛事改变了电视节目、专业人才以及制作节目需要的资源支持，体育和电视之间共生共息的关系是动态的和不断发展的，二者从未停止过改变，无论是明显的还是微妙的。

电视摄像机从来不是仅仅向没能亲自观看体育比赛的观众反映在运动中发生了什么的镜子，它们不是中立的。摄像机的存在改变了运动员和球迷的行为和反应，它放大了每一个行为，增强了戏剧性，突出了细节。电视转播对比赛的影响从第一次转播就显露无遗。1939 年 5 月 17 日，当哥伦比亚的投手与普林斯顿队对阵时，据说一些球员为了能让放置在纽约贝克运动场的摄像机拍摄到自己而跑离了自己场上的位置，希望那些镜头捕捉到触地得分后的手舞足蹈。这些都是电视转播带给比赛的影响。

电视上展现的或没有展现的内容，改变了人们对比赛和运动员的认识和理解，有助于形成一定的社会、文化和经济阶层。长达数十年的女性和少数民族评论员的缺席，正像他们在任何体育项目的领导地位缺失一样，使那些年的电视观众非常清楚地了解到男女两方谁更具有力量，谁的抱负更能够实现。

通过直播中镜头的选择、描述每一个运动员和比赛行为的选择，电视把真正的现实变成了“戏剧性的现实”。观众看到的是制作人、导演和评论员选择过滤的现实。联盟和赛事组织者经营的网站也是如此。他们对重要性内容的判断一直影响着体育迷看到的最后的节目。用重放录像中他们成功与微笑的特写来庆贺英雄，用贬责的语言和没有任何积极意义或掩饰特性的画面惩罚坏小子。

然而，面对这样的现实，体育迷心甘情愿地选择了顺从。不管谁拥有网站，哪一个是最佳选择，每一个赛季带来的每一场比赛都让我们沉浸在比赛的胜利、冲突和失望中。一代又一代，我们一直保持着对运动员的兴趣：横空出世、令人振奋的新秀，战胜伤病和绝望并赢得比赛经验丰富的老队员，追求更高、更快、更强的纪录创造者和通过技术水平、以必胜的决心和特质赢得胜利的球队，这些都让我们成为热情的追随者。体育可以激发我们、娱乐我们，也成就了出色的电视节目。

◆话题讨论/课后作业

1. 比较地方有线电视提供的体育频道节目和你的宽带网络供应商通过直播卫星服务系统提供的体育节目。列一个表格，看看每一项都有什么内容，讨论哪个能够更好地报道你喜欢的体育项目。

2. 写一篇 4—5 页的论文，阐述你眼中的体育报道或节目中的“明日之星”。你认为在接下来的五年到十年里会出现什么样的趋势？为什么？

3. 从现在起十年内，当现在的青少年在二十几岁时，什么样的运动项目将普及？什么样的运动项目将拥有较少的观众？这将如何影响广告和电视转播费？

4. 有哪些证据表明电视对体育的改变？查看不同体育项目的规则变化，你认为哪些变化促使体育更适合电视播出或更适合直播？比较目前不同运动项目比赛的平均长度和它们在 20 世纪 60 年代、70 年代、80 年代的长度。

5. 在过去的二十年中体育是如何改变电视的？对比这二十年中电视播放体育节目的总时数，与二十年前相比电视转播新增了多少不同的比赛？什么节目类型不再存在了？如果有，是因为运动项目的增多吗？

后　记

美国电视体育节目在国际电视节目市场上一直居于领先地位，并以先进的制作理念、成熟的营销与运作冲击和影响着其他国家的电视体育节目市场，其成熟的策划、拍摄、制作、播出与推广流程值得我们学习。在美国，橄榄球、棒球、拳击和篮球是几种最受欢迎的体育比赛，板块化的赛事转播满足了观众的观看需求。品牌栏目与品牌主持人是美国电视体育节目的立足之本，体育解说评论员在赛事的转播中具有重要的影响力。《电视体育节目制作与转播》一书，为大家深入分析了“体育比赛以外”的相关问题，介绍如何通过多样化和立体化的展现去吸引电视体育节目观众，并且帮助读者理解电视体育作为产业是如何运营的、体育与电视的互动关系等。

感谢中国传媒大学出版社吴磊女士在本书编辑过程中的悉心付出，感谢本书翻译过程中给予帮助的各位同仁。由于译者水平有限，难免有瑕疵的地方，请予以批评指正。

作者谨识

2017 年 6 月

图书在版编目(CIP)数据

电视体育节目制作与转播/〔美〕丹尼斯·德尼格尔著;陈岐岳,郭唯格,姚治兰译. -- 北京:中国传媒大学出版社, 2017.11(2023.1 重印)

(体育新闻传播译丛)

ISBN 978-7-5657-1525-9

Ⅰ. ①电… Ⅱ. ①丹… ②陈… ③郭… ④姚… Ⅲ. ①电视—体育节目—电视转播—研究—美国 Ⅳ. ①G229.712

中国版本图书馆 CIP 数据核字(2015)第 266837 号

体育新闻传播译丛

电视体育节目制作与转播

DIANSHI TIYU JIEMU ZHIZUO YU ZHUANBO

著　　者	〔美〕丹尼斯·德尼格尔(Dennis Deninger)		
译　　者	陈岐岳　郭唯格　姚治兰		
责任编辑	吴　磊		
装帧设计	拓美设计		
责任印制	李志鹏		
出版发行	中国传媒大学出版社		
社　　址	北京市朝阳区定福庄东街 1 号	**邮　　编**	100024
电　　话	86-10-65450532　65450528	**传　　真**	65779405
网　　址	http://cucp.cuc.edu.cn		
经　　销	全国新华书店		
印　　刷	三河市东方印刷有限公司		
开　　本	710mm×1000mm　1/16		
印　　张	17.25		
字　　数	270 千字		
版　　次	2017 年 11 月第 1 版		
印　　次	2023 年 1 月第 2 次印刷		
书　　号	ISBN 978-7-5657-1525-9/G·1525	**定　　价**	68.00 元

本社法律顾问:北京嘉润律师事务所　郭建平